商业产品经理

腾讯教我的产品工作思维

何文彬 著

電子工業出版社
Publishing House of Electronics Industry
北京•BEIJING

内容简介

本书分为三个部分。第一部分讲解了商业产品经理的由来、商业产品经理的价值，对商业产品经理给出了新的定义，从三个不同的维度给出了产品经理的分级，有助于读者找到自己的定位、明确未来的成长方向、解决职场的迷茫与困惑。第二部分提出了产品经理成长的三板斧——能力模型+思考模型+修养模型，有助于读者更清楚地知道应该学习哪些知识、积累哪些经验，并且给出了商业产品经理需要额外提升的十大能力。第三部分讲解了如何做好行业分析、商业分析，如何培养战略思考能力，有助于读者提升洞察力，并且掌握长期思考的能力，提升产品规划能力、落地能力。

本书适用于已经有一定工作经验的产品经理，通过一个全新的视角帮助读者建立一个新的思考框架，明确商业产品经理的方向。

图书在版编目（CIP）数据

商业产品经理：腾讯教我的产品工作思维 / 何文彬著. —北京：电子工业出版社，2019.6
ISBN 978-7-121-36296-5

Ⅰ. ①商⋯　Ⅱ. ①何⋯　Ⅲ. ①企业管理—产品管理　Ⅳ. ①F273.2

中国版本图书馆 CIP 数据核字（2019）第 067164 号

策划编辑：石　悦
责任编辑：石　悦
印　　刷：三河市双峰印刷装订有限公司
装　　订：三河市双峰印刷装订有限公司
出版发行：电子工业出版社
　　　　　北京市海淀区万寿路 173 信箱　　邮编：100036
开　　本：720×1000　1/16　印张：16　字数：278 千字　彩插：2
版　　次：2019 年 6 月第 1 版
印　　次：2019 年 6 月第 2 次印刷
定　　价：69.00 元

凡所购买电子工业出版社图书有缺损问题，请向购买书店调换。若书店售缺，请与本社发行部联系，联系及邮购电话：（010）88254888，88258888。

质量投诉请发邮件至 zlts@phei.com.cn，盗版侵权举报请发邮件至 dbqq@phei.com.cn。

本书咨询联系方式：（010）51260888-819，faq@phei.com.cn。

前言
在腾讯工作十年后的感受

商业的魅力为我种下了一粒种子

我写本书的初衷在于提醒自己思考未来。我经常问自己一个问题，如果我是一个产品经理，当我工作 10 年后，我有幸被邀请参加一个行业峰会，站在台上将分享什么话题？是总结这 10 年来做过的交互设计、写过的文档，是讲讲我对行业的发展趋势判断、对商业的理解，还是准备讲讲我有哪些新的用户洞察呢？这个问题也留给你，请你站在未来回看现在的你。

2008 年，我调入了腾讯公司电子商务部，成了拍拍网基础产品组的一名产品经理。我原以为自己在用户体验和交互设计上都有想法和创意，但是在真正接触了电商产品后，发现事情远没有想的那么简单，我深刻地感受到产品经理不是靠创意和点子取胜的，更不是把一个功能做好，把交互设计做到符合用户的习惯，产品就会有人用。产品经理必须要懂商业。

当年，拍拍网面临的淘宝网的竞争压力非常大，与淘宝网在整体交易规模上的差距很大，后来我才知道这种差距不是体现在产品功能的设计上，而是体现在对商业的理解、对用户的理解。那时候，我体验到了商业的魅力，这种魅力悄悄地在我的心里种下了一粒种子。

其实，每个人都知道电子商务行业的重点不是电子，而是商务。我听说淘宝网内部把产品经理称为“大产品经理”，这个岗位要对整个类目的交易负责，淘宝网内部整个产品研发团队的组织结构和职责分工都与我们不一样，在多年后我才意识到这才是产品经理工作重要的突破口，产品经理必须要在目标和职责上更偏重商业的本质。

大产品经理要以商业目标为导向，调配运营资源、商品资源、产品研发资源等；而拍拍网当时的产品经理更侧重于基础的产品服务和底层的“软件功能”研发，做出来的所有功能都是为了保障整个网站可以使用，并不完全是为了“让天下没有难做的生意”，并不是真正意义上的以卖家为核心、以交易额为导向。围绕着商业做产品和围绕着产品功能做产品完全就是两个方向，你可能觉得没有对与错，但是如果让我选择，我更倾向于做一个商业产品经理。

忘记人人都是产品经理

中国的互联网发展速度处于世界第一，目前的产品形态无论是社交产品、移动支付产品还是 O2O 产品等都已经远超美国。中国早已走过要靠抄袭美国成功模式的阶段。在未来，我相信也不会依靠一个创新模式、一个有创意的产品，或者依靠一个有想象力的产品经理就能取得成功，中国的互联网已经有了 BAT+TMD（BAT 代表百度、阿里巴巴、腾讯；TMD 代表今日头条、美团、滴滴）构成的产品生态，这就是一个产业系统。

在中国，互联网行业进入下半场有一个很重要的特征就是流量几乎都被几个大公司所垄断，每个用户的手机使用时间都被微信、今日头条、王者荣耀、抖音这样的应用占据着。同时，人口红利也消失殆尽，现在不可能像早些年一样，随便抄袭一下国外的模式，宣称我是中国的 Facebook、我是中国的 Twitter、我是中国的 Uber，做一个 App 应用推到市场，就可以轻轻松松地获得几千万个用户了。成功的互联网产品都有完整的商业逻辑，未来更多的产品已经和传统行业密不可分了，中国的互联网市场留给创业者的机会越来越少，能够成就个人英雄主义的机会越来越少，创业成功更需要一个运作系统。

中国互联网已经不再是当年“全民偷菜”、全民“抢车位”的时代了，产品经理需要更多地了解行业、了解商业本质；产品经理也不是简单的软件功能策划师，不能停留在某个功能的研发或者针对某一个细节的用户体验上做研究创新。产品经理需要创造力，需要一种为用户提供服务、为用户创造价值的能力。所以，请你忘记人人都是产品经理吧，产品经理不是一个人人都可以胜任或者可以从任何行业转行过来的岗位，更不是会几个常用软件操作就能应付的工作了，产品经理需要一个工作系统。

我们都知道电脑有操作系统、汽车有传动系统、国家有医疗系统和教育系统。那么什么是系统呢？系统由很多相关联的点共同发挥作用，形成合力，既有输入又有输出，通过运营产生想要得到的结果。产品经理经常挂在嘴边的高级说法是“好的产品经理要有系统思维”，这种系统思维也可以被理解为平台思维、生态思维。可是，说归说，真正能够做出一个好的产品、具备系统思维的产品经理在招聘市场上的数量非常少。

我很感谢腾讯对我的培养，让我有机会做出优秀的产品，让我有机会为更多的用户创造价值。我把这些经验和思考提炼成文字，把互联网下半场的产品经理称为“商业产品经理”，这也是本书主题的由来。

围绕着商业产品经理的概念，本书分为三个部分：

第一部分，重新定义商业产品经理。从人人都是产品经理的现状到商业产品经理的定义和意义，详细地讲解产品经理应该如何看清楚自己、如何提升能力、如何突破自我。商业产品经理更需要思维方法的提升，商业产品经理必将带来一场革命。

第二部分，重点讲解商业产品经理的能力要求，讲解商业产品经理如何拓展自己的能力边界、如何掌握这些能力、如何实现在职场中的进步。

第三部分，结合实际工作，讲解商业产品经理在产品研发管理过程中如何提高商业洞察力、战略思考能力，如何把握住合理的产品研发节奏，让好的产品自己说话。

现在有机会能出版本书，我感到很荣幸，同时也非常珍惜这样的机会，能和正在阅读的你聊聊天。我也希望本书能够帮助你突破职业瓶颈，升级产品思维，打通你做产品经理的“任督二脉”。

何文彬
2019 年 3 月

读者服务

轻松注册成为博文视点社区用户（www.broadview.com.cn），扫码直达本书页面。

- 提交勘误：您对书中内容的修改意见可在 提交勘误 处提交，若被采纳，将获赠博文视点社区积分（在您购买电子书时，积分可用来抵扣相应金额）。
- 交流互动：在页面下方 读者评论 处留下您的疑问或观点，与我们和其他读者一同学习交流。

页面入口：*http://www.broadview.com.cn/36296*

Contents 目录

第一部分 从软件功能策划到商业运营

第二部分 商业产品经理的成长秘籍

第三部分 商业产品经理的实践

第一部分

从软件功能策划到商业运营

第1章 人人都是产品经理是一个时代的过渡阶段

1.1 只会功能策划的产品经理必然被淘汰

1.1.1 产品经理的由来

1. 产品经理来源于工业时代

自 1927 年美国 P&G（宝洁）公司出现第一名产品经理（Product Manager）以来，产品管理（Product Management）制度逐渐在越来越多的行业中得到了应用和推广，并且取得了广泛的成功。中国的很多互联网公司慢慢地把这种管理模式借鉴过来，相继采用产品经理管理模式，并且通过调整工作内容，适应了快速变化的互联网行业，产品经理使产品的研发有的放矢，快速地满足了客户的需求。

原本在宝洁公司的体系下产品经理是每个大产品的牵头人，是对整个产品生命周期负责、对某个产品的盈亏负责，为这个产品协调所有资源并且要充分协调这个产品的所有运作环节和经营活动的负责人。从图 1-1 中我们可以看到，产品经理要管理整个产品生命周期，产品经理不是为了做研究、为了完成流程而做一些事情，而是因为要对结果负责，很自然地去做好每一个细节，而这些细节的成败恰恰决定了产品经理能否做出好产品，所以才需要有这样的经验传承。如果你在看到这张图的时候，你觉得和你现在的日常工作内容类似，那么恭喜你，你至少是团队的骨干，你要思考很多事情。但同时我也要提醒你，你要问问自己究竟是为了流程而工作，还是为了结果而工作，你做的各项工作是否到位、是否对你做产品有帮助。

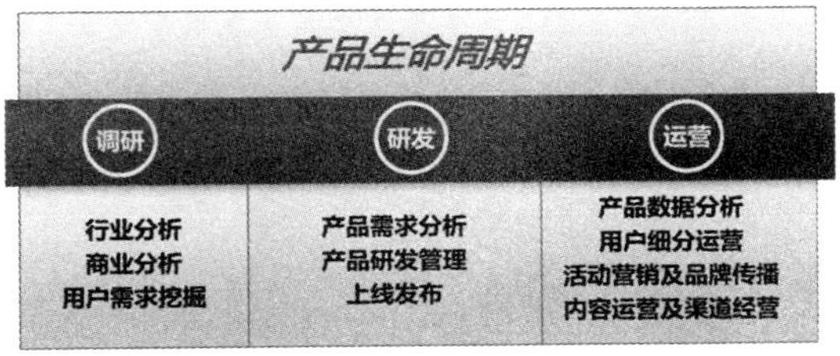

图 1-1　产品生命周期

产品经理在宝洁公司中要管理整个产品品类，他们要从生意的角度考察自己的产品。如图 1-2 所示，如果你负责洗发、护发类用品品类，你就要做完整的用户调研、商业研究、行业研究。你要知道用户对洗发水、护发素有多少种需求，竞争对手的产品都满足了哪些需求，你还可以做出哪些差异化的产品或者需要做哪些防御型的产品，或者在每一个细分品牌上都在为用户创造什么样的价值，给消费者的品牌印象是什么。然后，你还要考虑用户在不同的使用场景中有不一样的需求，你需要设计不同规格、不同包装的产品。同时，你还要考虑不同用户使用产品的频率，用户是不是会在用完后再次购买同一个品牌的产品。

图 1-2　宝洁产品系列图谱示意图

产品经理还要考虑各个产品线之间在最终用途、生产技术、销售渠道以及其他方面的相关度。这些都要站在公司管理的角度上，共享信息、生产、人力、渠道、促销等资源，提高整体回报率，并且每个产品线要自我竞争，以提高每个品牌的效益，优胜劣汰，优化产品组合，使得每一分钱都花在刀刃上，降低企业经营的风险。

产品经理还需要为每一个产品做一个产品画像，如图 1-3 所示。这里最重要的点是要关注一个产品的生意特点，这是整个产品研发迭代的驱动力。为什么飘柔精华护理有 11 种而不是 1 种？肯定是因为它从生意的角度考虑增加了一些防御型的产品，防止对方迂回攻击，为整个产品线拾遗补阙，所以即便是瘦狗型的产品，也要做。

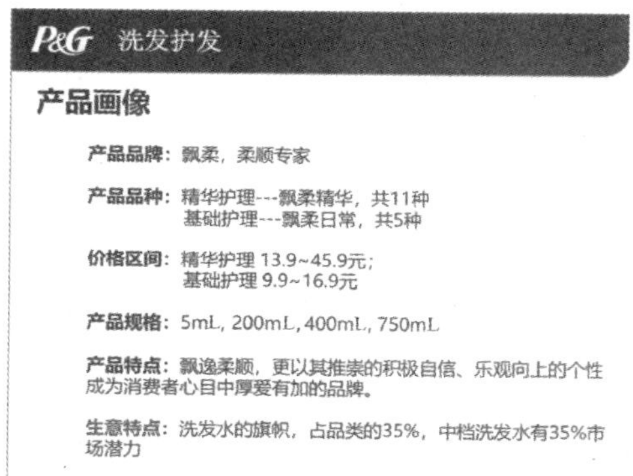

图 1-3　宝洁产品画像示意图

中国从改革开放以后，进入了快速发展的时代。在 1977 年恢复高考后，中国才陆续有一些大学生。根据第六次全国人口普查结果显示，在年龄超过 18 岁的人口中本科生数量占 9%左右，所以当互联网公司采用宝洁公司这样的产品管理模式，并且将研发周期缩短到半年甚至 3 个月的时候，在招聘市场上很难一下找到大量有经验、有能力的产品经理，各个互联网公司都是一边招聘产品经理，一边内部培训产品经理，到目前为止，产品经理仍然是受广大大学生追捧的岗位。

在人才市场上没有那么多优秀的产品经理怎么办呢？企业只能细化分工，从零开始培养，慢慢地就把产品经理的定位变成了产品助理、产品策划，并且拆分出项目经理、交互设计师等。当然，好一点的公司仍然要求产品经理要认真地搜集用户的新需求、竞争对手的资料，并进行需求分析、竞争对手产品分析以及研究产品的发展趋势等，而把产品的市场营销工作、运营工作都分开了。

产品经理体系是一套管理体系，来源于宝洁。宝洁是一个具有工业化特征的公司，是一个具有多生产线、多品牌策略的公司，给互联网公司提供了一个非常好的榜样。在宝洁这样的公司，产品经理的体系足够复杂、足够精深，值得学习的地方太多了。互联网产品虽然有一定的差异化，但是互联网行业的产品经理在管理产品时，仍然需要了解用户需求，还是先要把用户需求转化成产品需求，然后做产品研发，在线上推广销售。

2. 互联网时代要超越工业时代

互联网公司的产品经理入门门槛低，这是事实，原因可能有以下两点：

第一，人才匮乏，只是来了能干活就行。

第二，互联网行业高速发展，还没有时间来定义一个岗位。

对于工业时代早期最重要的两大发明，一个是泰勒博士的科学管理思想，另一个是美国福特公司发明的流水线生产模式。时至今日，流水线生产模式仍是世界上大多数制造企业的主要生产模式。

工业时代的管理思想以泰勒思想为代表，主要讲究控制，是机器思维。福特汽车的亨利·福特曾经说过一句经典的话："我雇的明明是两只手，怎么却来了一个人。"从这句话中也可以看出，在早期的企业管理思想中，企业希望每个人都是固定的，每个岗位都有规划好的工作内容，每个员工在上班后不用多说话、多思考，只要努力干活就行。现在已经进入了互联网的时代，未来还可能很快就会进入人工智能时代、机器人时代，那种不需要动脑而纯粹消耗体力的岗位会逐渐消失。

互联网时代如果想超越原来的工业时代，就必须要有更多的优秀人才，然而互联网公司的产品经理岗位却经常招不到那么多优秀的人。我把亨利·福特的名言改编了一下："互联网公司想要雇的明明是一个人，怎么却只来了两只手"。互联网公司更希望每个人都能多思考，每个人都能想办法做好基础工作并思考如何创新工作内容。

然而，许多产品经理还在想通过上某个培训班、看某本书就可以掌握一个岗位全部的工作技能，就可以上岗工作，赚取很高的月薪。这种培训就好像参加体育运动培训一样，你可能可以学会很多技能和技巧，但不太可能通过培训成为优秀的运动员。

随着时代的发展和社会的进步，工业时代的控制论已经发展到要研究各类系统的控制、信息交换、反馈调节的科学，已经包含了人类工程学、控制工程学、通信工程学、计算机工程学、心理学、数学、逻辑学、社会学等众多学科。同样，互联网的产品经理也需要不断地学习进步，从最开始做项目管理到软件开发，现在也要学习用户心理学、用户行为学，了解经济学，了解各行业的科学知识、各行业运作的规律、各行业特有的属性和范围等知识。

产品经理不可能只带着双手去上班，不可能只会软件的操作，那样的产品经理终究会被淘汰。

1.1.2 人们喜欢的热门岗位竞争也激烈

1. 中国人喜欢扎堆赶潮流

最近这 20 年，中国互联网行业发展迅速，对人才的需求度也非常高。图 1-4 为猎聘网公布的 2018 年中高端人才在各行业中的分布情况。其中，互联网-游戏-软件、房地产-建筑-物业、汽车-机械-制造、金融行业的占比均超过 10%，成功吸纳了近六成的中高端人才。互联网行业已经成了最热门的行业。

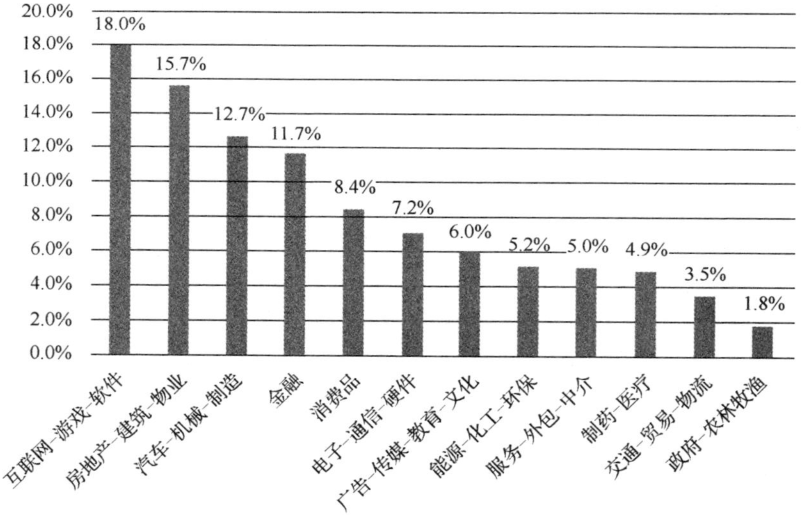

图 1-4 2018 年中高端人才在各行业中的分布情况

如图 1-5 所示，脉脉公布了 2018 年春季招聘最热门的前 10 种职位。IT 互联网行业招聘人数最多，IT 人才需求量大、人才流动频繁，越来越多其他相关领域的人才涌入 IT 互联网行业。其中，IT 互联网行业中的研发、销售、运营编辑、产品经理、人力 HR 和市场商务均位列 2018 年春季招聘最热门的前 10 种职位。这意味着互联网越来越多地渗入、融入其他行业，“互联网+”越来越普遍。

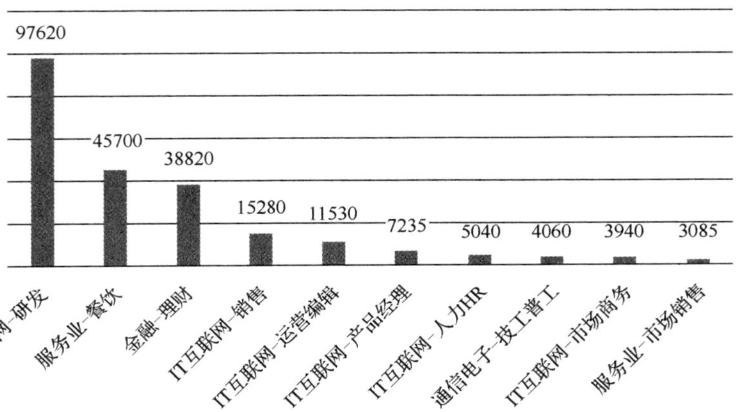

图 1-5 2018 年春季招聘最热门的前 10 种职位

产品经理的需求如此火爆，也带动了各个企业内部转岗，图 1-6 显示了从各个行业转行做产品经理的比例。

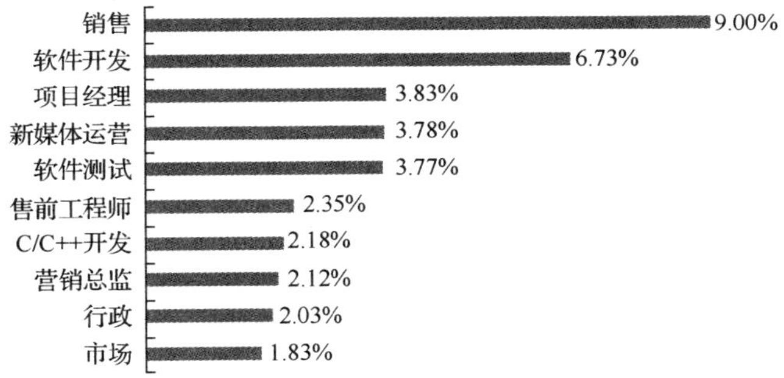

图 1-6 各行业转行做产品经理的比例

从转行做产品经理岗位前 10 名的列表中可以看到，转行做产品经理的职位显得比较分散，占比均在 10%以下，且覆盖面广，包括技术及非技术岗位。最多的是销售，占 9.00%；其次是软件开发，占 6.73%。

其实，中国人非常喜欢扎堆，喜欢赶潮流，这大概在上学时就开始了。他们自己都说不清楚想学什么专业，将来想做什么职业，所以当年什么专业火爆，家长就给孩子报什么专业。很自然，这些孩子们在毕业后，都是学的同一个专业，也就变成了就业市场上的竞争对手。最可怕的是在招聘市场上你不只是和你的同龄人在竞争，往小了说你和你的学长、学弟在竞争，往大了说相差 10 岁的更有经验的人也都活跃在人才市场中，在一个公司里同事之间相差 10 岁左右很正常，这就把竞争人数扩大了 10 倍。你觉得有前途的职业，别人也会觉得是好职业。你原来在高中时排在班级的前五名，但是那只是一个班级，如果扩大到年级、学校、区市一级、省一级呢？在工作中，觉得产品经理有前途的大有人在，刚才只是说年龄一个维度竞争人数就扩大了 10 倍，如果竞争维度扩展到海外留学生、研究生，或者清华大学和北京大学等知名大学各个专业的学生，甚至还有有工作经验想转型做产品经理的人，这样算下来至少竞争人数要扩大 100 倍。

你准备好参与到这样的竞争中了吗？你还觉得人人都是产品经理吗？你已经具备核心竞争力了吗？

2. 竞争激烈意味着你要跑赢大盘

产品经理是新兴岗位，一方面有相关经验的人少，另一方面该岗位对人才的综合能力要求高，一般都要求是项目管理、技术、运营的多面手，因此对职业背景要求较为宽松，所以很多技术人员、市场运营，甚至行政人员，都认为自己可以转行成为一名产品经理。

但是到目前为止，在中国大学的教育系统里，并没有一个叫产品经理的专业，在社会上也没有权威的培训机构，至今也没有一套完整的、科学的教育培养体系，很多产品经理是凭借个人的兴趣和喜好仔细钻研，从各行各业中转行过来的。因为人们觉得产品经理的入门门槛低，所以才会有“人人都是产品经理”的口号和理念，但是这终究是一个时代的过渡阶段。

虽然现在在图书市场上有很多与产品经理相关的书籍，但是也都是“一家之言，个人经验分享”。对于互联网行业来说，每家公司都缺少优秀的产品经理，这说明整个行业缺少的是人才培养的机制，缺少的是成熟的方法论。一个公司要想招聘产品经理，只能通过应聘者以往的工作经验进行考察判断，很难看出其真实的水平。

互联网的产品经理缺少一个“黄埔军校”这样的角色，还处于农耕时代，靠着个人经验的总结与传承，靠着公司自己的摸索与实践。随着腾讯、阿里巴巴、百度等大公司的成长，它们培养了一批优秀的产品经理。然后，创业和人才市场的人才流动也帮助了很多小公司开始逐步建立产品经理的成长体系。另外，很多优秀的产品经理会开班授课，也会出书，普惠大众；其他能总结经验的产品经理也会活跃在各大知识付费的平台上，并且已经开始“桃李满天下”。产品经理的方法论需要不断沉淀、不断传承，这样才能够发现更多的人才，才能推动整个行业进步。

现在活跃在互联网行业一线中的产品经理是什么水平呢？经过我的观察，目前很多互联网公司的产品经理准确地说是一个软件功能策划师、一个产品文档编辑、一个产品交互流程图设计人员。这并不是我的偏见，我把很多产品经理的日常工作进行了总结和归纳（见表 1-1），我们可以一起看看这和你的日常工作安排有多少重合。

表 1-1　一个产品经理的日常工作表

时间	项目	具体内容
9:00	早晨站立会	每人汇报今天要做哪些工作、哪些工作未完成、哪些工作有困难
9:30	收发邮件	看看有哪些邮件需要处理，并整理文档
10:00	产品文档编写	处理各种需求、Bug、用户反馈
11:30	浏览网站	浏览 36 氪、虎嗅、人人都是产品经理等网站，了解行业的最新动态
12:00	吃饭，午休	看今日头条，打王者荣耀等游戏，刷微博，刷朋友圈，刷抖音等
14:00	评审会	开产品需求评审会、交互设计评审会、美术设计评审会、产品研发概要设计评审会、产品测试用例评审会、产品发布前体验评审会等或与同事进行非正式的沟通和讨论
16:00	产品需求分析	需要静下心来做需求分析，并完成需求文档编写。需要分析用户的需求反馈，分析竞争对手产品的功能需求，分析公司领导们提出的需求建议，并将这些需求编写成需求文档
17:30	准备吃完晚餐加班	在吃晚餐的时候基本上都在刷朋友圈，刷微博，刷抖音
19:00	加班	要么开了一天的会有很多会议纪要没写，要么有很多邮件没回，要么有很多文档没写，要么发现同事先走了，但是产品没有设计完、没有开发完、没有提交测试，或者在体验时有 Bug，但是没有人帮忙修改，只能等明天了
21:00	下班	经过一天的奋斗，其实没做几个需求

从表 1-1 中我们能看出，大多数产品经理每天都像打仗一样，有开不完的会，有处理不完的产品问题，并且新的需求还像雪花一样从四面八方飘过来，大部分

的时间都花在了讨论交互、讨论需求排期、讨论研发问题等琐碎繁杂的工作中，缺少独立思考、系统思考，缺少复盘总结，对行业和用户研究得不透，经常是老板突然说一个产品需求或者看到竞争对手增加了一个新功能，然后自己就要加班赶进度了。

如果你是一个普通的产品经理，你就是大家说的“人人都是产品经理”的一员，如果你自己每天把这样的工作经验重复 5 年，那么很难想象你会有进步，这样的产品经理在工作 5 年后和工作一天没有区别，在工作 5 年后出现职业倦怠、在专业能力上遇到瓶颈也是非常正常的事情。

所以，人人都是产品经理是不现实的，产品经理不能只是完成初级的重复劳动，那样只要不断招聘新人就行了，产品经理要有更高的追求，产品经理要在激烈的竞争中跑赢大盘，战胜大多数的初级产品经理。如果你还想推动行业变革，做出更优秀的产品，那么就要更努力地寻找突破，成为整个行业中更高级的产品经理。

1.1.3 缺乏系统思考是硬伤

你在进入职场工作后，不用怕从底层做起，也用不怕从简单的事情做起，就怕你在工作 5 年以后，发现自己根本就不具备 5 年的工作能力，没有在工作 5 年后应该有的经验，这 5 年一直在重复劳动，你是把一天的工作经验重复用了 5 年。许多年轻人就处于这样的状态，在工作进入舒适区后，就开始不思考了，按部就班地完成工作，这就等于“慢性自杀”。

如果每天重复类似项目经理的工作都不行，那么什么样的产品经理算是好的产品经理呢？如果产品经理每天在讨论“用户的痛点”，讨论如何做一个平台产品或者生态系统，那么他是不是好的产品经理呢？答案是肯定的，这些做法很接近一个合格的商业产品经理，但是如果能有一个完善的系统就更好了。讨论用户的痛点还只是串行思维、单点思维，讨论痛点并不代表就可以提出完整的方案，如果一次只能考虑一个点的问题，而缺少系统化的思维，那么还是一个普通的产品经理。商业产品经理至少要保证每天都有一大段的时间做完整的思考，看清楚当前做的商业活动的本质，去掉多余的营销包装，挖掘用户的深层次需求。

当公司出现问题时，我们经常听到“业绩不好是运营的问题”“注册转化率下降是注册流程太复杂、交互设计不对”“用户没有收藏店铺是因为按钮颜色设计得不明显”……这说明什么？说明大多数人愿意把问题归结到一个点上，归结到一个人身上，这样比较容易解决问题。如果没有好的解决方案，那么就换人，招聘更牛的人。这种串行的思维会让你更加关注功能本身和单点的问题，所谓的解决用户痛点可能只是换一个流程，换一个交互而已。

产品经理从各种书籍、各种培训班上学习到了很多办公软件的使用技巧，学到了很多产品研发的流程，这些知识非常有用，这是一个产品经理的基本功，当然也是导致很多产品经理都把关注点放到功能层面的核心原因。你对掌握的工具越熟悉，就越像手里有一把锤子一样，你看哪里可能都是钉子。没有任何一个产品是因为功能做得好，用户就主动来使用的。一定是用户首先有这个需求，而你的产品刚好满足了这个需求，并且产品体验非常好，所以用户最终选择了你的产品。

合格的商业产品经理不能局限于产品功能的研发，而要更加关注商业的本质，了解在商业活动中如何生产产品或销售产品，分析消费者为什么要购买产品等问题。如何才能提高思维深度呢？在平时的工作中，你不能仅仅停留在产品的功能层面，不能一直跟着竞争对手随波逐流，要把背后的关键问题识别出来，看到行业的趋势和商业模式。

我们生活在一个充满各种系统的世界里面，与系统密不可分。为了更好地在这个世界上生存和发展，我们需要系统思考的智慧。

联想的柳传志先生讲过：“企业管理就是一个系统，就是一个体系，这里面有方方面面要考虑的问题，不仅有很多实体，这些实体之间都存在着相互的连接，可以说牵一发而动全身。”

同样，我们也希望给用户一个完整的产品、一个成体系的产品，产品本身的方方面面也许要你考虑清楚。如果只是为了解决某一个单点问题，你就觉得完成了任务，似乎把用户看得太简单了，把商业竞争看得太简单了，往往单点问题看似解决了，但是实际上系统的其他地方可能就全乱了。

我们一定要按照系统思考去研究问题，把所负责的产品看作一个大系统，既要处理其中的组成部分，又要看到这些元素之间的相互作用，并从整体的角度处理和协调系统中的人、场景、行为、信息，用系统思考求解实际问题。

这里举一个例子：你做了某款产品，但是发现付费用户不多，你想到互联网提供的都是免费的产品，让用户先体验后付费，于是你又单独开发了一个免费版的产品，这次确实吸引了很多用户，可是没过多久，你就发现免费用户的转化率还是很低，而且原来付费用户的流失率猛增，这就是刚刚讲的串行思维。这就是没有把产品当成一个大系统来看的结果。这个产品里面有各种各样的指标和问题需要我们处理，既有我们所关心的收入、利润、成本这样一些指标，又有客户数量、市场占有率、客户满意度等客户和市场的指标。用户在你这里不付费了，很可能是去了竞争对手那里的。所以，做产品一定要具有系统化的思维能力，缺乏系统化的思考是产品经理的硬伤。

一个企业如果要靠产品去打开市场，那么一定需要优秀的商业产品经理，并且需要整个公司的运作像运营一个系统一样。从产品经理的招聘、产品经理的培养，到发展学习型组织，搭建企业内的产品文化，再到从业务的角度做产品体系的规划，构建底层的产品架构，这一系列的工作其实都存在内在的关联性。也就是说，企业经营本身就是一个非常复杂的系统，产品经理做产品也必须要有一个系统支撑，这个系统包含了很多元素，这些元素之间都存在相互影响，每个指标的变化都会影响其他指标。

1.2 未来的产品经理需要能力的迭代

1.2.1 熟练掌握软件是入门能力的积累

1．很多人还徘徊在初级水平

在进入职场后，很多人的第一个感受是发现自己在基础的办公技能上都是有缺失的，更不要说想成为一个优秀的产品经理了，实际情况可能更严重一些，除了基础办公能力之外，你会发现产品经理还需要掌握更多的能力，比如沟通能力、汇报能力等。

什么是初级水平呢？初级水平就是可以完成最基础的工作。当然，在刚刚工作的时候，你可能还需要别人讲解，需要在别人的指导下学习和工作。后边的章节会讲到从不同的维度划分产品经理的能力等级，也会提到最基础的等级。为什么很多人会徘徊在初级水平呢？主要有两个原因：

1）一个人的认知水平决定了他的能力水平

在大学期间，并没有产品经理这样一个专业，大多数本科生的很多能力都需要重新培养，很多人没有做好从学生到职场人的转变，还期望能有一个教材、一个老师、一个培训班可以帮助自己成长。这就说明从认知的角度来看，这种水平还停留在初级水平，从一开始就希望能够通过其他人的帮助达到更高的水平，或者干脆只是想找一个工作而已。

2）能被轻易教会的，一定是初级能力

现在，各个互联网公司都非常重视对产品经理的培养，然而整个行业并没有统一的正式教材，这一点和研发有很大区别。产品经理所需要的知识内容正在逐步形成一个体系，目前还达不到可以量化、可以清晰地结构化的考核标准，也没有像商科、MBA 那种成熟的教学体系，还比较依赖于把过往成功的工作方法论总结出来，一代一代地传承。既然是经验传授，那么越是轻易可以被教会、越是可以让更多的人受到启发的能力就一定是大多数人都可以共同理解的初级能力。更高级的能力往往需要时间的积累、经验的积累，并非一招一式就能够改变思维模式。

软件的使用技巧、基础的文档编写、简单的问卷调查、用户研究这些能力都可以简单地进行培训，让你快速学会怎样具体操作。可是一个产品经理应该如何思考产品的发展规划、如何策划一个产品的细节功能就不是通过上述简单的技能可以完成的了，这样的知识没办法量化传播，还处于经验类的总结传承，每个人都有自己的经验，不能够代表整个行业。

所以，在人人都是产品经理时代朝着商业产品时代转变的过程中，通过培训学习到的一些软件操作技能、一些基础办公能力都是初级能力，商业能力慢慢地变成了大多数人职业发展道路上的瓶颈。

这一点在招聘要求中已经可以看得很明显了，下面是我从众多的招聘要求中提炼的产品经理岗位职责。

（1）能分析行业，观察市场变化和挖掘用户需求，能完成 App、PC 端、小程序、H5 等产品规划与产品设计，这些都是基本能力。

（2）能与开发人员顺畅地沟通，负责项目管理，保证研发效率。

（3）对各个产品的运营数据进行监控和分析，对比行业内的竞争者，定期提出优化和创新方案。

（4）能独立地完成产品文档（包括产品规划、需求说明书、应用手册、问题诊断、对接文档等）的编写。

什么样的人可以胜任产品经理的岗位呢？

（1）懂产品，精通 Axure、Visio、Word、PPT 等工具，有 3 年以上产品需求分析设计相关工作经验。

（2）有良好的文档编辑能力、逻辑思维能力，独立创新能力强，注重细节，执行力强。

（3）具有较强的人际沟通和协调能力、计划与执行能力。

（4）有过完整且成功上线的项目经历。

从图 1-7 所示的招聘要求中我们可以看到，高级产品经理已经被默认为具备基础能力和专业能力，高级产品经理更应该具备对产品的深刻理解，对用户需求的把握，应该有很强的研发流程管理能力，有非常好的逻辑分析和规划能力等。

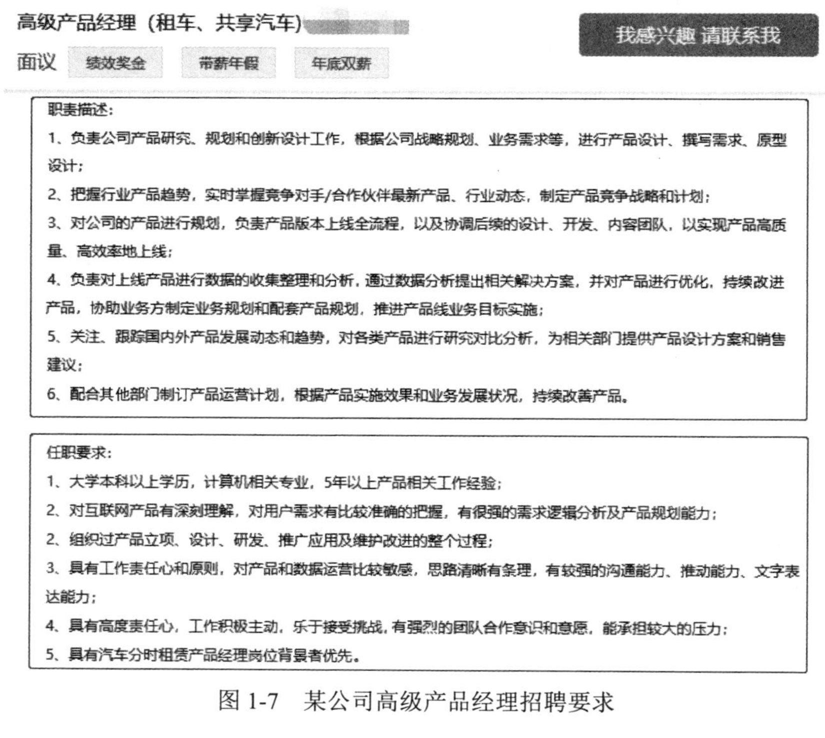
高级产品经理（租车、共享汽车）

我感兴趣 请联系我

面议 绩效奖金 带薪年假 年底双薪

职责描述：

1、负责公司产品研究、规划和创新设计工作，根据公司战略规划、业务需求等，进行产品设计、撰写需求、原型设计；

2、把握行业产品趋势，实时掌握竞争对手/合作伙伴最新产品、行业动态，制定产品竞争战略和计划；

3、对公司的产品进行规划，负责产品版本上线全流程，以及协调后续的设计、开发、内容团队，以实现产品高质量、高效率地上线；

4、负责对上线产品进行数据的收集整理和分析，通过数据分析提出相关解决方案，并对产品进行优化，持续改进产品，协助业务方制定业务规划和配套产品规划，推进产品线业务目标实施；

5、关注、跟踪国内外产品发展动态和趋势，对各类产品进行研究对比分析，为相关部门提供产品设计方案和销售建议；

6、配合其他部门制订产品运营计划，根据产品实施效果和业务发展状况，持续改善产品。

任职要求：

1、大学本科以上学历，计算机相关专业，5年以上产品相关工作经验；

2、对互联网产品有深刻理解，对用户需求有比较准确的把握，有很强的需求逻辑分析及产品规划能力；

2、组织过产品立项、设计、研发、推广应用及维护改进的整个过程；

3、具有工作责任心和原则，对产品和数据运营比较敏感，思路清晰有条理，有较强的沟通能力、推动能力、文字表达能力；

4、具有高度责任心，工作积极主动，乐于接受挑战，有强烈的团队合作意识和意愿，能承担较大的压力；

5、具有汽车分时租赁产品经理岗位背景者优先。

图 1-7　某公司高级产品经理招聘要求

如果你是一个刚参加工作的产品经理，那么你千万不要觉得自己的成长速度快，自己的能力已经达到了一定的高度，因为最开始的 1～2 年都是打基础的，要学习基础的办公能力，这些上手都快，但是想要做到卓越则比较难。就像电影《少林寺》中所演的那样，一个人去了少林寺学武功，一定是从劈柴担水开始的，每天做着重复的事情，每天都要练习基本功，可是想要把武功练到天下第一就需要天赋和百倍的努力了。产品经理的能力提升也是一样的道理，产品经理要能够自我迭代升级。在快速成长的过程中，产品经理一定要掌握最基本的办公技能，并且不满足于基本功扎实的状态，还要不断磨炼更好的商业理解力，培养自己拥有更好的产品感觉，至于能否一下子顿悟就因人而异了。

2. 只掌握软件技能更容易进入瓶颈期

在经济学领域中有一个 J 曲线。这个理论是说当某个国家的货币在贬值或升值时，该国的贸易收支及经常账户收支状况一般并不能立即改善或恶化，往往要经过一段时间才会受到影响，因此该理论又称为时滞效应。由于这种经常账户收支变动的轨迹呈英文字母 J 的形状，如图 1-8 所示，所以被称为 J 曲线。

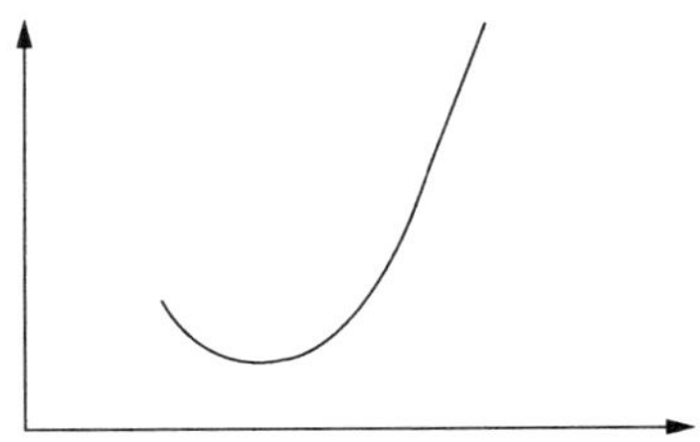

图 1-8　J 曲线模型

产品经理的能力增长也是一样的。虽然你很想做好产品经理，但是并不是你努力了就马上能够获得成功。即使你对自己的工作能力非常有信心，并且有相关工作经验，也要从一开始就“下沉”，需要学习各种商业知识和行业知识。你会发现当你信心满满地想做好产品经理的时候，却遇到了很多不能靠软件使用成熟度来解决的问题，这时候就进入了瓶颈期，即图 1-8 中的低谷。你会发现对于很多产品你可能不会做了，不知道应该如何做用户调研更有效、产品未来的发展方向是什么；你会发现每天都在重复地写文档、开会讨论、画交互图、处理老板临时交代的需求，根本学不到更多的新知识，当然也就不知道未来几年应该怎样发展了。

所以，掌握了各种软件的使用技巧，这是入门级别的能力，是工作 1～3 年的产品经理需要的能力，但是如果你在工作 5 年后还只有这种能力，就必然会面临被淘汰的局面。

如果在工作 5 年后不想被淘汰应该怎么办呢？有没有一个比较好的成长路径呢？下面我们一起看一下大公司内部的产品经理培养体系，看一看大公司对产品经理的能力要求是怎样的。大公司对产品经理的能力要求分为两个部分，一部分是素质模型，一部分是能力模型。

表 1-2　大公司对产品经理的能力要求

能力项		能力描述
素质模型	基本素质	学习/提炼能力
		办公技能
		执行力/情商
		关联专业知识
	关键素质	沟通能力
		行业融入感/主人翁意识
		技术理解
		AQ/EQ（心态/胸怀）
能力模型	市场能力	市场/用户的调研与分析
		对外商务沟通
	运营能力	运营数据分析
		营销与推广策略
		危机预测与控制/预见性
	产品能力	行业认知
		专业设计能力
		用户需求理解/二八原则/产品需求细节
		产品规划（版本计划/节奏）
	渠道能力	渠道管理
		品牌管理
	领导能力	项目管理
		带人的能力/知识传递

素质模型里的各项要求是要保证一个产品经理可以胜任基础工作，保证这个产品经理能够清楚地表达自己的想法，并且愿意从事产品经理工作，愿意融入这个行业，有一定的聪明度和良好心态。

能力模型里的各项要求是要保证一个产品经理可以做得更好，包括市场能力、运营能力、产品能力、渠道能力，以及领导能力。

我们很容易发现，原来前面提到的一些办公软件的使用技巧，写文档、画交互这些能力都只算基本素质里的一部分，对于产品经理的综合能力要求来说仅仅是一部分，如果想要成为卓越的产品经理，还有更多的能力需要提升，千万不能满足于现状。

产品经理在最初工作的前三年里，如果采用了“专才策略”，那么可能会晋升很快，因为在前三年里产品经理之间比较的就是谁能干活、谁能把活干好，谁能做得又快又好，所以普通产品经理往往以为自己掌握了产品经理的核心能力。

一个产品经理如果从第三年开始，从“专才策略”换成“通才策略”，那么同样也可能会晋升很快，为什么呢？因为当你成为一个团队的骨干、一个组长，甚至一个团队总监的时候，你就不能再只关注基本工作，你需要参加的会议将会变得非常多，这些会议的主题包括市场、运营、渠道、品牌等，甚至你还需要对团队进行日常管理，需要做团队的梯队建设计划等。这时候你应该是一个通才、一个全面成长的人才，所以别把入门的技能当成核心，要让自己的格局更高一点。商业产品经理要更主动地关注自己的成长，关注未来的职业规划。

1.2.2 产品经理不仅仅是项目经理

1. 项目经理是对项目负责的

产品经理是项目经理还是网上略带自嘲的“程序员鼓励师”？产品经理的工作就是每天都像监工一样盯着研发的同事不停地加班，如果在需求上有疑问，马上就改需求，一定要让产品赶在某个时间点必须上线吗？这不叫敏捷开发，这是为了高效而牺牲了思考。产品经理要始终对整体负责，而项目经理要偏向于研发管理，一般是技术出身，能够把一个大项目分解成很多小的任务，分配给合适的研发人员，然后管理整个研发质量和时间。

项目经理（Project Manager），从英文名称中就能看出是项目的管理者，从职业角度看，是指为了对项目实行质量、安全、进度、成本管理的责任保证和全面提高项目管理水平而设立的重要管理岗位。项目经理首要的职责是在预算范围内按时、优质地领导项目小组完成全部项目工作内容，并使客户满意。为此，项目经理必须在一系列的项目计划、组织和控制活动中做好领导工作，从而实现项目目标。

图 1-9 项目管理铁三角

图 1-9 为项目管理铁三角，项目经理更关注项目本身，更关注过程管理。虽然项目经理也要对成

本、质量等负责，但是只要项目能够按时、保质、保量、低成本地完成，这就是一个好项目了。而产品经理的标准不是这么简单的，产品经理更需要商业上的成功。

像腾讯这样的大企业会在研发管理中心设置一个项目经理的角色，以辅助产品经理的工作，也弥补产品经理能力的不足。项目经理主要管理公共的研发团队的所有研发项目，对这些项目进行优先级排序、研发质量管理、研发团队人力资源协调等工作，保证所有项目都能够得到合理安排。项目经理要能够运用软件工程系统知识和 UML 等工具对整体研发规程进行把控，也需要懂得研发语言、系统架构设计、数据库设计等，要能够合理评估技术选型和研发语言选择，要能够评估研发周期，预估各个关键节点的管理目标。所以，产品经理如果需要兼顾项目经理的工作，那么还需要更多能力的提升。

项目经理其实也需要具有号召力、影响力、沟通能力、应变能力。

项目经理要有调动项目组成员、客户、供应商等工作积极性的能力，只有具有足够的号召力，才能激发各个成员的工作积极性。同时，项目经理还需要适当地引导项目组成员个人的后期工作，影响员工的升职加薪，影响对成员的奖惩，并给出相应的激励措施。项目经理还要具备足够的交流能力，只有这样才能与下属、上级进行平等的交流，特别是与下级的交流更显重要。在项目管理的过程中，难免会出现各种变化，项目经理对这些变化做出的反应可能是本能的，也可能是经过大量思考后所做出的决策。

项目经理在某些能力上与产品经理的能力是类似的，这也是很多项目经理认为自己可以转行做产品经理的原因，但是他们只看到了能力上的通用性，却忽视了思维上的区别。

2. 产品经理是对商业负责的

产品经理不是项目经理，但是却不能忽视项目管理，一个需求要先经过产品分析并且形成产品需求文档，然后经过整个团队评审，才进入开发阶段，这时候产品经理的职责完成了吗？没有，产品经理必须要有主人翁意识，这个产品就是自己的“孩子”，一个产品必须要有明确的开始和结束时间，有明确的质量要求，有明确的过程管理，有明确的投入和产出预算。这些既是项目经理的工作，又是产品经理必须要做的事情。

大公司的分工一般会比较细，会单独设立项目管理或者在研发团队里设置一个项目经理，这个岗位并不像一般人理解的“监工”。项目经理每天面临的问题是“资源永远是少的，时间永远是不够的，需求永远是变化的”。项目经理要操心研发的成本、众多研发项目的排期，还要保障每一个产品的研发质量，如果出现了问题还要在中间沟通协调，所以项目经理也不是一个容易做的岗位。项目经理每天需要参加的会就可能有 10 个左右，产品经理管理自己的一个产品线，而项目经理可能要面对全公司的产品经理。

产品经理要对商业负责，不以把一个产品发布上线为目标，不以用户下载使用为终点，而要能够使更多的人使用产品，通过产品为用户带来价值，通过产品为公司带来价值。研发管理只是在这个过程中的必要环节，产品经理不能把项目管理当成全部。

产品经理在管理整个产品过程中，会经常运用到沟通能力，要到处协调资源，到处与人沟通解决问题，产品经理的工作要有计划、有目标、有组织，但是这些都是工作的方法、完成工作的能力，而不是工作的目的。有时候很多人会产生一种错觉，觉得只要是沟通能力好、能够把事情办好、能把团队组织好的人就是一个产品经理了。有不少想转行做产品经理的人就是这样想的。比如，李雷是一个广告设计师，他需要“调研”用户有什么样的需求，也需要给用户做“产品方案（设计初稿）”，和用户深度沟通，挖掘用户的真实需求，在得到这些资料后回到公司召集整个设计团队，包括制作、设计助理、文案、摄影等很多同事都要参与其中，并且也要管理整个“项目”，你觉得李雷是产品经理吗？

也有一些产品经理会觉得自己在公司里人脉广、社交能力强，沉迷于解决团队的问题，每天都在参加各种会，与各部门同事沟通，忙得不可开交，但是他们往往忽视了商业本身，忽视了到底给用户提供什么价值。

其实，我们身边的很多人都有类似的想法，他们觉得产品经理就是在管理项目，协调沟通，发挥创意。他们觉得自己完全有能力转型做一个产品经理。所以我今天才会写这样一本书，让大家告别人人都是产品经理的幻想，告诉大家一个合格的商业产品经理是什么样的。

1.2.3 产品经理不是只做用户研究的

1. 用户体验设计是专业的

小公司一般会有产品经理的岗位，但是很少有用户体验设计师的角色，甚至有些中等公司也没有这个角色。用户体验设计包括用户研究、交互设计、视觉设计三个部分。在大多数情况下，腾讯是由设计组承担这份工作的，并且有专门的用户研究员、交互设计师和视觉设计师三个岗位。我认为这样做是帮助产品经理分担重任，并且在细化分工后可以做更深入的研究。这种细化分工与“策略产品经理”“增长产品经理”是不一样的。用户体验设计是专业的学科，对于产品经理来说，他们要懂用户体验设计，但是没必要做到专业级别，而策略产品经理或者增长产品经理的工作内容更多涉及了商业的范畴。这些商业的工作必须由产品经理亲自完成，因为产品的增长策略或者用户的增长策略都是建立在基础产品功能之上的，所以我不建议把这些工作单独剥离出来，并进行岗位的细化分工，那样只会造成沟通成本增加、信息传递断层、决策断层等不良的后果。

用户研究员的日常工作是通过各种分析和研究，深入地了解用户特征、用户行为习惯等，具体的招聘要求如图 1-10 所示。他们要具备一定的研究课题的能力，并且能够熟练地掌握市场分析、竞品分析、构建人物角色、问卷调查、焦点小组、用户访谈、可用性测试等用户研究的工具和方法，最终要输出一份用研报告。这份报告为产品、运营、推广、设计、决策等提供必要的方向和支持。

用户研究员 10K-20K

职位描述

岗位职责：

• 理解业务战略和方向，负责软硬件产品的用户研究

• 基于产品、项目组现状，规划与其相适应的用研工作，灵活采用各种调研形式，高效完成项目，并有效推进用研结果的使用；

• 通过定性、定量方法，挖掘细分人群的用户需求，为公司产品的规划提供决策性支持；

• 对所负责产品线的用户体验负责，建立产品满意度指标并进行跟踪，促进产品的用户体验改进。

任职要求：

• 互联网用户研究、交互设计、市场调研等方面工作1年以上，安防/智能家居类产品行业背景优先；

• 熟悉用户研究的各类方法和工具，在定量研究或定性研究上有所专长的优先考虑；

• 对安防或智能家居类产品有强烈兴趣，对用研相关的上下游岗位有较深刻理解。

图 1-10　某公司招聘用户研究员的要求

产品经理也要懂这些工作，并且能够深度参与其中，不要仅依赖用户研究员做，产品经理要把这些工作看成外脑，看成非常有力的支撑。当然，产品经理不能把工作重心放在这里，用户研究员也不能因为对用户有更深入的了解就觉得可以成为合格的产品经理，这两种情况都是片面的，和前面讲到的项目经理的例子一样，产品经理要对整个商业负责。

对于交互设计师和视觉设计师来说，这也是同样的道理，交互设计是指通过分析用户心理，然后运用交互设计知识，把业务逻辑用一种用户可以理解的方式传递给用户，与用户交互完成既定的商业目标。交互设计师非常注重逻辑关系、交互细节、用户情感三大要素。视觉设计师一般在交互设计原型基础上，通过视觉设计传达交互意图，并对用户进行引导，让用户一眼就能发现重要的信息，顺利地完成操作。

你会发现想要做好用户体验设计，就要做到懂产品、懂用户、懂设计。在欧美的大学里有相关专业设计课程，相对于产品经理来说，用户体验设计是一个成熟的学科，并且在国内外每年都会有非常专业的设计论坛召开，有很多成熟的研究成果，而产品经理只能慢慢地向 MBA 专业靠拢，希望未来能够独立成一个子学科。

当然，这里还要说一下，用户体验设计师与产品经理在能力上确实有交集，用户研究和交互设计等能力是产品经理的必要不充分条件，很多人在转型做产品经理时，还要注意关于商业部分的能力提升。

2. 产品经理做用户研究工作不能马虎

产品经理是不是每天都要把大量的时间放到用户研究上？是不是在用户研究方面做到 10 000 小时的刻意练习，产品经理就能变成产品专家？我想肯定不能这么简单。一个律师刻意练习超过 10 000 小时，他就能“闭着眼睛”去打官司吗？绝对不可以。一个律师，哪怕对法律倒背如流，做了 30 年律师，但是在遇到一个新案子的时候，他也要和刚入行的律师一样，要仔细阅读卷宗，绝对不能马虎和敷衍。产品经理也是一样的，无论你做了多久，当你面对一个新的产品、一个新的问题、一群新的用户时，你都要仔细分析，不能马虎和敷衍。只是因为你做了很久，积累了很多经验，能力已经到达了娴熟的阶段，有了自己的思考逻辑，有了自己的判断方法，有了自己的产品方法论，你做事的效率会更高而已，就像《卖油翁》中写道：“我亦无他，惟手熟尔。”很多基本功做到最后在方法上并没有太大的差异，一个工作 10 年的产品经理和工作 1 年的产品经理在用户需求调研上可能并没有翻天覆地的差别，但是在工作的熟练程度、效率、分析的颗粒度上会有很大的差别。

普通的产品经理在做用例分析时可能会按角色梳理，把用户模型画成图 1-11 所示这样。

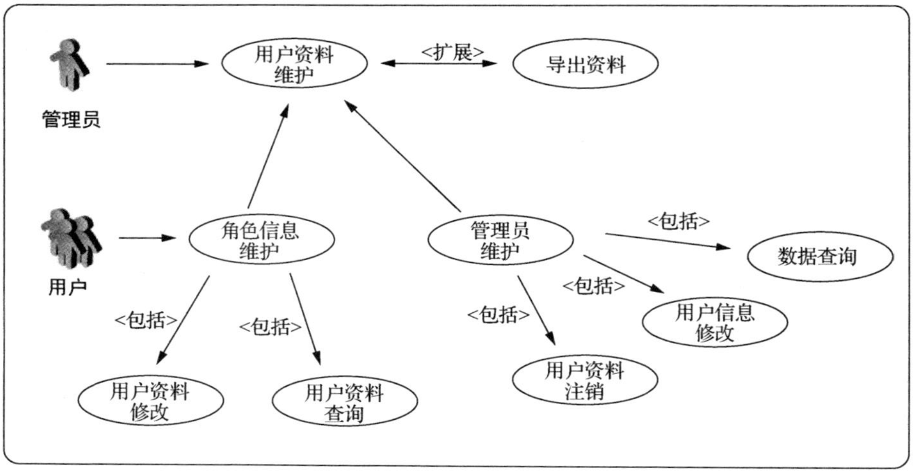

图 1-11　用户模型

普通的产品经理根据业务逻辑梳理可能会把产品流程画成图 1-12 所示这样。

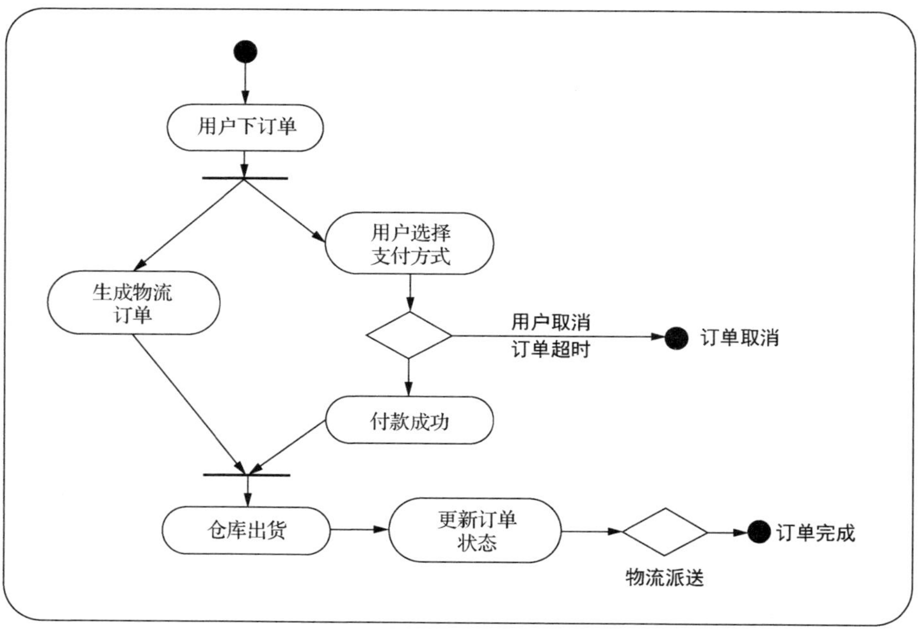

图 1-12　产品流程

我觉得这已经是有 3 年以上工作经验的产品经理才能完成的工作，已经非常好了。然而，更优秀的产品经理可以把流程图加上“泳道”，如图 1-13 所示，可以把各种状态流转考虑到其中，可以在产品文档中体现一个功能特性的“前置条件，后置条件”，考虑更多的异常流、数据埋点、数据统计上报等需求。

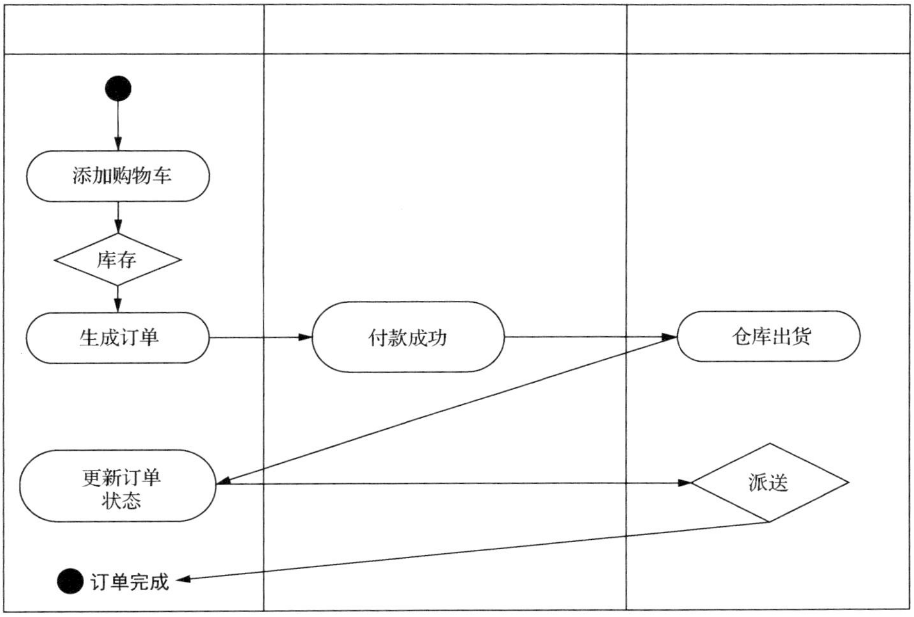

图 1-13 带“泳道”的业务流程图

不管是做用户调研、竞品分析，写产品文档，还是画交互图，产品经理不应该只关注怎样去做一件事情。产品经理不要把做这件事情的方法看得太重，而要更关注还有没有别的方法，还能不能想办法做得更好、做到极致。很多产品经理都缺乏思考的能力，都把用户研究当成彰显能力的赛场，其实这只是其中的一部分。他们过分迷恋用户研究，过于相信自己能够找到一个真正的痛点，并且以“发现、发明”一个别人看不见和看不懂的用户痛点为荣。比如，在出租车上安装共享按摩垫，乘客在坐上出租车后，可以选择使用按摩垫按摩，并扫描二维码完成支付。这样的“用户痛点”虽然看上去符合逻辑，但是从用户的角度看就不一定合理，我认为这就是典型的创造用户需求的例子，不知道是不是由于当初用户研究做得比较片面造成的，至少很难想象一个用户为什么非要跑到出租车上按摩，这和用户在机场、火车站或者商场里使用共享按摩椅是有区别的，场景不同用户的需求也不同，产品经理不能如此“创造用户需求”。

有人说你的产品没做好，一定是你没有真正找到用户的痛点。当然，也有一部分人相信伟大的乔布斯是不做用户研究的，并且津津乐道地讨论和学习乔布斯如何做到可以引领用户需求，他们相信乔布斯从来不问用户喜欢什么，直接推出一个没有按键的手机，他就成功地封神了，真的是这样吗？你真的觉得你也可以引领用户，让用户在出租车上做一次按摩，并且让这种行为流行起来？用户在什么场景下应该有什么样的合理诉求，这是用户研究的专业所在，并非可以马虎对待或者凭着产品经理的猜测，凭着对用户心理的揣度就可以。

乔布斯对商业分析的敏感度、对前沿技术发展的熟悉程度、对用户操作体验的极致追求、对已经通过iPod验证过的渠道和市场能力的掌控可能都被你忽略了，而你最终只看到了他神奇的一面而已。

正常的产品研发流程不是神秘的事情，就算你没在腾讯、阿里巴巴这样的大公司工作过，你也很容易通过互联网获取到相关的资料。产品经理这个职位需要你掌握基本的工作能力，掌握基础的商业知识、项目管理知识、用户体验设计知识等，但产品经理既不是项目经理，又不是只做用户研究的，产品经理要对整个商业负责。

在基本功和基础的研发流程方面，你都可以很容易地在形式上进行模仿，但也只是东施效颦罢了，你无法模仿真正的精髓。就像我们在汽车驾驶学校学习开车一样，我们学习了如何倒车入库，学习了如何绕桩，学习了如何上坡起步，但是唯独没有学在发生意外时我们怎么处理，如果以后在路上开车，当突然窜出一辆电动车时我们应该怎么处理？当我们在高速公路上行驶时突然被对面的车用远光灯晃了一下眼睛，我们应该怎么处理？大公司更能够给产品经理这种经验的积累、思维的碰撞，让你可以快速地提升能力。大公司会帮助你建立完整的能力模型，给你发挥能力的空间，给你与优秀人才合作的舞台，使你在能力上能够不断地迭代升级。

1.2.4 能力提升从问对问题开始

我在做产品经理辅导咨询服务时，遇到了很多没有入行的大学生或者准备转行做产品经理的运营、设计等职场新人，他们问得最多的问题是："有没有好的产品文档模板？你们腾讯的产品经理平时都用什么软件？产品经理需不需要懂技术？"其实这些问题构成了一个大的误区，在招聘的时候企业不会只因为你的文档规范、你的交互图画得好就录用你，产品经理日常的文档编写工作只是非常小的一部分，不能够代表全部的能力，也没有哪个研发人员会完全照着文档一字不差地做，照着交互图完全地还原设计，写文档、画交互图更多的目的是让同事们在沟通时能够清晰地表达关于产品的想法。你不应该关心产品文档有没有模板，你应该关心为什么是这样的表达框架；你不应该关心产品"大牛"做成了什么产品，你应该关心为什么他们是这样思考的；你不应该关心产品总监做出了完美的战略分析，你应该关心他们平时怎么收集资料、看什么资料、怎样整理资料。

能力的提升无外乎两点：第一，锻炼自己的深度思考能力；第二，不断地向优秀产品经理学习、模仿，然后总结输出，不断地与优秀产品经理交流，然后再修改迭代。国外有一句谚语："practice make perfect"，意思就是说不断练习就会取得成功，如果你希望自己的能力提升，你就需要多思考、多提问题、多总结。

对于能力的提升，你不要太在意公司是不是有完整的培训体系，公司是不是愿意培养你，在公司里是不是有"牛人"可以指点你，带着你，督促你学习进步。如果有人帮助你，并教你，那么你要感到幸运；如果没有人帮你，你就要自己努力练习。

上面提到的能力究竟要怎样提升呢？这里给你一个每天提问的问题大纲：

(1)今天我有没有在基础的办公软件使用方面遇到困难？或者看到了哪些新的知识点需要积累。比如，有很多人用了很久 Excel 却不会用 VLOOKUP 函数，如果恰好你现在也不会用，你就要马上用搜索引擎查一下。

（2）今天我有没有了解行业的最新动态？竞争对手有没有引发新闻热点？比如，你有没有主动地看行业新闻，哪怕只看了 5 分钟、只看了一条新闻。

（3）今天我有没有看到有趣的新科技、新的商业模式、新的创业公司、新的创业方向？具体是什么内容？我能讲给别人听吗？

（4）今天我有什么事情没有按计划完成？原因是什么？是因为我能力不够吗？我马上学习了这个能力吗？如果不能马上学会，那么我知道应该怎样学习吗？

（5）今天我有什么事情拖延了，导致我一直忙到加班，是因为刷朋友圈、刷微博、刷抖音了吗？我是不是执行力有问题？

（6）今天我有没有去应用市场看看有什么新产品？

（7）今天我有没有和谁在讨论问题时沟通不清楚？有没有回答不了领导的问题？

（8）今天产品的运营数据怎么样了？

你只要每天都问自己这些问题，你的能力就会慢慢有所提升。这些问题不只适用于产品经理，运营经理、技术人员、设计人员也可以稍微改一下问题，每天审视一下自己，做到“吾日三省吾身”，这样自然而然地就成功了。这些问题关注的都是基础的素质模型。

很多年轻人都抱怨自己的公司小，没有培训，没有人教，学不到东西，其实你可以用这些问题天天练习，并寻找答案。大公司也没有人教你，大公司招聘你是为了完成工作任务，而不是为了教会你，然后让你跳槽。你要把自己的命运交给自己，不要再指望别人会教你，帮你成长。

当然，如果你立志做一个卓越的商业产品经理，那么你还需要再多问几个关于产品的问题，你要思考产品经理每天做的最重要的事情是什么。对于下面的几个问题，请你试着找找答案。

（1）如果你不做这个产品，那么用户会损失什么？用户会感知到损失吗？

（2）对于这个新的商业领域、新的产品赛道，你是不是擅长呢？你有什么核心能力？

（3）如果你做了这个产品，那么你能保持多大的竞争优势？你能保持多久的竞争优势？

（4）竞争对手都在做些什么？竞争对手的布局是怎样的？竞争对手奔跑的速度如何？

（5）你是否已经分析出这个产品的核心诉求？你是否已经重点关注了这个产品的核心指标？

（6）你是否每天都在思考这些核心指标的变化？这些核心指标上升或下降的原因是什么？

（7）你会怎样发挥公司的优势寻找差异、寻找用户认知的不同区间？

（8）你要怎样做好产品运营管理，构建竞争门槛、构建你的护城河？

如果你每天能把这些问题思考一遍，那么我相信你慢慢地就会有洞察力，会有很好的商业理解能力和行业分析能力。也许你不能每天都思考一遍这些问题或者你发现几次的回答都差不多，那也没关系，你可以尝试着对答案进行改写，看看能不能提炼出关键词，看看能不能抽象出某些概念、某些结论。你也可以尝试用最简洁的话表达自己的观点，就像回答投资人提问一样。你可以用麦肯锡 30 秒电梯理论要求自己，要求自己在 30 秒内能讲清楚，能给出一个令人满意的答案。

我相信经过持续不断的思考、练习，你的能力会得到飞跃式的增长。

1.3 产品经理需要看清楚自己的坐标定位

1.3.1 按产品理解能力划分为四个等级

在人人都是产品经理的时代，好像每个人都可以做出一些有创意的产品，每个人都可以对产品提出自己的独特见解，每个人都有一个宏大的产品梦，但并不是所有人都能做好一个产品。每个人对于产品的理解不一样，有的人认为产品要解决问题，有的人认为产品体验要好，有的人认为产品要有核心功能，所以我从这个角度把产品经理分成四个等级，这不是通过能力标准划分的，只表示一个人对产品理解的不同。

第一级：资深用户型产品经理

这个等级的产品经理的特征是非常热爱产品，愿意使用产品，对自己的产品和竞争对手的产品都有很多使用感受。但是，这种使用感受站在用户的角度，所以他们很容易把自己当成用户的代表，模拟用户去提很多使用上的改进意见，而忘记了产品经理应该为生意负责、为商业负责。

第二级：交互设计型产品经理

这个等级的产品经理的特征是能分清楚用户是谁，能分清楚用户的想法、用户的需求和最终产品需求的区别，愿意通过科学的方式研究用户，改善用户的产品体验。但是，他们很容易陷入一个误区，认为产品体验才是最重要的，凡是不符合交互原则的都是错误的，把用户体验的作用放大了，忘记了整个产品提供的价值才是最重要的。

第三级：功能型产品经理

这个等级的产品经理的特征是唯功能论、唯痛点论。大多数人是工作 3～5 年的产品经理。他们有一定的基本功，有对行业、商业的基本判断能力，但是多半无法独自提炼出自己的商业逻辑，更多的是通过阅读网上相关专业网站的文章，获得一些流行的说法。这个等级的产品经理可能更像维修工人，更关注用户到底有什么痛点，是否能做出一个功能解决用户的问题，所以往往忽略了用户深层次的需求。比如，领导说要查看网站的订单流水数据，功能型产品经理可能就直接在后台管理系统中做了一个下载订单流水数据，并将其导出为 Excel 表格的功能。好一点的功能型产品经理可能还会加上各种时间的筛选条件、订单金额的筛选条件等功能。如果领导是这个产品的用户，那么你有没有挖掘出他深层次的需求呢？领导最关心的数据是什么？领导在得到数据后都做什么？领导希望得到什么结论、什么决策呢？

功能型产品经理的状态是大多数人在工作一段时间后进入的一个“大广场”，这个阶段的产品经理之间差别不大，这些产品经理都遵循一样的产品研发流程，都写一样的产品文档，唯一体现差别的就是“时间”，工作时间影响了经验的积累，影响了在遇到各种细节问题时的解决思路、判断决策的标准。但是这不是本质性的差别，一个工厂工人在流水线上工作多年后，他仍然只是一个工人，他不是工程师，不是领导。思维不做转变和突破，格局就不会被打破。

第四级：生意型产品经理

这个等级的产品经理的特征是在思维上更关注生意，更关注商业本身，他们知道产品的形态、产品的交互都只是实现商业目标的手段，他们知道产品经理最终要解决的是“用户购买力”，他们可以小步快跑，可以接受不完美的 Beta 版，不会特别在意交互设计是否符合原则，只在乎用户的认知、用户是否使用产品、用户未来愿不愿意继续使用产品或者把产品推荐给其他用户。生意型产品经理掌握了更多的综合能力，他们把这种能力灵活地应用到产品的研发过程、产品的运营管理上。

他们更像在精益创业，他们擅长最小可行化产品（Minimum Viable Product，MVP）的方式，这种方式的核心理念源于“精益生产”，它提倡企业进行“验证性学习”，先向市场推出极简的原型产品，然后在不断地试验和学习中以最小的成本和最有效的方式验证产品是否符合用户需求，灵活调整方向。如果产品不符合市场需求，那么最好能“快速的失败、廉价的失败”，而不要“昂贵的失败”。

1.3.2 按独立创造产品能力划分为五个等级

产品经理在能力维度上可以划分为五个等级，在说具体等级之前，我先给你讲一个故事：

在抽象代数中，有一个研究课题叫“群论”，群论就是研究群的代数结构。这些代数结构（包括环、域和模等）可以看成在群的基础上添加新的运算和公理而形成。群论的重要性还体现在物理学和化学的研究中，因为许多不同的物理结构（如晶体结构和氢原子结构）可以用群论方法进行建模，所以群论和相关群的理论在物理学和化学中有大量的应用。

李雷是一个从小就参加奥林匹克数学竞赛，在上大学后仍然学习数学的人，但是他没有在老师的讲解下完全弄清楚群论。这只是学习、理解，更别说让他发明这套理论了，然而我们如果回顾一下群论的创立，那么你一定会被惊呆。

群论是法国数学家埃瓦里斯特•伽罗华（1811—1832 年）的发明。他发明这一理论的时间距离现在已经快 200 年了，那时候没有电脑，没有计算器，更没有其他前辈的研究成果用来参考。更让人震惊的是，伽罗华是一个极具传奇性的人物，年仅 21 岁就英年早逝于一场近乎自杀的决斗中。他在短短的生命中所做的最重要的工作就是开创了“群论”这个无比重要的数学领域。

这个故事就是想告诉你，人和人的差距、能力和能力的差距是数量级的差别，而不像普通人想象的差一点点。所以，当你做产品经理的时候，你可以学习“大神”的思考方式，但是不用特别苛求自己将来也要成为“乔布斯”。

当我看到苏联著名物理学家朗道提出了一套对专业人士的评价体系时，我联想到腾讯、百度、阿里巴巴这样的大公司也都有专业岗位的成长体系，根据我的理解，把这两者做一些融合，让它更有普适性，对产品经理提出新的等级划分。朗道按照贡献划定水平，企业按照对公司、对团队的贡献划定等级，新的等级是结合上述标准和产品思维、行业贡献划定的。第一级最高，第五级最低，每一级之间的能力和贡献相差 10 倍左右。下面来说说具体的内容。

第五级：能独立解决问题，完成上级分配的工作

一个毕业生在进入一个公司后经过一段时间的工作磨炼，都能够掌握基本的产品经理常用软件的技能，能够对用户进行需求调研，能够完成产品文档编写、业务流程图梳理，独立完成上级领导分配的工作，不需要他人进行过多的指导，就算是一个合格的第五级产品经理了。

比如，领导说分析一下购买某充电宝的人群画像，他能够自己知道在公司内找谁要数据，要哪些数据，如何进行地域划分、购买属性划分、历史过往行为分析等，就算是基本完成了人群画像。

第四级：能指导和带领其他人一同完成更有影响力的工作

这个等级的产品经理基本属于团队的骨干员工，他们通常具备了一定的工作经验，并且已经在某个产品领域中有独立负责过项目的经验，他们可以把一个大的问题拆解成小的问题，可以理解领导交代的任务，知道这个任务最终应该要做成什么样；他们也知道应该如何一步一步地实现目标。所以，他们能够指导和带领其他人一同完成工作。

因为第四级产品经理有经验，所以他们能够把握好产品研发的项目管理，能够考虑到投入产出比（ROI）。比如，现在要建造一个可以使用200年的房子，可能目标非常好，然而研发周期、研发成本非常高，产品经理要能够在时间、质量、成本三者之间找到一个很好的平衡点，找到一个在有限资源下最优的解决方案。

能否成为一个合格的第四级产品经理，就要看能否很好地解决一个有限条件下的有规模的实际问题。这种能力远远不是熟练操作软件就可以锻炼的。很多人抱怨自己在小公司没有这种机会，其实这需要主动思考，需要自己挖掘潜能。

第三级：能独立设计和实现产品，并且在市场上获得成功

第三级产品经理要更加关注行业和商业的本质、行业的基本规律，要能够带领一个团队做出一个可以为公司争夺市场领先地位或者为公司赢利的产品。除了前面两级提到的能力外，第三级产品经理还要具备市场能力、渠道管理能力、品牌营销能力等。很多人会想，我就是一个产品经理啊，公司有市场部、运营部，没有机会让我做这些，我就想安安静静地做产品。这样的想法显然达不到第三级的要求。

第三级产品经理不但要学识广，也要心胸宽广，要愿意接受各种挑战，有强烈的行业融入感，很想把整件事情做成，而不是只关心自己的一亩三分地。虽然实际操作可能由其他同事负责，但是这并不能代表你不能思考，你不能参与讨论。跨部门沟通合作是如何炼成的？如果你都不知道别人是怎么做事、怎样思考的，也不知道他们正在做什么项目，那么你怎么和他们合作呢？

一般来说，第三级产品经理已经是公司的产品小组组长，甚至是产品总监了，对于大多数人来说收入已经相当可观了，再往上晋升非常困难了。

第二级：能设计和实现别人不能做出的产品，即他很难被取代

第二级产品经理要能够做出以前没有出现的东西，但这不是比创业点子，比谁能够想到一个新、奇、特的创意，第二级产品经理要把它规模化的实现出来。比如，以前国内杀毒软件竞争激烈，猎豹的傅盛就能看得更远，早早做了移动手机的工具软件，并且在海外获得成功。随后各种工具软件、电商网站、直播网站，甚至摩拜自行车都纷纷开启了“出海淘金”的计划。再比如，微博和微信公众号已经聚集了很多自媒体人，并且已经经历了几轮大浪淘沙，大多数人都觉得UGC（User Generated Content，用户原创内容）已经没什么可玩的了，然而微信的张小龙就能做出小程序，重新创建一个赛道，并且随后支付宝、今日头条、百度等公司纷纷推出自己的小程序生态。这些就是第二级产品经理做的事情，他们做出的产品往往都能改变行业，推动整个行业的变革。你不用强求自己要达到这个水平，能做到这一等级非常不容易。

第一级：开创一个产业

开创一个产业，离我们就更遥远了，我甚至不知道在中国谁才算这个等级的人。我只能借用苏联著名物理学家朗道提出的标准中提到的几个人物帮你理解，他们是爱迪生、福特、贝尔，这些人才算开创了一个产业。

如果非要在中国找到一个这样的人，我觉得马云算这个级别的人，他把整个电子商务的产业做大了，全中国电子商务行业的就业人数规模超过了4000万人！全国“电子商务村”就多达2100个，电子商务的发展不仅改善了社会失业率，同时也成为社会创业、创新的重要选择，为农村剩余劳动力、返乡创业青年、退伍军人、城乡残疾人开辟了新的就业途径。

1.3.3 按职业通道晋升路径划分为四个等级

在做职业生涯规划辅导时，我经常会告诉来访者："一个人在职场中慢慢发展，比较常见的两个方向是向上看和向内看"。

"向上看"是指追求职业生涯的高度，提升自身职业竞争力，扩大自身影响力，一步一步地从基层员工做到管理者的岗位，成为管理者就意味着获得了一定的影响力，意味着一个人在职场中获得了一定的地位、权利与影响力。有些人特别喜欢其他人给予他认同感，他们就是想当领导，享受别人崇拜的目光。

还有一个方向是"向内看"，追求职业生涯的深度。"向内看"的人都比较聪明、智慧，他们渴望达到卓越与精进的程度。他们追寻的可能是真理，寻求的是极致、反复打磨，让自己炉火纯青。他们希望站在人类知识的顶峰、思考的极限边缘。他们不断追求专业度、精深度。他们最后成了公司的专家，成了行业的专家。

在产品经理的职业发展过程中，我们按职业通道晋升路径可以把产品经理划分为四个等级，具体的内容如下。

第一级：产品助理

产品助理一般是互联网公司留给应届毕业生的岗位，他们主要辅助产品经理做一些工作，包括画一些思维导图、业务流程图，做一些原型设计等，同时产品助理要做用户调研、需求整理。产品助理通常需要具备以下基本能力：

（1）文档编写能力。

（2）产品原型制作能力。

（3）各种需求、各种行业材料收集和整理能力。

（4）基础的用户调研能力。

（5）产品测试体验能力。

（6）竞品分析能力。

第二级：产品经理、产品主管

产品经理需要独立地完成某一个模块产品或者独立地负责某一个子产品。产品经理要带领产品助理一起研究正在负责的产品的目标市场和目标用户，进行竞品分析，并出具相应的分析报告；产品经理也要统领并指挥产品规划，进行产品设计，保证所设计的产品满足市场需求。

产品经理要负责编写产品功能设计文档，设计产品原型；产品经理要负责数据统计埋点，建立数据分析模型；产品经理要进行产品研发的全流程管理，持续收集产品的用户反馈，主导产品迭代方案制定，开展产品迭代设计工作；产品经理要支持市场推广、品牌建设、客户服务、平台运营工作的开展。

成熟的产品经理最好要有相关行业的背景知识，比如金融行业、保险行业、传统的零售行业，这些企业在做互联网转型时，往往都需要产品经理能够懂一些业务，这样才能更好地配合工作。

同时，产品经理也要具备以下一些基本素养：

（1）热爱产品设计工作，思路开阔、注重细节。

（2）熟悉产品设计的各个方面，包括竞品分析、业务需求分析、产品架构设计、产品功能设计、数据统计与跟踪。

（3）具有良好的原型制作、产品设计文档撰写能力，能够熟练地运用 Axure、Word、Visio 等软件。

（4）具备清晰、缜密的逻辑思维能力，具备出色的沟通能力和协调能力，拥有强烈的责任心、团队合作精神和很强的抗压承受力。

第三级：高级产品经理、产品组组长

当你成为高级产品经理或者已经开始管理产品团队时，你已经进入了更高的等级，你需要做的最重要的事情是提升你的格局。

如果格局小的人做销售，那么他一天能赚 1000 元就会笑得合不拢嘴、非常满足了。因为一天赚 1000 元可能已经是别人的五倍了，所以他再辛苦也高兴，愿意不停地找客户，非常享受一台一台销售设备的过程。然而这样满足于一天挣 1000 元钱的销售员，可能永远做不到一单就挣 100 万元的生意。

高级产品经理应该想的问题是如何把事情做得漂亮。这是一个很重要的指标，如果你仍然埋头苦干，写文档、画交互图，那么你可能把在职场中第一天的工作经验复制了几年，没有突破，没有蜕变。

高级产品经理已经开始要求自己能够理解公司的战略决策，把握产品线的发展方向，并制定产品的发展规划和实施路线图，实现完整的产品生命周期的管理，并且要有前瞻性的、敏锐的产品思维。高级产品经理要能够通过产品生命周期管

理及落地经验总结出相关产品方法论。

高级产品经理平时更要关注行业发展，持续开展市场调研，敏锐地把握行业动向，聚焦用户痛点，高效地实现产品转化。

高级产品经理需要具备以下基本能力：

（1）产品设计规划能力。

（2）产品研发管理能力。

（3）产品团队的建设及管理能力。

（4）各部门沟通协调、紧密合作能力。

（5）负责产品整体业绩目标达成的能力。

第四级：产品专家或产品总监

产品专家或产品总监不一定非要做出一个不被取代的产品，或者开创一个新的产品赛道。在互联网公司里能够成为产品专家已经非常不容易了，他们花费更多的时间在对产品的思考上，而不是在产品研发的执行工作上。

对于产品团队来说，产品专家主要有两个方面的作用：

1）预知未来

预知未来体现在产品专家能够看得更远，有非常好的预判能力，对行业的走势、技术的发展趋势、社会大环境的判断都非常准确。

因为产品专家每天都关注和分析所在行业的核心价值，所以能够梳理出行业的价值链，找到链主。

产品专家要更多地从大盘的角度、更宏观的角度看整个公司的产品，看公司在行业中处于什么样的生态位。

2）回到过去

回到过去体现在产品专家积累了足够丰富的实战经验，能对产品经理们提出的规划作出快速的判断，并且判断要有一套完整的评估框架。

产品专家一般都能准确地评估开发难度、开发周期，能够判断未来产品运营会遇到的困难，就好像一个医生在屏幕上看你的产品方案做 X 光检测一样。

产品专家应该具备的基本能力如下：

（1）具备从 0 到 1 的产品全生命周期管理能力，具备大型的和规模化产品的设计规划、落地开发、运营优化、项目管理经验。

（2）具有非常好的自我驱动力，具备项目管理能力、跨职能和跨部门的组织协调及沟通能力，较好的影响力。

（3）目标明确，会抓重点，具备优秀的逻辑思考能力和解决问题的能力，执行力强。

（4）感染力强，具备创新精神，热爱产品工作，能够带动整个研发和运营团队充分聚焦、高效迭代。

上面我们介绍了按产品理解能力，产品经理可以分成四个等级；然后，介绍了按独立创造产品能力，产品经理可以分成五个等级；最后，介绍了按职业通道晋升路径，产品经理可以分成四个等级。通过这三种不同维度的划分，我想你已经对产品经理的能力要求、职业规划有了新的理解。我们能够看到越往高级发展，对人的能力要求越高，对软件使用的熟练度要求就慢慢降低了，这些初级能力不是不重要，而是早已经内化为自然的技能，就像与生俱来的一样。

商业产品经理就是我对卓越产品经理的称呼，商业产品经理必须要能够达到第三级以上的能力，必须具备理解用户的能力，具备构建完整商业计划的能力，具备长远的战略眼光，并且能够高效执行，能够用灰度的策略，能够带领团队小步快跑，能够具有在产品上线后持续运营、持续驱动核心指标增长、不断迭代产品的能力。

1.4 产品经理需要在思维上突破自己

1.4.1 主动升级自己的能力

产品经理是一个对综合能力要求比较高的岗位，在产品经理的圈子里流传着这样一句话："产品经理是 CEO 的学前班"，那些人们耳熟能详的 CEO 其实都有产品经理的职业背景，比如小米的雷军、腾讯的马化腾、360 的周鸿祎、锤子手机的罗永浩等。这句话说明了产品经理未来职业晋升的无限可能性，同时也说明了产品经理这个职业对个人多元化的能力有着很高的要求。

产品经理首先要有能力看清楚自己，知道自己的能力，能够想清楚自己未来要发展成什么样，然后才有能力想清楚一个产品未来的愿景。产品经理如果希望能够有突破，能够上一个台阶，那么毋庸置疑，需要在思维上有跃迁，而不是把使用的软件练得更加熟练。

产品经理要有做到最好的追求。我们经常说在工业产品中德国生产的是最好的，在互联网行业里腾讯的产品经理是最好的，所以能不能也想象一下自己是最棒的。你不一定要做很多产品，但是如果做，就要做到最好，越是在小公司，越是在缺乏资源的时候，就越应该主动关注自己的成长，而不是和普通产品经理一样把责任都推给外部环境。很多时候，做到一个 100 分要比做到 5 个 90 分更重要，你能把一个产品做到最好就已经证明你的能力了。而那些做到 90 分的并不是说就不好，而是说他们离成功就差一点点，就差最后几步路，然而在激烈的竞争环境中，最后的收入水平、发展机会可能会差很远。

既然 90 分都做到了，就不要偷懒，哪怕是咬着牙也要把最后的一段做好。绝对不能差不多就得了，总觉得最后这一点即使不做也无关大局，还可以不断地快速迭代，殊不知自己每次做的都差一点，长期下来就一直在低水平上重复，没有突破。

北京、上海、广州、深圳的房价已经非常高了，互联网产品经理的薪酬也比其他行业的要高得多，但是为什么在几年过后，有些人就能买房了，而有些人还在苦苦地挣扎，我想道理就在上面，能不能关注到自我提升、自我突破，能不能志存高远，能不能坚持做到 100 分，就决定了未来的人生路。

1.4.2 识别商业本质的重要性

一些刚进入职场的新人总想多收集几个产品需求文档的模板，总想别人传授自己三招管用的技能，然后马上就能见效。眼光停留在这个水平上的人，格局都太小了。今天你学会了这三招，明天别人也能学会。一个公司永远不缺那种掌握了一点技能的人，缺的是能够突破自我、看清楚商业本来形态、看清楚商品本身所固有的根本属性的人。

你应该感到自豪，因为你在看到本书的时候，自己已经不普通了，已经不甘心做“人人都是产品经理”中的某一个人了。你如果有自己的追求，就要知道术业有专攻，知道自己的“术”是什么，知道自己的“道”是什么。商业产品经理不但要总结、输出基础工作的方法和经验，还要不断地拓宽自己的视野和格局，让自己能从更高的层面上理解商业、理解用户。

商业的本质是让人花钱，产品经理就是要解决用户的购买力。今天还想通过免费策略积累用户，然后转型做一个大平台，最后成为下一个腾讯或者阿里巴巴的产品经理必须要反思了。用户有时候并不一定需要一个比原来好一点点的产品。比如，全国10亿个用户在用微信，你再做一个好一点点的产品就没有意义了。第一个做到的是天才，第二个做到的是庸才，第三个做到的就只能是蠢材了。我们可以在共享单车、共享充电宝、共享雨伞、共享篮球等项目上看到大量的庸才和蠢材。

我们常常容易莫名其妙地随大流。我们见过千团大战，见过很多办公室里都摆了无人货架，见过马路上各种颜色的共享单车，也见到了每个人都想成为主播，都想成为下一个知名博主。这些现象恰恰说明了我们更需要独立思考，从事物的本质出发，找到那些随大流的人没有看到的机会，找到符合事物发展规律的机会。

产品经理要有突破，因为我从来没见过哪个公司的产品总监在上班后还继续写文档，画交互图。产品总监应该做的事情恰恰是商业产品经理的升级，要理解行业、理解商业，站在更高的层级上设计整个产品体系。也许在职位上产品总监不是你的终极目标，但是如果你想走得更远，你必须要有所突破。

产品经理应该在商业思维上、用户思维上、故事思维上自我进化。产品经理只有在思维上有了提升，才能在格局上开阔，才能从更多元化的角度思考，才可以在做同一个产品时，更理解用户是谁，更理解为用户提供了什么样的价值，更理解商业的本质。

人人都是产品经理是一个时代的过渡期，也是必然经历的一个阶段，是野蛮成长的阶段，但是所有的事情都会往更高级、更专业的阶段发展，产品经理也是一样，所以现在你应该让自己成为一个商业产品经理，忘记人人都是产品经理的理念，你未来就是要做一个不一样的产品经理，而不是泯于大众的普通产品经理。

中国的互联网已经进入了下半场，产品经理也应该进入下半场，应该从人人都是产品经理的阶段变成更专业、更精细化，对商业的理解要求更高，对综合能力的要求也更高的阶段，互联网的下半场就是商业社会的下半场，产品经理必须要改变自己的思维，必须要让自己升级蜕变，只有这样才能在未来得到一个专业的位置。

第2章

商业产品经理是一个回归本质的称谓

2.1 商业产品经理的定义

2.1.1 商业产品经理的工作范围

整个互联网行业的发展都离不开免费的声音，早在2009年，中信出版社就引进了一本由克里斯·安德森写的《免费：商业的未来》。李开复曾经推荐过该书，他当时在推荐语中写道："互联网时代，'免费'的模式有着深远的影响——正是在'免费'的推动下，众多互联网公司获得了公众的青睐。如果你想了解'免费'是如何重塑我们这个时代的，那么我建议你一定要读一读克里斯·安德森的《免费：商业的未来》。"

中国文化其实更容易包容免费的文化，新浪、网易等新闻门户网站靠免费打败了传统媒体，淘宝靠免费打败了eBay，QQ靠免费让更多人都使用了，微信靠免费打败了电信运营商。所以，整个中国也进入了"流量社会"。

免费并不是一种从左口袋出、右口袋进的营销策略，免费吸引了大量的用户流量、大量的用户关注，所以造就了像谷歌这样的公司，它的90%的收入都来自互联网广告。但是近年来，随着互联网行业快速发展，人口红利消亡，免费吸引过来的用户如何商业化、如何变现变成了很多公司的难题。所以，在招聘市场上出现了两个职位，一个叫用户产品经理，另一个叫商业产品经理。用户产品经理主要负责满足使用者的需求，核心目标是让用户爽；商业产品经理是帮助公司赚钱的角色，核心目标是让股东爽。

乍听起来，这是有道理的，因为中国的很多产品经理可能是理工科出身的，所以在公司产品商业化、公司赢利赚钱方面的能力弱了一些。新增加一个商业产品经理的岗位是合情合理的。但是我并不这样认为，我认为商业产品经理必须要懂用户、懂产品，用户产品经理也要懂商业才行。

我从招聘网站上搜索了几个典型的商业产品类的目标岗位，有商业产品经理、商业化产品经理、策略产品经理、增长产品经理。图 2-1～图 2-5 所示为这些职位的招聘要求。

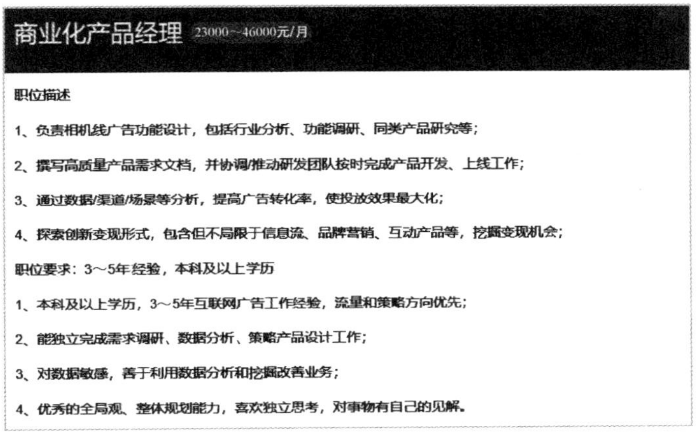

商业化产品经理 23000~46000元/月

职位描述

1、负责相机线广告功能设计，包括行业分析、功能调研、同类产品研究等；

2、撰写高质量产品需求文档，并协调/推动研发团队按时完成产品开发、上线工作；

3、通过数据/渠道/场景等分析，提高广告转化率，使投放效果最大化；

4、探索创新变现形式，包含但不局限于信息流、品牌营销、互动产品等，挖掘变现机会；

职位要求：3～5年经验，本科及以上学历

1、本科及以上学历，3～5年互联网广告工作经验，流量和策略方向优先；

2、能独立完成需求调研、数据分析、策略产品设计工作；

3、对数据敏感，善于利用数据分析和挖掘改善业务；

4、优秀的全局观、整体规划能力，喜欢独立思考，对事物有自己的见解。

图 2-1　某公司招聘商业化产品经理的要求

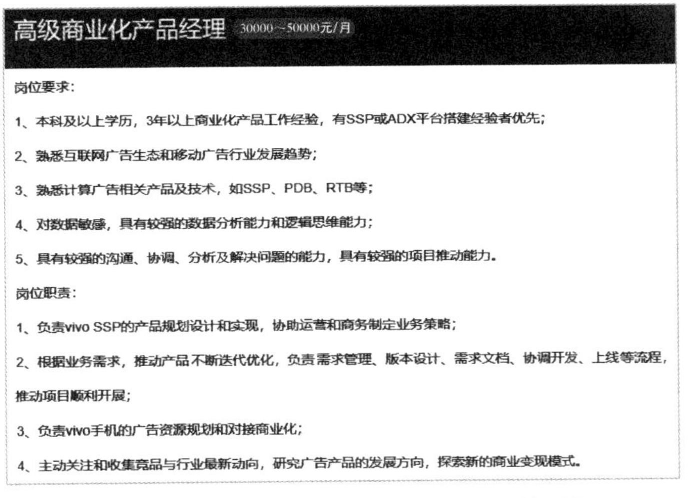

高级商业化产品经理 30000~50000元/月

岗位要求：

1、本科及以上学历，3年以上商业化产品工作经验，有SSP或ADX平台搭建经验者优先；

2、熟悉互联网广告生态和移动广告行业发展趋势；

3、熟悉计算广告相关产品及技术，如SSP、PDB、RTB等；

4、对数据敏感，具有较强的数据分析能力和逻辑思维能力；

5、具有较强的沟通、协调、分析及解决问题的能力，具有较强的项目推动能力。

岗位职责：

1、负责vivo SSP的产品规划设计和实现，协助运营和商务制定业务策略；

2、根据业务需求，推动产品不断迭代优化，负责需求管理、版本设计、需求文档、协调开发、上线等流程，推动项目顺利开展；

3、负责vivo手机的广告资源规划和对接商业化；

4、主动关注和收集竞品与行业最新动向，研究广告产品的发展方向，探索新的商业变现模式。

图 2-2　某公司招聘高级商业化产品经理的要求

策略产品经理 15000～30000元/月

岗位描述：

1、负责资讯、短视频、图片、PUSH等个性化算法优化策略设计的效果评估和质量改进方案设计；

2、深入理解用户的需求，理解内容行业，分析并制定内容质量、推荐和分发相关策略；

3、引导和建立良好的内容生态，制定策略使平台健康发展，促进核心指标的达成；

4、负责设计业务场景模型，对具体体验问题进行分析拆解，通过大量的数据分析和调研发现问题、确定优化的方向；

5、积极协调产品、技术及运营资源，快速推动推荐的体验优化。

任职要求：

1、对推荐内容类产品体验敏感，有新闻资讯推荐产品相关工作经验优先；

2、具有较强逻辑思维能力，能够独立思考、理解业务逻辑；

3、具备良好的数据分析能力、执行力和沟通能力；

4、1年以上算法驱动用户体验的策略产品经验，有研发和数据分析背景优先；

5、掌握SQL、Excel、Python等数据分析工具优先；

6、工作细致，认真踏实，责任心强，自我驱动力强。

图 2-3　某公司招聘策略产品经理的要求

商业产品经理 - 电商行业 20000～40000元/月

职位描述

1、针对电商行业，进行用户需求调研，找出行业变现突破点，明确客户群定位及开发目标，产出行业解决方案；

2、深入了解电商行业各个环节，寻找与字节跳动公司产品（头条/抖音/西瓜视频等）用户场景可结合的突破点，探索创新行业的变现方式；

3、与运营、技术团队合作，推动产品相关运营推广工作顺利进行，并结合运营分析和问题收集，制定产品优化方向，推动产品不断迭代。

职位要求：3～5年经验，本科及以上学历

1、有3年以上电商行业产品设计经验者，对行业有较为专业的见解和前瞻性优先；

2、善于学习，优秀的产品设计、沟通协作、数据分析与评估能力，优秀的执行力和推动力；

3、强烈的责任心，逻辑思维清晰，抗压能力强；

4、对用户和客户需求有敏锐的洞察力，较好的产品创新能力。

图 2-4　某公司招聘商业产品经理的要求

资深用户增长产品经理 35000～60000元/月

职位描述：

1. 辅助制定增长策略及规划，落地产品设计，对接开发推动产品落地；

2. 根据制定的优化目标，进行数据指标拆解，制定优化方案；

3. 辅助设计 A/B 测试实验，推动实验设计、实施、分析；

4. 分析映客的用户行为和数据，找出增长关键路径；

5. 制定增长活动项目及推动项目对接、实施、落地、分析。

岗位要求：

1. 本科及以上学历，计算机科学、数据科学相关专业；

2. 3 年以上互联网产品相关工作经验，有内容社区、社交直播产品经验优先；有用户成长体系、等级体系产品设计经验者优先；

3. 具备良好的 A/B 测试试验设计能力；

4. 具备良好的逻辑分析、数据驱动、业务抽象能力，善于从数据中进行业务解读，发现问题；熟练使用 SQL 等数据库查询语言者优先；

5. 对行业内新生事物保持足够好奇，了解国内外互联网公司用户增长工作的先进做法的优先。

图 2-5　某公司招聘资深用户增长产品经理的要求

这些细分岗位的需求各不相同，除了要求具备基础的产品能力以外，还会有额外的能力要求。由此可见，一方面，具备综合能力的产品经理不容易找到；另一方面，互联网行业的发展已经进入了精细化运营的产品时代，这给产品经理带来了新的挑战，再也不是随便喊一句“人人都是产品经理”就可以当产品经理的时代了。

未来，商业产品经理的工作范围应该包括以下几个大的方面：

（1）产品经理要熟悉行业发展的动态，多参与行业交流，需要变成行业专家。

（2）产品经理要负责产品研发管理，包括基本的研发项目管理、产品版本管理、产品体系规划等工作。

（3）产品经理要负责产品商业化运营工作，包括用户增长和用户运营、寻找产品商业模式、实现产品变现等工作。

（4）产品经理要负责产品数据运营工作，包括确定核心数据指标、挖掘用户行为数据、找出产品增长路径等工作。

（5）产品经理要负责产品的持续迭代工作，持续运营产品，收集用户反馈，优化产品细节，形成闭环工作流程。

商业产品经理一定要对商业结果负责，商业产品经理不应该只做出一个“交付式”的产品，一定不能像工业时代一样，生产完产品就结束工作，比如粉笔、打火机，交易完成就结束产品工作了。商业产品经理一定要做一个持续的、长期的“运营式”产品，比如网站、社群，需要持续和用户互动。

商业产品经理的工作范围会越来越大，职责的边界会越来越模糊，但是目标非常清晰，一切以用户价值、公司价值、商业价值为目标。

2.1.2 商业产品经理的能力范围

商业产品经理的能力范围正在回归产品经理本来的样子，很多公司原来在招聘产品经理的时候希望找计算机专业、信息工程专业或者其他理工科专业毕业的学生。因为他们在互联网快速发展的初级阶段很适合岗位的要求，他们能够和开发人员更好地沟通，能够把如何实现一个功能、如何做出可用的交互设计说清楚，他们可以一起做出一个“交付式”的产品。比如，在互联网 Web 1.0 时代，产品基本上只有搜索、新闻、电子邮件等功能，互联网产品的概念并不明显，整个互联网还处于忙着建设基础设施的阶段，而且由于带宽限制，访问效率很低；到了 Web 2.0 时代，产品已经开始与用户有一些互动，有一些简单的排序算法、推荐算法在里面应用，所以这个时候对产品经理的能力要求又提高了一些，产品经理要开始研究用户行为，研究交互体验设计，研究如何能够让更多的用户喜欢你的产品。后来，随着移动互联网的高速发展、智能手机的普及，产品之间的竞争很快从占领用户浏览器、占领用户电脑桌面变成了占领用户手机，产生了无数 App，每一个产品都声称找到了独特的用户痛点。这时候就已经不是功能的交付了，产品经理要持续不断地运营产品。

从现在开始，互联网行业的发展进入了“下半场”，产品不再是一个“商品”，不再存在通过创意、通过解决某个痛点就能够长期取胜，竞争已经变成了对“用户使用时间”的竞争、对“用户心智”的争夺。产品经理之间的竞争也不再是软件使用熟练程度的竞争、研发流程管理成熟度的竞争，而是回归到商业运营操作的竞争，回归到理解商业本质的竞争，比拼的是谁能够提供一个完整的、长期运营的商业化产品。

针对商业产品经理的能力模型，我做了一个简单的表格（见表 2-1），希望你能够仔细阅读，并思考哪些内容你目前还没有接触到，还没有实践过。将来如果你在去某一家公司面试的时候，面对你没有接触过的问题或者没有实践过的问题，你千万不能回答说："对不起，因为我们公司分工不明确，所以这个工作我没有做过；或者这个工作是由另外一个同事负责的，我没做过……"。我相信你不会这样回答，这样的答案就等同于主动放弃了面试。

商业产品经理更多的能力将体现在商业相关维度，既包括基础的能力模型，又包括基本的思考模型。在遇到任何问题时，商业产品经理都应该去辨别、判断、思考，提出解决方案，这才是商业产品经理的价值，在后面的章节中我会详细地介绍各种能力的细节内容，这里先列出商业产品经理的能力模型，如表 2-1 所示。你不要再纠结于自己不是计算机相关专业毕业的，只要你的商业感觉良好都可以尝试，在腾讯的实习生招聘经历中，我就曾经招聘过茶道、古汉语、图书管理、金融、航天制造、旅游管理等专业的学生，他们都有共同的特点：对产品非常热爱，有非常好的逻辑思考能力和学习能力，能从过往的经验中学习到方法论，也能从时下最流行的事情中找到创新的元素。这就是他们能够胜任产品经理实习生工作的原因。

表 2-1　商业产品经理的能力模型

商业产品经理的能力	具体能力描述
商业理解力	（1）具备行业分析能力，能够收集并整理、输出行业发展报告。 （2）具备商业模式分析能力，能够分析出所在行业的业务特点，结合公司发展战略输出商业分析报告。 （3）具备一定的演讲能力，能够将公司战略和商业意图清晰、简洁地表达出来
产品规划力	（1）具备商业产品竞争分析能力，能够输出完整的竞争产品分析报告。 （2）具备产品体系规划能力，能够规划产品发展方向，确定产品的核心竞争力。 （3）具备产品管理能力，能够借用 MVP、生命周期管理等模型，进行产品完整管理
产品设计力	（1）具备优秀的产品设计能力，能够挖掘行业产业链中的价值，分析客户需求，设计产品功能，将业务流程完整地还原或实现创新、优化。 （2）具备优秀的用户感知力，能够将用户感知体现在产品中，让产品有对象感，符合用户认知。 （3）具备提炼价值感的能力，能够将产品设计出用户需要的价值感
用户体验力	（1）具备交互设计能力，能够把控整个产品的可用性、易用性。 （2）具备良好的审美能力，能够使整个产品的美术设计符合用户需求和潮流趋势
产品研发力	（1）具备良好的项目管理能力，能够把控完整的研发流程。 （2）具备良好的沟通能力，能够调动和协调研发资源，并使项目高效完成。 （3）具备良好的大局观，能够协调各种资源，明确产品优先级，确保产品按时发布

续表

商业产品经理的能力	具体能力描述
产品运营力	（1）具备用户运营管理能力，关注用户核心指标，如注册用户数、在线用户数、活跃用户数、用户在线时间、付费用户数等。 （2）具备产品运营能力，包括线上和线下发布、产品说明书编写、反馈意见收集、品牌宣传及公关活动等。 （3）具备产品日常运营营销推广能力，能够独立完成活动策划，达成相应的商业目标

2.1.3 商业产品经理的责任范围

商业产品经理被重新定义了，产品经理们需要重新理解产品经理的责任，重新理解团队中各个角色的责任。

2018 年 12 月 31 日，罗振宇在“时间的朋友”跨年演讲中提到了一个新的概念——小趋势。小趋势是什么？小趋势是影响趋势的趋势，带来改变的改变。在小趋势的逻辑里，每一个趋势停靠的时间都很短，而且看起来都像末班车。同时，整个市场好像真的没有末班车，车是一会儿一趟，越来越密。现在的互联网创业机会也是这样，变化得越来越快，从三五年到一两年，再到三五个月。以前像微软这样投入上千人，耗时 3～5 年研发一个操作系统的事情，可能再也找不到第二家了。2014 年还是遍地共享单车，2018 年某些共享单车公司已经不能及时退回用户的押金；2017 年还是遍地开花的办公室无人货架项目在 2018 年转眼间就数家清算转型；曾经火爆的共享充电宝、共享雨伞等项目都像流星一样，转瞬即逝。

在这样快的节奏下，我们还能够按照传统的组织分工搭建团队吗？

在传统的组织分工中，产品经理全程陪跑，除了用户调研与市场研究、用户需求转化、业务流程与功能设计等环节以外，其他环节的工作都只是简单参与，甚至只是列席会议而已，如图 2-6 所示。

（1）产品研发前：主要看市场人员的，也许是老板直接定义了市场和需求。

具体来说，在产品研发之前，市场人员要进行行业研究，撰写可行性报告，研究行业现状、产业政策、市场规模大小、市场上已有的厂商及其发展情况，预测产品发展趋势及经济效益前景。如果市场研究和调查结果显示行业前景良好、市场尚处于萌芽或群雄逐鹿阶段，就可以开始设计和研发产品了。

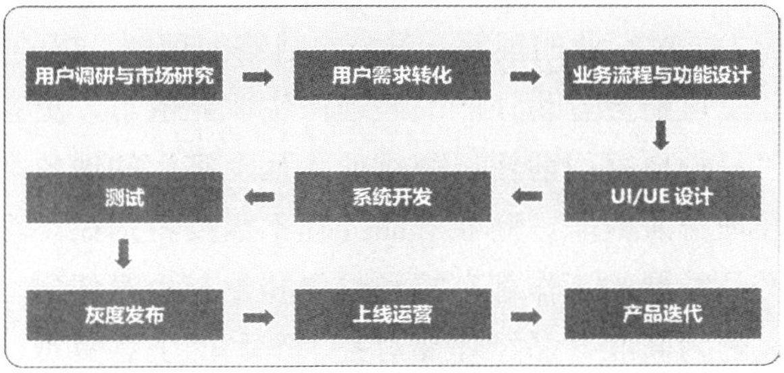

图 2-6 产品经理工作全流程

（2）产品研发阶段：主要看产品经理的，当然在研发阶段市场人员也不能闲着。

市场人员要为产品推向用户做准备工作，通过各种分发渠道、广告投放等途径，提高产品的知名度和曝光度，为产品的上线宣传大力造势。这时，品牌经理和公关经理也开始发力了。他们要考虑如何包装产品、构建产品的品牌符号、把产品的形象输送到用户心中，在用户心里打上深深的烙印。

（3）产品发布阶段：运营经理就要冲锋陷阵了。

业界有一种普遍的说法："产品经理负责生孩子，运营经理负责养孩子"，作为养孩子的角色，运营经理应该是直接跟用户打交道的一线"战士"。他们的主要工作是围绕"拉新—留存—促活"三部曲进行的。他们要保证产品通过不同渠道的推广可以带来源源不断的新用户，同时要不断地提升产品价值，策划运营活动，带动所有用户活跃，提升用户留存率，刺激用户重复消费。所以，运营经理的主要工作就是围绕用户进行的。

上面介绍了传统公司的产品在不同阶段时不同角色的分工，产品经理的作用好像只是一小部分，需要一个完整的团队共同努力。但是，随着人口红利消失、流量成本增加、产品趋势变化加速，沿用传统的模式遇到了大的问题，流量及用户入口都已经被超大型的公司把持着，对于大公司来说，行业规模和已经形成的客户资源、营销渠道，使得它们的产品很容易打开市场，这是创业型产品不能相提并论的。所以，在公司内部人员配备是整齐的，分工是细化的，不能保证每一个工作都能做到最好，至少要保证每个工作都有人做，这就是大公司的经营管理逻辑。

可是，创业公司更需要在开荒阶段就有一个全能型的团队，快速地打通整个商业产品的价值链。商业产品经理就是这个全能型团队的核心力量。

创业公司基本上都是从零开始的，要靠创业团队一步一个脚印地拉来用户，需要的产品经理绝对不是一颗"螺丝钉"，不能只做分配好的工作。这个时候产品经理拼的是综合能力、对行业的理解、对公司战略的理解，拼的是工作的执行力。

传统的组织分工可能更容易让产品经理产生职业倦怠，更容易造成信息不透明，更容易造成“只扫自家门前雪，哪管他人瓦上霜”的现象。而新的组织分工特点是商业产品经理身兼数职。商业产品经理不需要特别在意组织的分工，对任何一项能够帮助产品发展的工作都有权利过问和参与，对任何一个小组的工作都可以监督和推动，因为商业产品经理要对整个产品的生意负责，而不只对某一个功能负责。

商业产品经理在这几个阶段中都要有更强的领导力，都要有更强的驱动力，产品经理不能再只关注用户调研，不能再只关心“用户的痛点”，产品经理需要创造力，需要完整的解决方案，不但要能够满足用户需求，给用户提供价值，而且要能够实现商业价值。现在，互联网已经没有时间和空间让你慢慢通过免费策略积累用户、吸引用户关注，现在的产品更需要用户可以接受的完整的商业逻辑。

2.2 商业产品经理的价值

2.2.1 商业产品经理对公司的价值

2018 年 12 月，阿里巴巴 CEO 张勇在阿里巴巴青年干部培训营上，针对阿里巴巴集团组织架构调整做了一次讲话，在讲话中提到了从“做事用人”到“用人做事”的转变。很多公司都有战略发展部，这个部门负责制定公司发展战略，以公司战略为导向，围绕公司战略驱动各个部门规划产品，然后各个部门再以落地执行为目标，组织招聘团队，这个流程就是典型的“做事用人”。

“做事用人”需要公司把要做什么事情、要怎么做想清楚，随着团队越来越大、组织越来越复杂，公司要考虑整个组织的每个板块结构怎么设计。在这种情况下，产品经理就是一颗螺丝钉，很多年轻的产品经理觉得学不到知识，天天都在做一些执行工作，原因就在组织架构的设计上。这种组织架构也自然而然地造成了信息不对称，信息自上而下传递不顺畅，总有一些领导经常说：“别问那么多，做就完了”，下级产品经理对行业的分析、商业的分析，甚至目标用户的分析都像在沙滩上盖高楼一样，完全没有支撑。

为什么这种做事用人的管理模式能够获得认可呢？那是因为在互联网发展初期的时候，中国借鉴了美国的互联网公司商业模式，后来中国的腾讯、阿里巴巴、百度等公司发展起来了，资本市场也红火了，很多创业者的成功都非常迅速，可能靠着创业者一个人的智慧就成功了，所以公司的组织架构自然而然就是“做事用人”的形态，好像几个人就想清楚了公司未来几年的战略规划，大量的公司缺的是执行、快速执行，这样才给了“人人都是产品经理”更多的机会。

什么叫从“做事用人”到“用人做事”呢？“用人做事”就是指公司可能做的是一个新的产品、新的方向，就算是老产品迭代转型，公司对于接下来要怎么做可能也没有想清楚，或者根本就对这方面不了解，没办法想清楚。因为互联网发展得太快了，一个一个小趋势来得快，去得也快，公司已经不可能按照原来的模式做深入透彻的战略分析、市场分析了，所以需要找到最有可能把这件事情想清楚和做出来的人，让这个人来领导一个合适的组织。商业产品经理要成为这样的人，要具备这样的核心竞争力。

未来的技术人员是专业人员，市场拓展人员是专业人员，营销人员是专业人员，物流人员是专业人员，产品经理也必须是专业人员。商业产品经理要成为一个团队的领导者，就要开始想排兵布阵的事情，而不是公司交给你 20 个人，你的团队就用 20 个人。你要想他们的职责怎么划分、哪几个人组成一个小组、谁当领导、他负责的这件事情跟另一些人负责的事情是什么关系等。

商业产品经理对于公司的价值，不再只是一个写文档、画交互图的人，也不再处于“搬砖的人”“码农”这样的层级。商业产品经理对于公司来说就像一粒一粒种子一样，可以独立组建一个小组，可以独立组建一个公司，可以自负盈亏，可以在公司提供的基础设施和公司的大环境中进行内部创业。

商业产品经理要对小组的共同目标负责，这个目标不是个人的，而是所有团队成员共同的目标。商业产品经理要按照共同的目标满足客户需求，解决客户问题，将客户的难题和需求带给产品项目团队，项目团队要共同研究和解决客户问题，因此，要想解决问题，商业产品经理就要倒逼着领导提供资源、提供支持、提供服务。

另外，商业产品经理也带来了自我创新、自我驱动、自我运转。说白了要让产品经理自己当家做主，成为小企业家，关注客户需求，关注组织管理，关注组织利益。

产品经理如果想要拥有足够的资源，就要颠覆过去“职能上级”“职能部门”的机制，上下级之间、每个部门之间都要变成市场关系，过去的上级、任何一个职能部门都可以成为你的资源，一切都无边界，产品经理不应该被组织架构束缚，不应该被“部门墙”阻挡，产品经理要一切都为了用户价值而奋斗！

不管是稻盛和夫提出的阿米巴模式、海尔集团张瑞敏提出的人单合一模式，还是互联网服装品牌韩都衣舍提出的买手小组模式，其实都在强调企业需要一个领头人，企业不再需要螺丝钉，企业需要有企业家思维的雇员。商业产品经理就是这样的代表，从关注产品功能设计中跳脱出来，更多地关注商业的经营、团队的管理、公司在市场上的生死竞争。这就是商业产品经理的价值，商业产品经理就像“鲶鱼”一样，能够激活整个组织。

2.2.2 个人价值的提升

一个人如果在离职时从公司带走了一些东西，你觉得会是什么？是在公司时的业绩吗？是在公司时的职位和权利吗？是在公司时积累的客户资源吗？答案是明确的，都不是这些东西，那些你曾经以为属于你的职位、权力、经验、人脉、朋友全部都属于你的工作。你究竟能带走什么东西呢？

只有能力，只有能力才是你能带走的东西，才是你的力量。

尤其是在一些大公司、大机构中工作，包括像腾讯、华为、阿里巴巴、百度、IBM、微软这样的大体制公司，你能带走的只有能力。你要永远记住是公司培养了你，成就了你，而不是你成就了公司。

职业生涯是自己的，只有自己才会对自己的成长负责，才应该关注自己的能力成长，关注自己的价值积累。整天抱怨、整天发牢骚、和“蛀虫们”对拼消耗，就是在慢性自杀。

你每天应该关注产品能力是否有提升、在时间管理方面是否有进步、行业资源有没有积累、行业人脉有没有积累、个人领导力有没有提升、个人沟通能力有没有提升等。

你会发现每一天都有新的挑战和新的问题，每一天都会有新的进步，对工作不再那么恐慌、不再那么迷茫。

不管你每天遇到什么问题，你都在想解决方案，都在想以前有没有遇到过类似的情况，以后如果遇到了类似的情况应该怎么做更好，这就是你的收获。

一个商业产品经理要把自己当成一个产品，按照产品运营的思路去经营自己，发现自己的优点，挖掘自己“变现”的机会，找到让自己升职和加薪的机会。自己这个产品的用户是谁、用户需要什么、什么才是用户真正的需求、要通过哪些渠道去推广自己、要树立一个什么样的品牌等，这些都是产品经理需要思考的问题。

经常有年轻人在离职原因一栏里填写：“寻找更大的发展平台”“需要更好的个人成长空间”。然而，你如果仔细问他们需要在哪些方面成长，需要积累什么样的个人能力，可能没有人能够说得清楚。他们不知道下一家公司招聘的要求是什么，不知道现在这家公司对他们的要求，也不知道自己好在哪里、差在哪里，更不知道自己每天要学什么知识。

怎么证明你的个人能力已经提升了呢？除了升职和加薪外，还有哪些特征能够证明你是优秀的商业产品经理呢？这往往表现为下面几种情况：

（1）有能力承担更大的责任：在你的能力提升后，公司自然会给你更多的工作，这不是欺负你，这是团队重视你、倚重你的表现。你越能干公司就越给你加工作量。

（2）能够解决更大的问题：功劳的背后就是责任，做每个工作都可能犯错，你能承担多大的错误，就证明你的能力有多强。这不是让你承认错误，而是让你解决问题。

（3）能够做出更大的贡献：你的功劳属于你的团队，你的成绩是同事们共同努力的结果，你需要代表团队，需要为你的团队发声，需要贡献你的智慧和能力。

当你从公司离职时，你能够打包带走的东西才是属于你的。当你离职的时候，你手上可能只有一个纸箱而已。然而，你的头脑里有很多想法，你具备了很多能力，并且可以得到行业的认可、其他公司的认可，我想你就已经增值成功了。

从产品经理到商业产品经理，不仅是职位名称的改变，更是个人价值的提升。人人都是产品经理的阶段更像遍地蓝领工人的时代，我们通过技术学校培训、生产工具培训、生产流程管理培训，然后就一批一批地输出技术人才了，但是商业产品经理更像 MBA 的学习，每个人都一样学习商业知识、管理知识，然而在相同的环境和相同的条件下可能造就出不一样的商业。

2.3 商业产品经理在招聘市场上的估值

产品经理的职位是高薪职位，很多年轻人、大学毕业生都非常向往，如果能进入像腾讯、百度、阿里巴巴这样的一线互联网大公司，那么就更光荣了。产品经理在市场上的估值是有区别的，下面我们从月薪范围、具体的招聘要求、面试考察的问题来比较他们的区别。

1. 从月薪范围看

从图 2-7 中我们可以看到，在招聘市场上，普通产品经理的月薪范围是 8 000～20 000 元，而从图 2-8 中我们可以看到，商业产品经理的月薪范围是 15 000～40 000 元。

图 2-7　某公司招聘产品经理的月薪范围

图 2-8　某公司招聘商业产品经理的月薪范围

商业产品经理的收入要比普通产品经理的收入更高，在能力要求上也会更高，在工作职责上也会有区别。

2. 从具体的招聘要求看

我从互联网招聘网站上搜索到相关的招聘要求，如图 2-9 和图 2-10 所示，通过分析我找到如下特点。

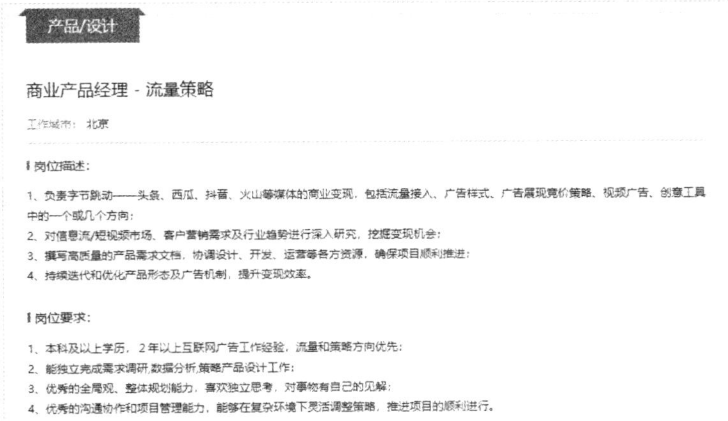

产品/设计

商业产品经理 - 流量策略

工作城市：北京

岗位描述：

1、负责字节跳动——头条、西瓜、抖音、火山等媒体的商业变现，包括流量接入、广告样式、广告展现竞价策略、视频广告、创意工具中的一个或几个方向；
2、对信息流/短视频市场、客户营销需求及行业趋势进行深入研究，挖掘变现机会；
3、撰写高质量的产品需求文档，协调设计、开发、运营等各方资源，确保项目顺利推进；
4、持续迭代和优化产品形态及广告机制，提升变现效率。

岗位要求：

1、本科及以上学历，2 年以上互联网广告工作经验，流量和策略方向优先；
2、能独立完成需求调研,数据分析,策略产品设计工作；
3、优秀的全局观、整体规划能力，喜欢独立思考，对事物有自己的见解；
4、优秀的沟通协作和项目管理能力，能够在复杂环境下灵活调整策略，推进项目的顺利进行。

图 2-9　某公司招聘商业产品经理的要求

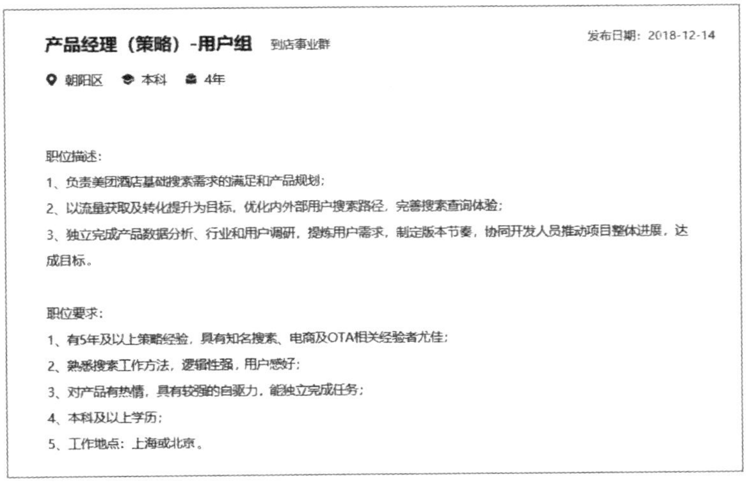

产品经理（策略）-用户组　到店事业群　发布日期：2018-12-14

朝阳区　本科　4年

职位描述：
1、负责美团酒店基础搜索需求的满足和产品规划；
2、以流量获取及转化提升为目标，优化内外部用户搜索路径，完善搜索查询体验；
3、独立完成产品数据分析、行业和用户调研，提炼用户需求，制定版本节奏，协同开发人员推动项目整体进展，达成目标。

职位要求：
1、有5年及以上策略经验，具有知名搜索、电商及OTA相关经验者尤佳；
2、熟悉搜索工作方法，逻辑性强，用户感好；
3、对产品有热情，具有较强的自驱力，能独立完成任务；
4、本科及以上学历；
5、工作地点：上海或北京。

图 2-10　某公司招聘产品经理的要求

（1）商业产品经理需要持续做用户研究、产品研究，输出研究报告，对公司发展能够提出方向性的建议。

（2）商业产品经理能够从获取流量到流量转化做完整路径的研究，做产品规划、产品迭代研发，能够独立负责产品研发。

（3）商业产品经理能够挖掘变现机会，创新变现机会，不限于广告产品、信息流产品、品牌营销、互动产品等。

3. 从面试考察的问题看

以今日头条招聘为例，在招聘商业产品经理时，公司更愿意考察以下这些问题：

（1）谈谈你对抖音等短视频 App 的看法，从产品、运营、营销方面分析。

（2）你觉得抖音的一个缺点是什么？如何进行产品优化？

（3）如果让你给 2～10 岁的儿童设计一个视频 App，那么你会怎么做？

（4）你崇拜的产品经理都有谁？他们做产品的思路有哪些共同点？

（5）产品经理的职责是什么？你具备哪些能力？你的优、缺点有哪些？

（6）你认为今日头条或抖音除了广告还能怎么变现？

（7）如果罗振宇要卖新课，那么在知乎、微信、微博、得到、抖音、百度中选三个渠道，可以以什么方式去卖？

这些题考察了以下内容：

（1）数据分析能力。比如，使用常用的漏斗转化模型、用户分层运营等能力。

（2）产品设计规划能力。比如，如何做用户画像、如何做需求分析，如何概括产品卖点、如何规划产品功能并实现这些功能的能力。

（3）产品商业化能力。比如，思考产品的商业模式、设计用户付费模式等能力。

从招聘市场上看，商业产品经理和普通产品经理已经有了明显的区别，无论是在薪酬待遇还是能力要求方面，都已经回归到产品经理的本质，回归到对整个商业负责的角度，不再考察你如何调研用户需求、怎么做调查问卷、有没有交互设计经验、产品文档应该怎么描述、开发同事延期应该怎么处理等，显然这些都是产品经理非常初级的基本功。商业产品经理更需要具备独立的思考能力，能够表达出你的观点，描述你是怎么看待这个市场、怎么分析这个商业模式的，希望通过什么样的方式实现产品需求，实现公司价值。所以，商业产品经理在招聘市场上的估值也会比普通产品经理高得多。

第3章 商业产品经理带来了一场革命

3.1 组织分工的一次改变

3.1.1 分工不再无止境的细化

人人都是产品经理只是一个口号，它号召每个人都要具备一些产品思维、用户思维，但这不是说每个人都可以成为产品经理，一个公司也不能降低招聘门槛，放宽招聘要求，把工作职责不断地分拆，把岗位不断地细化，这样最终带来的结果一定是缺少领军人物，缺少决定胜负的能力，因为每个人都只是小小螺丝钉，没有全局视野，没有推动全局的能力，自然也就不会有掌控全局的能力。一个成功的公司招聘的人才一定是以一敌十的，不应该有“三个臭皮匠顶一个诸葛亮”的想法，公司需要综合能力更强的商业产品经理，并且公司应该重视如何规划产品经理的发展路径、如何培养优秀的商业产品经理。

几年前，Facebook 宣称只招聘全栈工程师，这让很多开发人员都心里一惊，昨天还在讨论到底 Java 和 PHP 哪一个才是世界第一语言，今天突然发觉未来的竞争更残酷，要求会的更多。随着全栈工程师这个概念的火热，渐渐出现了“全栈产品经理”的概念。我们看到从很多大公司跳槽出来的产品经理的背景好、项目经验足，但是实际上他们的能力模型很单一，如果是 to C 的产品经理可能就不太会做 to B 的产品；又或者这些产品经理的经验都比较集中在某一个行业中，工作能力都比较集中在某一个环节上，在涉猎较广的产品经理面前能力明显弱了一截。所以，大公司的产品经理不一定就是优秀的产品经理，中小公司培养出来的全栈产品经理也可以具备很强的竞争力。

在进入互联网下半场后，全栈产品经理的趋势会变得更加明显，不管是 App

的项目，还是小程序的开发，都需要很短的研发周期，都需要快速地覆盖到目标用户人群、目标用户消费场景。全栈开发要掌握多种技术，需要用到后端开发、前端开发、界面设计、产品设计、数据库、各种移动客户端等。同样，全栈产品经理也要懂微博、微信公众号、微信小程序、独立 App、其他渠道平台等产品的特点，这样才能够设计、规划出具备全局性思维的产品，而不是设计出一个互不连通、散落在不同平台渠道的产品，将来如果有任何产品需求的改变，如果需要做统一的营销活动，那么可能需要为每一个渠道设计不同的产品，这可能会给开发人员带来更大的麻烦、更多的重复性工作。

一个产品变化得越快速，它的构成越复杂，我们就越需要一个人掌控全局，他不需要是各种技术的资深专家，不需要是各个模块的专家，但他需要熟悉各个环节。对于一个团队，特别是互联网企业来说，有一个全局性思维的人非常重要。

在互联网公司里，不管是大项目还是小项目，产品经理在很多时候都在沟通，都在协调。做过项目管理的人都知道，在项目中的人力合作效果很可能是 1+1<2 的，人越多效率越低，沟通成本越高。不同技术的人各说各话，前端和后端可能都会因为接口设计打架。每个人都会为自己的利益、为小团体的利益而战，所以普通产品经理在这些方面的沟通成本也是平时工作的重大难题。

全栈工程师和全栈产品经理的沟通成本几乎为零，因为他们对各种技术都懂，对各个产品细节、运营细节都胸有成竹，自己就能够全做了，或者知道里面有多大困难。对于创业公司来说，全栈产品经理的价值是非常大的，创业公司不可能像大公司一样拥有各方面的人才。所以，创业公司需要一个多面手对各种工作都能一肩挑。

也许有人认为一个产品经理应该专精于某一个行业，持续深耕。这一点我非常赞同，本来就应该干一行爱一行，持续的深耕才是商业产品经理能够理解行业的基础。对一个行业达到专精的水平，就是指你能够在某一个细分领域中耕耘并达到专业的水准。这也从另外一个角度说明，对商业产品经理来说，商业本身更重要，他们专精的是行业，而不是专精在产品经理的工具软件上。全栈的能力是指商业产品经理能够跳出工具软件的圈子，培养自己的全局性思维，从商业的角度看待产品。

产品经理这个职业越来越成熟，职责也越来越清晰，给公司和团队创造的价值也越来越大，过去野蛮生长，人人都能依靠创意、想法，通过软件培训就来做产品经理的阶段已经不复存在了。一个只会做交互设计和用户调研的产品经理，很难做好一个细分行业的产品，你需要对业务、对市场和规则都有足够的了解。一个公司因为员工能力不足而不断细化分工将不复存在，公司更需要精兵强将，需要综合能力更强的产品经理。

在未来的职场中，你的能力的稀缺性而不是你的经验决定了你的价值。作为一个产品经理，你的价值会很俗气地表现在你的薪酬上。我们可以大胆地假设：未来，专注于产品设计的产品经理一定会被彻底淘汰，专业化将成为行业发展的必然趋势，真正决定你的高度的是你对业务领域纵深的理解能力和把控能力。

3.1.2 专业替代业余

现在，在互联网从业者之间流行一个词——“降维打击”。我想商业产品经理的重新定义，也可以被称为一次降维打击。

降维打击出自中国科幻作家刘慈欣的科幻小说《三体III · 死神永生》，指的是三维空间的物体一旦进入二维空间，物体分子将不能保持原来的稳定状态，极可能发生解体，导致物体本身毁灭。降维打击就是将攻击目标本身所处的空间维度降低，致使目标无法在低维度的空间中生存，从而毁灭目标。

周鸿祎在做360安全软件时用免费的策略杀入整个安全市场，就是一次非常成功的降维打击，让整个安全软件市场的维度发生变化，不再通过向用户收费获得赢利，瞬间整个安全软件市场丢盔卸甲，说的就是很多公司不能适应更低的维度。

雷军在做小米手机时，用坚持5%毛利的策略杀入整个手机市场，也是一次非常成功的降维打击，让整个手机市场的维度发生变化，小米手机不但性能好，更重要的是为一群发烧友提供了参与感，不再是一个交付式的产品，而是用户自己定制的产品。

降维打击和降级打击是不一样的，两者的区别有点像量与质的区别。降级打击是指两者的水平不在一个层次上；但降维打击则代表两者已经不在一个共同的认知范围内了。商业产品经理对普通产品经理就是降维打击，而资深产品经理对普通产品经理就是降级打击。

那么，我们还要不要去做产品经理？我们还能不能转岗去做产品经理呢？这是很多人的想法，做产品经理也是他们的愿望，能不能成为一个优秀的商业产品经理就要看个人了，产品经理不是你职业生涯规划中的一条退路，也不是一个因为你感兴趣，就可以随意去尝试的岗位；产品经理更不是因为薪酬高、有人能做，所以你也要做的岗位。这些都是对产品经理岗位的误读，也是缺少敬畏精神的表现。产品经理需要达到专业水平，而不是业余水平。

产品经理是一个对综合能力要求非常高的岗位，是一个对专业度要求很高的岗位。从理论上讲，产品经理并不存在工业化产出的可能性，也不可能照着谁的产品需求文档做一遍，照着谁的产品交互设计抄一遍，就自然而然地产生好产品了。产品经理的岗位终究是一个商业化的岗位，是要符合市场规律的，是要回归商业的本质的，是要回归专业性的。

学习一些交互设计软件，学习一些办公软件，凭借自己对用户行为的猜测，就可以“闭门造车”做出产品的时代已经结束了，商业产品经理必将重新回归。

到底要怎样回归呢？这也是我在思考的，我们此前总被神话迷惑，被大公司的精细化分工迷惑，觉得产品经理只要做好用户研究、产品研发就行了，市场运营、品牌公关、数据分析等工作都由其他组的同事帮你完成。乔布斯是大家公认的“神”级别的产品经理，他对美学有着极致追求，对产品细节的把握到了“纳米级别”的程度，其实大家忽略了一些事情，没有看到真相，乔布斯更像一个极为强势的资源整合者，iPhone 手机的很多技术都不是苹果公司发明的，乔布斯扮演的是整合者的角色，为了做好 iPod 的用户体验，苹果公司甚至把美国版权保护最为严苛、利益极为盘根错节的音乐产业全部整合起来，整个产业界都没做到的事情就硬生生地被这个外行闯入者做到了。

到底什么人可以做产品经理呢？除了兴趣和能力以外，产品经理应该是一个热爱产品工作的人、把更多激情投入产品工作中的人、把很多工作做到专业水平的人。产品经理的职位相比于其他职位是离 CEO 最近的职位，产品经理是开疆辟土的不二人选，是行业中、公司里最优秀的资源整合者。

3.2 案例：to B或者to C产品经理的争论

前面讲了很多商业产品经理和普通产品经理的区别，下面我用一个案例的形式让你有更深刻的体会。从一个产品经理的角度看，商业的本质才是产品经理应该要去把握的，to B 或者 to C 的产品经理之争本来就是无稽之谈，因为产品经理是解决用户购买力的，to B 和 to C 其实都是 to 用户。

3.2.1 相同的产品研发方法论

to B 业务在需求调研上有难度、在产品版本管理上有难度、在产品发布部署时有难度、在企业做决定时有难度，to B 业务不像 to C 业务一样，一个人在短时间内思考一下就可以做出决策，做 to B 业务要更谨慎一些。但是 to B 和 to C 产品经理在做具体的产品研发管理过程中，基本的方法论是一样的。表 3-1 描述了 to B 和 to C 产品经理的工作流程。

表 3-1 to B 和 to C 产品经理的工作流程

	to B 产品经理的工作流程	to C 产品经理的工作流程
行业分析	（1）产品经理“无须”做行业分析，公司有固定的客户或者本来就是服务内部用户的。 （2）产品经理可能了解行业，但是公司内部缺少相关信息。 （3）产品经理做好产品功能就行，行业格局固定，分析与不分析都不会影响大局	（1）产品经理需要了解行业发展趋势，比如电商行业的发展趋势、社交行业的发展趋势、游戏行业的发展趋势等，不同行业有不同的发展特点。 （2）产品经理需要了解行业发展的格局，了解竞争对手的产品渗透与覆盖
商业分析	（1）产品经理“无须”做商业分析，公司有业务经理、销售经理完成这个工作。 （2）产品经理可能需要设计几个增值服务、付费功能	（1）产品经理需要思考完整的商业产品，需要考虑变现能力，考虑整个商业模型。 （2）产品经理需要考虑未来的产品布局、产品版本规划
用户调研	（1）很少有机会做用户调研。 （2）有业务经理、销售经理代替产品经理做用户调研	产品经理必须要做用户调研，必须充分做用户研究
用户需求整理	（1）由公司老板直接转告相关用户需求。 （2）由业务经理转述用户需求。 （3）按照基本逻辑或参考竞品进行用户需求拆分	（1）产品经理通过用户调研了解用户需求。 （2）产品经理将用户需求整理成用户故事，还原真实状态
产品需求编写	（1）主要画清楚界面交互，定义好用户角色、权限。 （2）主要描述各个业务流程的流转状态、业务数据存储、展示等相关功能	（1）产品需求编写需要考虑研发周期和研发资源。 （2）产品需求编写需要完成核心需求覆盖。 （3）产品对交互设计、可用性、易用性要求高

续表

	to B 产品经理的工作流程	to C 产品经理的工作流程
产品研发流程	（1）产品研发关注产品扩容、稳定性、安全性，有些产品对性能要求不高。 （2）产品对交互设计和美术设计要求不高，但对流程符合原有操作习惯非常看重	（1）产品对美术设计有要求。 （2）产品最好能够小步快跑，控制版本节奏
产品上线发布	（1）产品经过测试发布，版本开发结束。 （2）准备相关发布工作、产品说明书等	（1）产品可能采取灰度发布策略，某些功能可能还采取 A/B 测试的方法。 （2）产品上线发布后还需要根据实际数据反馈情况，进行调整或修补软件研发问题等工作
产品运营	产品进入销售工作	（1）产品进入运营阶段，需要关注各种用户指标、消费指标。 （2）需要不断策划一些新的营销活动，要持续不断地拉新、留存、促活
产品数据分析	对于客户的使用数据分析得比较少，顶多就是分析一些客户的登录、使用时长等数据，不能驱动产品迭代	（1）有完整、独立的数据分析工作。 （2）能够通过核心指标的数据分析获得产品迭代或活动策划迭代策略
产品迭代	根据公司销售情况或者内部用户使用情况，决定在什么时候启动下一个版本研发	（1）根据用户使用情况、竞争对手产品更新情况进行版本迭代。 （2）根据用户需求及市场环境、技术等因素进行版本迭代

从表 3-1 中，我们可以发现几个有争议的点：

（1）to B 产品经理在需求调研上经常身不由己，不能很好地把控用户需求。

① 产品面向政府或某些机构，很多需求都是老板或者业务员谈的，产品经理接触不到真正的用户，所以只能听同事转述。

② 产品面向内部同事，很多时候同事也表达不清楚需要什么，或者做一个老板要求的工具，而实际上内部同事根本不经常使用。

③ 产品需求比较奇葩，完全是某个人或者某个部门的个性化想法。

（2）to B 产品不需要太注重用户体验、界面设计，要更关注业务逻辑。

我想说这个观点绝对是错误的，没有人不在乎用户体验。to C 产品（如金融理财类、保险类的产品）也都非常重视业务逻辑。

（3）to B 产品的用户比较少，to C 产品的用户比较多，两者的用户量不在一个量级。

我觉得用户多少不是问题，用户运营都需要精细化，都需要研究，而不能说没做过百万级用户产品的产品经理就是不合格的。

（4）to B 产品的赢利模式都是靠销售获取利润，而 to C 产品的赢利模式很多，大多数都是靠增值服务赢利的。

这也是片面的理解，现在很多 SaaS 软件、云服务都有了类似的增值服务。不管是打包的价格，还是增值收费，都是向用户收费的。

其实，通过几个常见问题的讨论，我们可以看到，在做产品规划和研发的过程中，to B 或者 to C 产品经理在核心能力上是没有区别的。

对 to B 产品经理的正确的表述应该是一位熟悉 to B 业务特点的产品经理。

很多传统企业向互联网转型做的都是 to B 业务，而在中国更多人熟悉的互联网公司主要做 to C 业务，所以产品经理自己就开始不自信了，就开始做了区隔。另外，因为个别企业以前招聘到的产品经理不能快速了解一个行业、分解商业模式，还是经常问用户的痛点是什么、经常要做流量运营和海量用户运营，所以才导致这种水土不服，最后把产品经理分成两个阵营。

3.2.2 不同的商业理解

to B 和 to C 产品经理真正的区别在于对商业的理解，在于在做产品的时候的思维方式不同。to B 产品一般都是“购买决策流程长”和“产品交付流程长”，而不像 to C 产品的个人用户在有了购买冲动后就可以简单地实施购买，to B 产品往往要经过企业内部的业务决策审批流程、采购流程、财务审批流程，然后才能被购买，所以显得能够发表意见的人很多，显得做决定很困难，在做 to B 产品的时候产品经理要避免唯客户论或者乙方心态。在电影《甲方乙方》中，只要是甲方，即出钱的人，提出的任何需求，乙方都要无条件的满足，这就是我们在做产品时要避免的。不是谁出钱就听谁的，不能因为某个公司出钱采购软件产品给员工使用，在做产品研发的时候就无条件地全部听从某个老板的意见和想法。

有人会再引申出一个概念，把出钱的人叫客户，把实际使用的人叫用户，我觉得这种说法是不妥的。任何产品都是面向用户的，只是他们在使用产品的时候诉求不同。比如，你们公司做了一款教育产品，家长出钱购买了这个产品，家长的诉求就是要提高孩子的学习成绩，就像把孩子送去课外补习班一样，你不能因为家长是所谓的出钱的客户，你就全部都听家长的，改变你的教学计划。作为老师，你必须知道要教什么知识才能提高成绩，你心里很清楚家长需要什么、学生需要什么。为什么你清楚？因为你每天都和你的用户在一起，就算偶尔接触一下家长，你也知道他对孩子的“管理诉求（上课注意听讲）”最终都会体现在学习成绩上，如果孩子的学习成绩没法提高，你就是在教室中装 100 个摄像头，家长也不会满意的。

再比如，你为甲方开发了一套办公软件，既有考勤功能，又有聊天功能等。这时候你就遇到一个问题了，老板的想法是天马行空的，老板肯定想监控员工在上班时是不是好好工作，所以要求你在聊天功能中加入监控功能。对于这种功能，很多员工都是反对的，但是老板是付钱的“客户”，员工是经常使用软件的“用户”，你要怎么取舍呢？其实你还是要看产品提供了什么价值，站在老板的角度看监控功能是合理的，你的产品设计可以不用那么突兀，可以做成在有情况的时候才提醒老板，或者老板可以异步获取聊天内容，这些都可以在不影响员工工作的情况下进行。你不用想这个功能是做给用户的，还是做给客户的，你只需要看这个功能是否有价值，是否可以增加产品的竞争力，是否可以提升产品的销售量。你不能认为自己是乙方，为了能够让产品销售出去，不管甲方提出任何需求你都答应，不能一味地“客户至上”，不能一直遵循不正确的乙方心态。

这种情况也经常发生在广告设计行业中，在广告设计行业中乙方心态表现得也比较明显。广告公司的设计师在提案或者审稿的时候经常抱有乙方心态，担心甲方公司不高兴而不选择自己的方案，所以就接受甲方客户的各种意见。曾经有笑话说：“甲方客户是‘大爷’，他们的口头禅就是‘字再大一点，再大一点’‘再往左边一点，没对齐’‘不够大气，不够现代，不够洋气’……”，可见，广告公司的设计师很容易陷入乙方心态，心想着甲方是付钱的客户，惹不起，如果今天我不做，就会有别的广告公司来做，那就改吧。改到最后连设计师基本的设计尊严、审美的标准都丧失了。

不管是 to B 还是 to C 都是 to 用户，不能因为客户付钱就随意更改需求，也不能因为 to B 业务不能轻易地做用户需求调研就忽略该做的事情。to B 产品经理的能力要求不是体现在产品研发上的，to B 产品经理需要更多地了解用户，了解业务的行业规律，思考为用户创造什么价值。to B 产品经理需要摆脱乙方心态，不能一味地接受所有需求，to C 产品经理也一样，不能对用户提出的所有需求都满足。这些恰恰说明了产品经理在研发产品流程上没有特殊的区别。

优秀的产品经理最后都是公司的CEO，乔布斯、马化腾、雷军、周鸿祎、罗永浩都是优秀的产品经理。优秀的产品经理是设计世界运转规则的人，自己做出的产品一定要有自己的调性。不迎合、不骚扰、不感动的三不原则就是张小龙的调性。美团从团购到外卖，再到酒店、旅游、打车平台、共享单车，没有边界就是王兴的调性。

你希望成长为一个什么样的产品经理？是只能够做一些基础的文档编写工作，还是能够具备较好的商业敏感度和场景抽象能力，对搭建产品体系有深入理解，知道如何挖掘用户需求，知道如何设计商业产品？我想没有人愿意做一个软件功能策划师、一个软件功能开发的“泥瓦匠”。

第4章

从只会问痛点到会做全面的商业分析

你的产品解决了用户的什么痛点？这可能是产品经理的标准话术。到底什么是用户痛点？到底该不该问用户痛点？应该怎么问用户痛点呢？

其实，用户痛点的概念到底是谁先提出来的，已经无法考证了，知名博主梁宁老师曾经提出过“痛点、痒点、爽点”的概念，我认为大多数产品经理都误会了，她并不是鼓励产品经理养成一个工程思维习惯、一个解决问题的思维习惯。因为并不是所有用户都有痛点，都能描述清楚痛点，相反，她提出的痛点其实是对用户需求程度的定义。她非常明确地说了“恐惧是痛点，难受不是痛点，痛点只是做产品的一个抓手”。

4.1 案例：中医和西医比较得到的启示

4.1.1 是药到病除还是辨证施治

你在看到标题后千万不要激动，这里不是要和你辩解到底是中医厉害，还是西医高明，这里想谈的是一种想法，通过比喻的方式来说明我们在做产品的时候应该如何思考。面对商业分析，我们要善于发掘“引擎盖”下面的问题，找到真正的产品价值主张，而不仅仅看产品在功能或设计上有什么和竞争对手不一样。中医和西医其实都能够看病救人，他们只是看问题的角度不同、判断问题的基础逻辑不同。

中医采用的认知方法是司外揣内、归纳演绎，而西医采用的认知方法是直接探讨生理与病理现象，采用科学的语言描述。中医的诊断是辩证，而西医的诊断单元是疾病，西医的诊断就是辨病。

1. 看问题的角度不同

中医的整体观念决定了其认识人体生理与病理现象的宏观性。中医从人体自身、自然环境、生活条件和社会状况等因素中综合探究健康与疾病的规律。中医看病是从宏观角度看，将一个人看作一个有机的整体，机体的各个部分相互影响。中医有宏观准确性，而西医则偏重于从微观入手，从物化的角度把握人体生理与病理的现象和实质；中医可能提出“千人千面”的治疗方案，因为重点在于每一个病人的不同。这个观点和我们现在互联网正在做的大数据、推荐算法、人工智能有着异曲同工之妙。

对于一个用户来说，他的消费行为一定不是简单的我爱看电影，所以我就去网上买一张电影票这么简单，一个用户的决策一定受多个相关性因素影响，同时也可能受周围一群人的行为影响。

西医看病则是从微观角度看，采用的是分析法，不是把人当成人，而是把人看成各种器官的组合，有微观精确性，却无宏观准确性。西医更直接地做到靶向治疗，更认可药到病除。在这一点上很像一些初级产品经理做的产品，用户说需要什么功能就做什么功能，缺少关联性的考虑。

中医注重内因，注重调整机体状态。中医学认为，人之所以会生病，是致病因素和机体本身抗病因素相互斗争的结果。正如《内经》所说的“阴平阳秘，精神乃治”。中医学的绝大多数治法都是通过调整个体自身机能，改善机体内在环境后起效的。

对于一个用户来说，有时候他自己并不知道自己的需求是什么，更别说“痛点”是什么了，他可能给你描述的是最近上班总是迟到，地铁和公交里人又非常多、非常拥挤。这时候，如果你认为用户的痛点就是害怕上班迟到被罚钱，认为推荐用户一款分时租赁的共享汽车产品就能解决问题，是不是太过于简单粗暴了呢。

2. 判断问题的基础逻辑不同

根据人民卫生出版社出版的全国高等学校教材《中医学》讲的知识，中医学的认知和思维方法具有多元化、多层次的特点，比较擅长哲学与类比思维，注重宏观与整体研究，主要体现在四个方面：司外揣内、援物比类、心法和顿悟、试探与反证。

中医学里有三大学说：精气学说、五行学说、阴阳学说。但是这不是迷信，它们是有一定哲学基础的，都来源于对宇宙不同层面的思考。

精气学说着重于天地从哪里来的宏观思考，以探求宇宙的本源为出发点：因为天地从精气来，而人从天地来，所以人的精气活动感应天地精气。

五行学说属于中国古代唯物论和辩证法的范畴，五行学说是古代哲人在实践中总结出来用以认识世界、探究大自然规律的一种自然观和方法论。这一学说渗入中医学，用来阐述人体局部与局部、局部与整体之间的有机联系，以及人体与外界环境的统一，是中医认识人体生命活动的主要方法之一。

阴阳学说以研究事物的运动变化规律为重点，着重于考量事物的变化规律。

所谓“病”的概念，在西医和中医来看是略有不同的。西医的“病”建立在西医学理论体系的基础上，以研究人体的组织、器官、细胞、分子的结构与功能的病理变化为特点，根据疾病的病因及病理的需要，进行相应的药物或其他治疗。西医的“病”大多较为客观，从微观角度加以认识，而且大多有通用的标准。中医的“病”以中医理论作为指导，每一种病都有不同的临床特征，中医有针对病因、病理、病位、辨证分型、治疗方药、预后、转归等一整套理论体系。

我们可以看到，中医更讲究探寻事物的本质，探寻事物本质上变化的趋势和影响，中医不会由于你胃疼就给你开一些胃药，而是根据一个人的整体状况、整体病因做辨证施治。

西医更讲究临床经验，更讲究科学数据，如果你问一个西医医学的本质是什么，那么通常他会告诉你，现代西医医学的本质是循证医学。循证医学，英文为evidence-based medicine。经历3个世纪的发展，西医学已经逐渐包括解剖学、生理学、组织学、胚胎学、病理学、生物化学、微生物学、医学遗传学等较为完整的生物医学体系。西医认为人的疾病状态都必然在生物机体的器官、组织、细胞或分子中找到可以观察、检测和量化的形态结构与功能的改变，因而通过纠正机体内的不正常改变就可以使患者康复。这非常像产品经理的工作流程，我们发现问题或者找到用户痛点的方式是用户调研，用户调研会得到很多数据、很多事实，这些看上去就是做产品的“证据”。但是做产品和做用户调研真与抽血、化验一样吗？真能从这些数据中找到好的方法吗？

"治大国若烹小鲜"，这是老子《道德经》里的话，字面意思是治理大国就像烹调美味的小菜一样，油、盐、酱、醋等调料要放得恰到好处，既不能多又不能少。如果一个产品经理太过于执迷寻找用户的"痛点、痒点、爽点"，很可能会陷入一个单点的低维的思维模式，我们需要回归商业的本质，需要去找到我们做产品的初心，同时也找到为用户提供价值的原点。

4.1.2 是数据驱动还是原生驱动

产品经理在做产品的时候是不是应该用数据驱动？我想这又是一个可以争论很久的问题。准确地说，这个问题没有标准答案，因为我们要搞清楚数据到底是什么。

数据首先是一些结果，甚至是历史数据，是不能改变的事实，数据不能代表什么，而对于数据的解读决定了我们后续的动作。数据解读体现了产品经理的商业分析能力，体现了产品经理完整的分析能力。

2018 年非常畅销的一本书是瑞幸咖啡 CMO 杨飞著的《流量池》，该书告诉读者一个道理，要把流量用起来，不管单一环节的数据是下降还是上升，都要按照一个流量池思考问题，要看整体的效用。

从 2016 年起，中国最大的商业困境无疑是流量变贵了，中国在 2009 年的互联网用户增加率为 53%，而 2018 年不足 3%，互联网用户流量的 70%被腾讯、阿里巴巴、百度、新浪等公司垄断，10%被今日头条和趣头条等公司占据，15%被各垂直行业入口占据，线上获客成本高得离谱，而线下流量成本的表现——租金也在持续升高。没有流量，就会失去增长；没有增长，就会失去一切。但是，这些数据并不能直接驱动产品销售规模的增长，你要找到最开始做产品的初心，要看你自己的流量池的运营效率。

换句话讲，既要有数据驱动，又要有原生驱动。比如，如果你是一个皮鞋厂的销售员，你到一个小海岛上销售皮鞋，但是根据你的数据调查报告分析，这个岛上 75%的人不穿鞋，你接下来应该怎么办？是因为不穿鞋的人很多你觉得市场潜力比较大呢？还是觉得市场容量太小，可以放弃呢？

再比如，微博、微信、QQ 的活跃用户数加在一起可能早就超过了 10 亿个，大多数人都觉得在中国做社交产品已经没有出路了。如果只是从数据上做上面的判断，那么就不会有陌陌了。

如果雷军在做手机的时候完全考虑苹果、三星、华为、中兴、vivo、OPPO、金立等手机的出货量数据和市场覆盖率数据，可能就直接放弃了，但是从原生驱动角度和用户价值角度看，还是能够找到成功的切入点的。

用数据设定过程指标是非常好的办法，从数据中我们可以非常直观地发现问题在哪里，对于已经设定的数据指标，可以经常回顾一下相关的工作。这才是数据驱动的意义。当然，在设定数据指标的时候，我们不能够“自欺欺人”，不能为了完成数据指标而扭曲工作方向。比如，如果一个篮球运动员设定的目标是三分球命中率为80%，在比赛中，他第一次投篮就命中了三分球，那么只要后面再也不投三分球，就能够一直维持100%的命中率，但是这样的指标没有任何意义；再比如，如果医院制定了死亡率为0的指标，那么医院只要不接受濒临死亡的患者就能够达到这个指标了。

从上面的例子中，我们可以看到设定一个合理的数据驱动目标的重要性，那么如何设定呢？我们需要考虑两个方面，一方面要考虑目的，另一方面要考虑组合各种数据。我们要时刻提醒自己设定目标的目的是什么，不能只固执地追求数据，不能追求数据的好看。我们要从团队的角度考虑，如果过分追求数据的目标，就会驱使很多人为了达成目标，互相争夺资源，争夺客户，对整个团队的影响都会比较大。

商业产品经理在考虑问题的时候不能只看一时的数据，一定要有时间长度的考虑，一定要学会思考用户生命周期，做产品要能从一点到一类、从一个用户到一个家庭、从一次消费到一辈子消费。这在母婴童领域中体现得尤为明显，如何在获取用户后提升用户时长几乎是所有母婴童企业突破天花板的瓶颈，只要扩张不慎，就会满盘皆输。用户的需求可能是不断变化成长的，比如用户的需求从作为妈妈的需求成长为负责整个新家庭的采购需求。如果一个产品能从满足新妈妈和宝宝的单点需求切入，建立了品牌，形成用户黏性和品牌忠诚度，那么公司后续的产品线就可以延伸至更长年龄段的细分需求，比如亲子共读产品、绘本阅读产品、数理思维提升产品、少儿编程课程、儿童英语教育产品等。找到产品的原生驱动力一直都体现了一个产品经理洞察商业本质的能力，一个产品的数据表现好坏可能体现了一时的成败，但是对于用户原本就存在的需求和未来的需求，数据并不能代表什么。

其实不管是西医还是中医，都需要解决问题；不管是数据驱动还是原生驱动，都希望创造用户价值。

4.2 案例：在游泳比赛中是盯着对手还是和自己比较

4.2.1 超越自己，决胜在于平时练习

有些普通运动员经常抱怨太累、太辛苦，不愿意练习教练教的动作。他们认为动作简单，学一遍就会，也不注意细节，就盼着早点下课，回家玩游戏。所以，他们要到比赛前临时抱佛脚，临时加量训练，在比赛中遇到逆境可能就会丧失信心。

对于优秀运动员来说，他们虽然每天练习得很辛苦，但是会注意每个细节，注意教练演示的每个动作，认真听教练的讲解，一遍一遍地练习，如果有不懂的地方就向教练询问。所以，我们经常听到他们说，在比赛中只要发挥出平时训练的水平就可以了。

为什么比赛的意义越重大，就越要和自己比，越要忽略身边的对手？中国羽毛球队原总教练李永波在给我们做教练式领导培训时讲过这样一个故事。林丹是世界冠军，是优秀的运动员，可是当他 15 岁进入国家队集训的时候，还只是一个和其他运动员一样有天赋的孩子。为了训练林丹的心理素质，为了让他明白在比赛中比的就是平时的训练状态，李永波给他安排了特殊的训练。在一开始训练时，李永波专门挑选比林丹年龄大的队员或者比林丹能力强的队员和他比赛，如果对手没有林丹能力强，就要求林丹在赛前让分，就是让林丹体会失败的感觉，让林丹把所有精力都集中到比赛中，把关注点集中到每个动作上，要让林丹学会忘记比分。当然，李永波也会经常模拟奥运会比赛决胜局和赛点的时刻。这样做的目的只有一个，教会林丹只要把动作做好、做到位，发挥出平时训练的水平，得分就是时间的问题、运气的问题。同样的训练方法也用在游泳项目上，世界冠军菲尔普斯的教练就经常制造一些意外情况，比如游泳衣破了、游泳池水质浑浊、游泳镜脱落等，就是要让菲尔普斯能够随时应对各种突发状况，在任何突发状况下都不会受到干扰，都可以拿出平时训练的状态。

上面的例子都是在说，在比赛中不要太在意对手，不要太在意环境，你最应该在意你的动作。你最应该集中注意力去思考你当下的发球动作、当下的游泳动作，如果你过于关注其他人、其他事情，那么只会影响你的心情，只会影响你的节奏，你最后必然会失败。我们应该和自己比，应该超越自己。

当然，你要更加努力，还记得科比吗？当记者问他为何成功时，他是这么回答的："洛杉矶早上四点时满天星星，灯光寥落，行人很少；而我已经起床行走在黑暗的洛杉矶街道上。一天过去了，两天过去了，十多年过去了，洛杉矶的黑暗没有丝毫改变；但我却已经变得肌肉强健，有体能、有力量，有着很高的投篮命中率。"

作为产品经理，你应该回归本质，找到客观事实而不应该被竞争对手牵着鼻子走，不能在竞争产品发布了一个新功能后，你就慌乱了，你应该马上调整自己的计划，调整自己的产品。紧跟竞争对手的节奏、不断地和竞争对手赛跑是不够明智的，你在努力之后最多也就是在产品功能方面追赶上对手，你的产品的用户数量不一定会增加。产品经理要沉下心来努力钻研产品，要坚信自己的选择，正确地做事。

4.2.2 战略上重视，战术上藐视

产品经理在做产品的时候要在战略上重视对手，在战术上藐视对手。因为在市场上一定不缺一模一样的产品，越是在同一个赛道上，你越应该在战略上重视对手，在战术上藐视对手。

当很多创业者都在做共享单车的时候，我们知道大多数创业者在战略层面上的思考可能是一致的，都希望能够解决用户最后一公里出行的问题，都希望能够通过共享单车这个高频的应用来获得支付入口、积累支付用户，都希望能够延展到其他出行产品上。

所以，在短时间内，除了摩拜、ofo 以外，共享单车市场上的竞争对手数量变成了几十家，各个公司都在战略上重视对手，对产品的大方向、大动作都非常关注。

在战略上重视对手也体现在融资节奏上，在共享单车最红火的时候，各个公司的融资新闻此起彼伏，你方唱罢我方登台，任何一个公司都不希望自己在融资

上掉队，都不希望在非战斗因素上受到损失。

这一点从原来共享单车的战斗、团购大战中都能看得到各家公司对于赛道的卡位争夺，谁都不希望在一开始就输给对手，不管怎样都要先跟住竞争对手的步伐，在战略上和对手保持一致。

在战略上重视对手，需要资金、技术、人力等多方面的支持，而且公司要保证大方向没有错误，公司整体要保持节奏，紧跟对手。我们以共享充电宝为例说说在战术上藐视对手。

2017 年，共享充电宝行业兴起，并迅速成为创业者和投资人追捧的风口，前面已经有共享单车市场做出了示范，投资人的信心非常足，而且共享充电宝和共享单车的模式也特别像，所以各个公司在融资上虽然节奏相差无几，但是在具体的充电宝投放运营商，以及共享充电宝的技术专利争夺上却有很大差异、各有千秋了。

来电科技于 2017 年 4 月得到了 2000 万美元的 A 轮融资，截至 2018 年 12 月，来电科技宣布实现结构性盈亏平衡，来电共享充电宝累计覆盖超过 300 个城市，在全国超过 90%的地级市实现业务服务落地，为火车站、机场、购物中心、酒吧、景区、医院、KTV、餐饮等多元化场景提供个性化解决方案，积累用户 6000 万个。更重要的是，来电科技拥有国内外发明专利、实用新型专利、外观专利共 100 余项，比同行业其他几家公司的总和还多，这种能力的积累就是硬实力。

来电科技没有花费更多的精力关注竞争对手融资了多少钱，也没有过分担心竞争对手在线下场景的铺货率增长，完全按照自己的节奏，低头做事，踏踏实实地把技术壁垒建立起来，在提供高质量服务、保证整体运营质量领先上都起到了非常大的作用。

无独有偶，在共享单车的赛道里也有一家公司，仅仅跟随竞争对手，但是又不过分紧张，默默地做好自己的运营，这家公司就是哈啰单车。到了 2019 年，随着共享单车战争偃旗息鼓，当初跟着竞争对手拼命向前冲的都已经倒下了。就好像当年“千团大战”一样，最后胜出的是美团。这些胜出者都有一个明显的特征，就是在战略上重视对手、在战术上藐视对手，这些胜出者在比赛时都不太关注竞争对手具体的执行策略，就按照自己的节奏执行好每个动作。

如图 4-1 所示，目前在大街上哈啰单车的数量越来越多。

图 4-1　哈啰单车

我相信未来在电动汽车行业、智能音箱行业、少儿英语培训领域、社区团购领域等多个创业赛道中，都会发生一样的结局，都不是比谁能够解决用户的痛点，而是在较量谁能够做出更全面的商业分析、谁能够坚持自己的节奏走得更稳、谁能够不受数据和竞争对手的影响持续不断地为用户提供价值。

4.3 商业产品经理较量的经验和稳定性

4.3.1 谁能看清楚本质

一个产业一般会经历一个过程，从启动到火热，再到泡沫四起，最后就等待革命者的到来。2017 年的办公室无人货架就是这样一个案例。

提起新零售，不少人第一时间想到的是生鲜超市。马云说的“新零售”并不是嘴上说说而已。盒马鲜生凭借集“生鲜超市+餐饮体验+线上业务仓储配送”于一体的开创性零售模式，让广大消费者获得了耳目一新的购物体验。进入 2018 年后，各个商家纷纷进入生鲜超市赛道，行业竞争越来越激烈。比如，苏宁旗下的苏鲜生于元旦前夕在北京、南京、成都三地同时开业，美团旗下的小象生鲜于 5 月正式亮相北京，京东集团也打造了 7fresh 生鲜品牌……悄然间，生鲜超市成了新零售战场上的兵家必争之地。

随后，新零售的概念火遍大江南北，有像缤果盒子这样的集装箱货柜式无人超市，也有像哈哈零售这样的无人值守冰柜，也有像每日优鲜、果小美、便利蜂这样做办公室无人货架的。据《2017 年无人货架行业白皮书》的数据显示，截至 2017 年年底，数十家无人货架创业企业的累计融资额超过 30 亿元。一时间，整个行业风光无限，各种零食、饮料涌进了各大商场与写字楼。图 4-2 为某办公室无人货架在刚刚投放时的样子。

图 4-2　某办公室无人货架

其实不管你让用户得到了哪种体验，采用了哪种技术，你都没有办法逃脱商业的本质。新零售的商业模式被完美地诠释成“线上+线下+物流”的构想，线上流量红利的衰减与各种成本居高不下，整个零售行业的价值链正在重构，消费者需求成为一切商业价值的原点；而顾客对于体验式消费的追求，也不断放大着线上购物的短板。

但是，在深耕门店经营、精细化运营门店的时候，你就会发现核心问题：

第一，不管是零售场景与其他场景的跨界融合，还是零售门店增加了多少高科技产品，都没有办法改变商品本身对用户的影响。比如，在书店里卖咖啡，虽然能够让消费者享受到更加多元化的服务，但是如果没有好书，那么消费者也不会专程来这里喝咖啡。

第二，不管是无人货架还是楼下便利店，用户都只希望能够方便、快捷地买到东西，希望能够有人维护货架。最终，我们看到在办公室无人货架上慢慢地没有了商品，也没有人补货。很难说所有公司都有人拿货不给钱，所以你才不去维护，我相信一定是你没办法承担采购、物流、配送、理货、运营等多重压力，最终才让这个货架空空如也，而这一系列工作恰恰是零售行业本身的工作。沃尔玛、家乐福这样的超市无论在哪一天采购、物流、配送、理货、运营等各项工作都做得井井有条。

对于怎样看清楚商业的本质，我们还可以用全民直播来说。全民直播可能又是产品经理想出来的用户需求。这不是社会运行的本质。直播产品的本质是打造一个媒体渠道或者媒体平台，在上面播放一些可以吸引人们关注的内容。媒体产品的本质是注意力经济，如果所有人都是明星，那么谁来当观众？直播的机会好像是对所有人都平等的，所有人都可以努力拼搏，可是最终结果却是只有那些有准备的人、能看清事物本质的人才能成功。

以美国娱乐产业为例，在美国，80%的黑人活跃在音乐、舞蹈、影视剧等娱乐项目中，但是这不代表所有黑人都可以变成明星，也不可能通过全民直播的产品就让所有黑人成为明星。

我们再回顾中国的自媒体发展历史，从最早的个人网站时期，到后来个人博客时期，最终并不是所有人都成功了，这些博客产品提供的是一个写文章的功能，但是产品经理不能期望所有人都能做出成功的个人网站或博客。我们还可以分析后来的土豆视频和优酷视频时期、秀场直播时期，这些视频网站只提供了播放视频的功能，只有一小批用户成功了。

一个合格的产品经理一定要能够看清楚商业世界的本质，能够读懂世界运转的规则。商业的本质就是通过生产、购买和销售产品（例如，某种商品或某种服务）谋生或赚钱。如果你做的事情不是在创造一个产品，创造一个人们需要并且愿意购买的产品，你就没有看清楚商业的本质。追求资本投资的热点不一定就是赚钱的商业行为，就像马云说的：“以前说，当风来的时候，猪都能飞，但是当风过去的时候，摔下来的肯定是猪”，如果看不清本质，那么一味地追逐风口是没有任何意义的。

4.3.2 谁能看得更全面

看到事情的本质是一种能力，看到事情的全貌、拥有良好的大局观也是必备的能力。很多商业模式都不是简单的鼠标点击，哪怕是游戏公司，也需要整合线上和线下资源，从游戏策划到游戏研发，再到渠道分发、游戏运营、赛事举办、线下活动等，有多项工作等待你的努力。

还以办公室无人货架为例，2018 年的无人货架行业高速发展，果小美要在 2018 年做到 100 万个货架，便利蜂要在全国开出 10 000 家店，每日优鲜便利购计划 2018 年铺上 30 万个点位……可谁知，几个月过后果小美、七只考拉、哈米购等接连被曝出裁员和撤点，还有的干脆倒闭或被吞并。

现在看来，很多创业者当时考虑得不够全面，都希望通过“无人”降低成本。然而，无人只是解决了无人收款一个环节。商品维护还是需要人工操作的，防盗、防损还是需要人工操作的，供应链从采购到物流，到配送，再到货架还是需要人工操作的，这些成本都没有降低，而且因为是互联网人士创业的，他们对传统行业不熟悉，运营成本反而居高不下。

后来，人们开始认识到，只有形式上的新颖还不足以成为新零售，要回到零售行业本身的行业规律中找突破口，一切不尊重行业规律、对零售行业不够敬畏的行为都会适得其反。

创新没有取得成功，难道电商和零售只能走回老路吗？一定要按照传统的方式再继续经营吗？是不是如果产品经理看到了零售行业的全链条，反而不知道应该如何下手做产品了呢？

其实看得全面，了解全链条的运作规律可以帮助你找到整个价值链的链主。链主是指在整个价值链中占据优势地位，对整个价值链或者价值链中的大部分企业的资源配置和应用具有较强的直接或间接影响力，并且肩负着提升整个价值链绩效重任的核心企业。能够成为链主企业的，大都是处于下游，接近消费市场，但同时又在品牌影响力、研发能力、营销手段等方面具有超强实力的终端产品制造商。

产品经理在对行业做了全面分析，理解了链主的概念后，就会发现在新零售行业中，“供给提效”与“需求下沉”是两个重要的方向。好的产品经理会在创业项目中优先考虑解决供给侧的问题，因此，打造更加高效的供应链体系，推动上游供应商各个企业的协同整合，进而为消费者提供更高性价比的商品与更优质的服务，将成为你的核心竞争力。

商业产品经理与普遍产品经理的较量不在一时，商业产品经理更关注整体，从宏观层面出发，从行业运作规律出发，从用户最原始的需求出发。商业产品经理更像中医，通过望闻问切，辨证施治。哪怕你只是得了伤风感冒的小病，也不能简单粗暴地抽血化验、注射抗生素就结束问诊。商业产品经理更要从商业本身考虑问题，观测数据，解读数字背后的含义。在激烈的市场竞争中，我们没有必要追着竞争对手的脚步，这样反而把自己的节奏打乱了。商业产品经理的竞争一定决胜于谁能看清楚商业运行的本质，谁能看得更全面、更透彻。商业产品经理的竞争一定比的是谁能够不改初心、谁能够忘记比分、谁能够坚持到最后。

第5章

产品经理既要会“玄学”，又要懂数据

5.1 产品经理应该有的理想和信念

2018年12月，今日头条CEO陈林在接受媒体采访时，谈了自己对产品的理解。陈林认为一个产品经理的“产品理念”很重要，但通常很难描述清楚一个好的产品理念是什么样的，产品理念不像技术有各种教程、各种硬性指标。陈林认为，中国互联网行业把产品经理的工作风格分成两个流派，一个流派的工作方式有点高深莫测，他们讲究理念至上，他们讲究“要克制、要温度、要情感”的理念；另一个流派的工作方式是把产品研发当成做科学项目，“一定要以数据为导向，一定要做A/B测试”。但是，这两个流派都很难完全代表产品经理的特征，都过于极端。

在2019年微信的一次公开课上，微信的缔造者张小龙发表了4小时的演讲。有网友做了统计，发现“神”一级的产品经理不会强调一些概念，不会使用一些新名词，而是回归了产品经理的本质。张小龙提到次数最多的关键词是“用户、朋友、时间”，如图5-1所示。

我非常赞同的观点是产品经理需要有理想和信念，希望能够给用户提供价值，希望能够给公司创造价值，希望能够给行业带来变化。产品经理不是一个软件功能策划师，也不是一个文档编辑员，不能为了应付工作、应付老板，而做出一些连用户都不用，甚至自己都不想打开的产品。

有这样一个小故事，三个泥瓦匠在砌墙，有一个人走过来问他们在干什么。第一个泥瓦匠没好气地说：“你没看见吗？我在辛苦地砌墙呢。”第二个泥瓦匠回答：“我们正在建一座高楼。”第三个泥瓦匠则洋溢着喜悦地说：“我们正在创造美好生活。”10 年过去了，第一个泥瓦匠仍然在做泥瓦匠，第二个泥瓦匠成了一名工程师，而第三个泥瓦匠则成为建筑公司的老板。虽然这只是一个小故事，但是我想说的是产品经理不仅仅是一个挣工资的岗位，更是具有创造性的岗位，从第一天做产品经理工作开始，你就不应该认为自己像泥瓦匠一样砌墙，不应该把自己看成一个只是写文档、画交互图的。

张小龙昨天晚上那个刷屏演讲，@崔翔宇_采铜 做了一个统计，看看哪些词出现得最多，下面是结果：

思维模型 0次
底层逻辑 0次
商业模式 0次
认知升级 0次
流量池 0次
黑天鹅 0次
灰犀牛 0次
大局观 0次
全局观 0次
宏观 0次
干货 0次
策略 0次
战略 0次
复盘 0次
焦虑 0次
口碑 0次
愿景 0次
原理 0次
效应 0次
模型 0次
以上2018年度热门词汇，张小龙一个都没说。

而说得最多的是：

用户 114次
朋友 105次
时间 43次
希望 37次
真实 18次
原则 16次
善良 12次
勇敢 6次
美 9次

另外，“底线”这个词，说了4次。

图 5-1　张小龙在 2019 年微信公开课上提到的关键词统计

张小龙眼中的微信和很多产品是不一样的。比如，很多 App 到了春节等特定节日的时候，就把 Logo 和界面变成红的、黄的，变成像番茄炒蛋一样。但是微信从来都没有这么做过。很多人可能会问为什么微信不在启动页放开屏广告呢？其他 App 都有这样的广告。

我想这就是产品经理的理想和信念，你每天花在微信上的时间可能超过 2 小时，可能超过你花在最亲密的朋友和家人身上的时间，微信怎么舍得在你最好的朋友脸上贴一个广告呢？否则，你每次见他，都要先看完广告才能跟他说话。

再比如，微信作为一个好的沟通工具，一定要高效。对于一个高效的沟通工具来说，怎么能让用户总是思考“对方是否在线”“消息是否已经发出去了”“对方是否已经看到消息”了呢，所以微信没有已发送状态，原因是最高效率的方式就是发完即走。你不用关心这条消息有没有发出去、有没有发成功、对方有没有收到，甚至不用考虑网络是不是有问题。这就是产品经理的理想和信念。

产品经理也不应该把收入和数据增长当成理想，而应该知道自己正在创造什么价值。

微信的小游戏在2018年就已经实现了赢利，但是张小龙却不太高兴，并不是因为收入没有达到预期，反而是因为在小游戏的生态里缺少真正高质量原创的游戏。这就是产品经理应该有的理想和信念。

张小龙在微信团队内部推荐过一些书，这里我推荐给你，具体见表5-1。你会发现这些是能够洗涤心灵、让人思考的书，并不是21天学会某种编程语言，并不是产品经理速成教学。这也是产品经理应该有的理想和信念。

表5-1 张小龙推荐的书

书单	内容简介
	《渴望之书》中的诗歌是科恩在南加利福尼亚州伯地山禅修中心、洛杉矶、蒙特利尔、孟买写下的，距他上一本诗集出版已经有20多年了。这本感人的诗集同时收录了科恩顽皮挑衅的画作，这些作品和玄思冥想、无始无终却又隐隐透露着晦暗幽默的诗作相映成趣。《纽约时报》评论：“《渴望之书》的书写范畴独特，清晰却又氤氲着水气，辽阔无边却又私密，顽皮却又深刻。”

续表

书单	内容简介
	《圣经》上说，上帝先创造了男人。女人，不过是他身上的一条肋骨。 对此，本书首次为女性在人类进化史中的平等地位据理力争。它开一代风气之先，力图解开人类，特别是女性的演化和起源之谜；而它提供的答案，则从女性的角度对人类的史前史做出了推测性的重构，极富革命性和破坏力。 《女人的起源》初版于 1972 年，其鲜明的个性、活泼的文风，受到世界各地读者，尤其是女性读者的喜爱，先后被翻译成 20 多种语言，销售了几百万册。30 多年来，本书已成为进化论以及女性主义研究的经典
	作者挖掘出那些在旧金山湾区的先驱者——斯图尔特·布兰德和他的“全球网络”鲜为人知的故事。在 1968—1998 年，通过《全球概览》、“全球电子链接（WELL）”和最终取得巨大成功的《连线》杂志，布兰德和他的伙伴们长期扮演着旧金山嬉皮士运动和新兴科技聚集区硅谷的中间人的角色。正由于他们富有远见的努力，反主流文化分子和科技人士一同重新定义了计算机的形象：计算机是解放自我的武器，计算机建造了令人耳目一新的虚拟社区，计算机还让人们能更大胆地拓展社会的新疆界
	十万年前，地球上至少有六种不同的人。 但今日，世界舞台为什么只剩下了我们自己？ 从只能啃食虎狼吃剩的残骨的猿人，到跃居食物链顶端的智人， 从雪维洞穴壁上的原始人手印，到阿姆斯特朗踩上月球的脚印， 从认知革命、农业革命，到科学革命、生物科技革命， 我们是如何登上世界舞台成为万物之灵的？ 从公元前 1776 年的《汉穆拉比法典》，到 1776 年的美国独立宣言， 从帝国主义、资本主义，到自由主义、消费主义， 从兽欲，到物欲，从兽性、人性，到神性， 我们了解自己吗？我们过得更快乐吗？ 我们究竟希望自己得到什么、变成什么

5.2 产品经理要能够绘制一幅商业蓝图

一个好的产品经理要有两个能力，一个是用户理解力，另一个是构建力。现在的社会已经不再是信息匮乏的年代了，用户通过移动互联网获取信息的手段更多、速度更快。所以，能不能对用户有深刻的理解、能不能对未来充满构建力、有没有良好的远见和视野，决定了产品经理能够达到什么样的水平。我认为你至少要比你的用户多想一点。

美国著名的营销学家菲利普•科特勒对战略营销和品牌定位有着巨大的贡献，他提出了STP理论，S、T、P三个字母分别代表了Segmentation（细分）、Targeting（目标）和Positioning（定位）。STP理论的核心是，通过把用户细分确定目标客群的差异化定位方法，让自己的产品脱颖而出。

产品经理在规划产品的时候，不管你是玄学派，还是数据派，你都需要对用户有更深刻的理解，你要能够找到你的细分定位，你要知道什么对你的用户最重要、什么才是你的产品最核心的指标。

现在，很多App都在想办法吸引用户，想办法做用户变现，好像他们就是为了金钱而生的，他们的价值就是出售用户的关注度，出售用户的时间，甚至出售用户的隐私数据，这让我联想到很多年前在互联网中流行的一个词——“眼球经济”。似乎只要你的网站有人点击，它就有了广告价值，你就能够赚到钱了。但是，你有没有想过用户得到了什么？你可能见过一篇文章被分成很多页，你在看了一点点文章后就要点击下一页，这样在每页中都可以加一个广告，从而让这个网站的浏览量增加数倍。

你可能还看过一些App，不断地提醒用户签到，提醒用户分享、转发，甚至直接发红包给用户，有的App鼓励用户再多听一会儿音频，再多看几条新闻，并且靠着这样的生意模式已经成为美国股市的上市公司，你真的觉得这个产品是好产品吗？以用户停留时长的长短衡量一个App的好坏，其实这就是一块遮羞布，遮挡了你利用用户习惯赚钱的丑陋，每个人一天只有24小时，难道产品经理的使命就是让人们把有限的时间都花在你的App上吗？

产品经理要绘制的一幅商业蓝图是什么样的？不是让你设计更多的增值服务，不是让你设计更多的 App 内购项目，这里的蓝图是面向未来的，你要知道什么才是最重要的，你要如何一步步地向你的目标前进。

产品经理在心中描绘的未来的蓝图是不应该受用户干扰的。就像微信产品一样，它已经拥有了 10 亿个用户，很难想象做一个产品需要根据用户的投票决定，所以张小龙才开玩笑地说微信在每次发布新产品后，总有 1 亿个用户对产品吐槽，总有人要教他怎么做产品，也总会有 5 亿个用户说不喜欢，其实这些用户用着用着就习惯了。比如，大多数人可能都觉得微博产品重新流行起来了，用户已经不愿意使用微信朋友圈了，但是真实的数据是每天仍然有 7.5 亿人进入微信朋友圈，平均每个人每天要看十几次微信朋友圈，所以每天使用微信朋友圈的总量是 100 亿次。这个数字一直在稳步增长。作为产品经理，你不能被某个互联网产品经理人群的感受所蒙蔽，这种感受也许只代表了这一小群用户而已。微信朋友圈是什么？微信朋友圈就是中国人在线上社交的广场，你每天刷微信朋友圈就像吃完晚饭到小区里遛弯一样，你不必和每个朋友都聊上 5 分钟，你只是默默地知道了朋友的生活状态、工作状态，你只需要给朋友点一个赞，发一个简短的评论，你正在高效地参与并完成一天的社交任务。一个好的产品其实并不需要不断通过营销活动刺激用户，通过发红包刺激用户，不需要鼓励用户留言、鼓励用户发表评论，整个生态系统其实正在一点点地自我进化，每一个动作都是用户主动的选择，甚至可以说，未来的产品蓝图是用户和产品经理一起绘制的。

一个成功的产品经理要具备这样的能力，要清楚商业是怎样运作的、有哪些参与者、市场格局如何、外部环境如何等，能够找到自己产品的清晰定位，能够给产品一个信念，能够给自己一个理想，也能够给用户一个共同开创的未来。

5.3 在数据中才能找得到驱动力

当然，产品经理除了有理想、有信仰，还要不断发掘数据背后的意义。数据是结果，是用户行为产生的结果。以前，如果一个公司的业绩不好，常见的方法就是分析数据，从数据中找问题、找原因。未来在商业产品经理主导的时代应该变成在数据中找机会。在这个把大数据称为巨大新能源的时代，企业只有让数据成为商业的利器才能具备核心竞争力。

现在不是一个缺少数据的时代，反而是数据过剩的时代，到底哪些数据能够产生价值才是你最应该思考的问题。注册用户数、登录用户数、浏览用户数、添加购物车用户数、成功支付用户数、手机渠道数据、平板渠道数据、个人电脑渠道数据、支付宝余额支付数据、信用卡支付数据、花呗支付数据……如此繁杂的数据到底有什么关联？如果你作为产品经理却没有梳理清楚商业模式，没有熟悉用户的消费行为特征，就算给你再多的数据，对你也没有用。

要想从数据中找到机会，找到产品驱动力，产品经理可以做好以下几件事情：

1. 数据来源与用户识别

在你做产品规划设计的时候，你要考虑到后期都要做哪些数据分析、你的数据来源都有哪些。有些数据可能是第三方机构提供的行业数据，有些数据可能是外部合作伙伴提供的数据，也有些数据可能是你购买回来的数据。

所以，数据的可信度、用户的识别度非常重要。你要知道两张信用卡的背后可能是同一个用户，或者在两个设备上其实是夫妻两个人分别登录了视频 App 账号，他们看了不同的电视剧。

是否知道用户是谁，决定了你的数据质量的好坏。

2. 行为数据与场景数据

用户的行为数据有很多，其实没有必要把所有行为都记录下来，只需要记录那些对公司有价值的数据，记录那些可以帮助产品经理改进产品的数据。

在公司里，每个不同岗位的人可能关注的行为数据和场景数据不一样。比如，对外合作的渠道经理可能关注渠道的注册用户数、转化率；运营经理可能关注用户次月留存率、3 月留存率；增长产品经理可能关注每个消费场景的数据、裂变推荐的转化数据。

商业产品经理应该关注全部数据，要有更宏观的整体把控。

3. 数据收集与验证

数据收集的重要来源是对产品研发时做的数据统计埋点。数据上报要有一定的周期性，以保证可以随时查看、校验。产品经理要重视平时的数据收集和整理，而不能到了要汇报的时候，才想起请技术人员到后台数据库提取数据。

同时，产品经理要拥有一套具有商业特征的数据决策框架，而不能简单地提取出一堆业务数据的走势图，告诉老板们数据的涨跌结果。

数据反映出的正确的因果关系才是数据分析的核心。

你觉得你的老板最关心哪三个数据？这应该是产品经理最常问自己的问题。你要知道哪三个数据能够体现出你的产品运营正常。很多产品经理会回答：第一是流量，第二是用户数，第三是成交量。

如果你的答案和上面的答案是一样的，那么你中了我的圈套，我说的是你的老板最关心的数据，所以应该站在老板的角度，用老板的思维想问题，这个问题就变得没有固定答案了，可能在公司快速发展阶段老板最关心商业模式的完整度、健康度，如果一个公司处于验证收入模型有效性的阶段，那么老板可能最关心收入、用户购买行为的相关数据。

只有用适合的方法挖掘数据，让数据的解读产生价值，才是我们应该做的事情，否则你的数据就只是在数据库表里的一串串字符。有的时候，数据就是一个结果，数据解读更重要，正如你的老板最关注的数据有哪些这个问题，其实没有标准答案，答案并不重要，重要的是方法。

5.4 别做碰巧的游戏

有时候我们在做产品时经常会落入自嗨的陷阱，自我感觉非常好，甚至不愿意把“创意”告诉别人，生怕别人偷走了我们高明的想法。其实完全没有必要，当你创业时，不太可能只有你一个人想到了这个创意，或者只有你一个人在做类似的项目。投资人经常会问同一个问题：如果腾讯或者阿里巴巴也来做这个项目，那么你将怎么办？我认为这个问题不是在关心未来的竞争对手有多强大，而是考察创业者对自己项目的熟悉程度，不管将来会遇到什么样的对手，都要全身心投入。现在互联网行业已经不存在谁抄袭谁的商业模式了，而是看谁能够更有效地执行，更快速地落地实现，给用户创造真正的价值，产品经理要对自己的产品充满自信。

如果一个产品经理在做产品的时候，表现出过度自信，这反而可能会给产品埋下隐患。过度自信指的是有些人高估了他们第一判断的准确性，过度自信最显著的表现之一便是定位过高，当人们觉得自己比别人强的时候，就会有这种表现。比如，很多创业者都觉得一定可以做出一个电商平台颠覆淘宝，一定可以重新做出一个高效的沟通工具颠覆微信。

为什么产品经理往往容易受到过度自信的影响呢？

首先，过度自信的产品经理视野都比较窄，都沉浸在自己的商业推导逻辑中，过度相信事情发展的进程会很顺利，或者市场会按照自己的设想发展。

其次，过度自信的产品经理都可能是一个批评家，哪怕出去吃一顿饭也能够挑出很多用户体验问题、产品问题。他们非常容易忽视别人的优点、别人这样做的合理性，以及其他因为信息不对称而产生的问题。

再次，过度自信的产品经理都可能是天生乐观派，通常会认为问题不大，没有太大的风险，只要撸起袖子加油干，投资人就一定会投资，用户就一定会选择我们的产品，收入就一定可以快速增长。他们高估了自己，认为自己懂得比别人多，这就意味着他们不再理性行事，而这很明显会导致灾难性后果。

另外，在商业模式研究的学习上，我们不要把复制创意当作成功路径。在共享单车推出后，中国仿佛一下进入了共享经济时代，什么东西都要做共享。共享充电宝、共享雨伞、共享汽车、共享按摩椅、共享化妆间、共享篮球等五花八门的共享项目层出不穷。随着资本的退潮，盲目跟风的共享领域率先迎来淘汰潮，共享经济所衍生出的问题也浮出水面。

其实，很多需求都是产品经理自认为的很强烈的用户需求，比如共享篮球项目，产品经理认为有很多用户想打篮球，但是当用户到达篮球场时，发现没带篮球，可以通过扫描二维码临时租用一个篮球；再比如，如图 5-2 所示的共享化妆间项目，产品经理认为有用户准备参加面试，正好在进入公司前可以到共享化妆间进行补妆；再比如，在用户到了机场或火车站后，产品经理认为用户感觉累了，会想坐一下按摩椅。

你会发现很多需求都是产品经理自己想象中的需求，可能是在某种情况下的特殊需求，但是没办法代表大众用户或者没办法流传广泛的需求。很多需求可能是产品经理借用了流行的概念生搬硬套的需求，最终这些项目可能都会不了了之，因为它们不是用户自发的需求。

图 5-2　某共享化妆间项目实景拍摄图

一个好的产品就像牙刷一样，要让用户每天都必须用上几分钟，不要过分强调用户时长的争夺，不要过分强调流量的转化率，不要骚扰用户，要让用户自然而然地养成使用该产品的习惯。就像微信朋友圈、微博、抖音一样，用户是主动使用的。想要做到这一点，产品经理就要懂一点产品的“玄学”，就要有自己的理想和信念，耐心地做好服务，做好产品品质，哪怕 1%的错误都不要发生。然后，再想如何延伸服务场景，拓展自己提供的价值，每过一段时间给用户一个惊喜，提醒用户这个产品的存在。这才是一个好的产品经理应该做的事情。

不做碰巧的游戏就是要让你的工作回归本质，而不是靠运气，高手较量比较的是坚持。郭德纲的相声里有一个段子说：什么是艺术家？艺术家就是坚持到最后的人。于谦：这怎么讲？ 郭德纲：四个说相声的对着骂街，谁能活得长谁是艺术家。于谦：这跟寿命还有关系呢？ 郭德纲：你想啊，上坟的时候那儿三个坟，他一个人在这儿乐，他就是艺术家。这绝对是玩笑话，但从某个角度上也说明了有些事情是没有衡量标准的，有些事情是说不清楚的。

产品经理在做产品的时候，首先要知道自己在行业里的位置，要知道自己的价值，要能够想办法坚持，而不能只想着去“混”一个热点，想着自己的创业是 to VC（Venture Capital，风险投资，简称风投）的。产品经理要想办法把自己变成一个真正的艺术家，想办法在更长的时间周期内领先对手，即使在刚开始时可能会遇到一些挫折，也要坚持，坚信自己做的事情是对的。

有一句格言说得非常好：“在盲人的国度里，只有一只眼睛的人也能成为国王”，这就是典型的通过认知优势而获得的竞争优势。你是愿意随大流一起“盲人摸象”，和其他人一起做碰巧的游戏，还是愿意坚持自己的理想和信念做一个“国王”呢？

产品经理要有能力看清楚大象的全貌，而不能明知盲人摸象的故事，却还做片面的思考。产品经理要有能力不被外界因素干扰，时刻关注自己的节奏。产品经理要有能力坚持自己相信的东西，相信自己一定可以做出一个影响世界、改变世界的产品。不管是相信“玄学”，还是相信数据，这些都是能够帮助你走到最后的工具，都是支撑你走到最后的力量。

第二部分

商业产品经理的成长秘籍

第6章

商业产品经理的三板斧

6.1 基本能力模型

6.1.1 大公司更重视能力模型的发展

公司越大，越期望你能够快速适应岗位的要求，马上在工作中有产出，在工作一段时间后你还能够有方法论的总结和传承，这一切都是为了增加企业运作的效率。所以，大公司偏向于忽略个体的能力优势，更注重分工明确、技能培训、知识传递、成长培养，这也就有了各种各样的能力模型。能力模型不能够代表全部能力，但是至少可以代表如果想要做好一个产品经理，那么可以努力学习进步的方向。

1. 能力模型相当于一个课程表

经常有人问我要怎么做才能进入腾讯、阿里巴巴这样的大公司，当他们问出这样的问题的时候，他们已经暴露了能力的差距。大公司选人的标准往往是公开的，是放在互联网上随时供大家查看的，而且这些标准在过去的十几年里基本没有变化。

这些标准是从哪里来的呢？它们就是从平时的工作要求、从公司培养人才的角度、从考核员工能力的能力模型中总结和提炼出来的，所以能力模型非常重要。能力模型就是你努力的方向，就是你要学习的一个完整的课程表。你可以拿出模型“吾日三省吾身”，你每天都可以问自己学到了什么能力，练习了什么能力，熟练掌握了什么能力。

表 6-1 中提到了 19 项能力。在这张表格里，能力框架分为通用能力、专业知识、专业技能和组织影响力四个部分，这四个部分用通俗的语言解释如下。

表 6-1　产品经理的 19 项能力

<table>
<tr><th>能力框架</th><th colspan="2">能力项目</th><th>能力定义</th></tr>
<tr><td rowspan="5">通用能力</td><td>1</td><td>学习能力（基础素质）</td><td>通过计划、任务和资源的整合运用，顺利达成工作目标</td></tr>
<tr><td>2</td><td>执行力（基础素质）</td><td>完成预定目标及任务的能力，包含完成任务的主动意识，完成任务的方式和方法，关注完成任务的程度</td></tr>
<tr><td>3</td><td>沟通能力（基础素质）</td><td>有效地传达思想、观念、信息，把握对方意图，说服别人，让他人接受自己的观点或做法</td></tr>
<tr><td>4</td><td>行业融入感+主人翁精神（关键素质）</td><td>热爱互联网行业，把产品当作自己的孩子</td></tr>
<tr><td>5</td><td>心态和情商（关键素质）</td><td>积极主动地面对困难和压力，以开放的心态迎接变化和挑战，并推动问题的最终解决</td></tr>
<tr><td rowspan="3">专业知识</td><td>6</td><td>技术知识（关联知识）</td><td>了解与产品相关的技术实现原理及其表现形式，能够就技术方案与技术人员有效沟通，具备技术实现的成本观念</td></tr>
<tr><td>7</td><td>项目管理（关联知识）</td><td>通过流程规划、时间安排、任务和人员的管理以及资源的整合运用，顺利达成项目目标</td></tr>
<tr><td>8</td><td>其他知识：财务、心理学、美学、办公技能（关联知识）</td><td>能够综合考虑并有效应用相关知识为产品服务</td></tr>
<tr><td rowspan="8">专业技能</td><td>9</td><td>产品规划能力，产品版本及发布节奏管理（产品能力）</td><td>准确把握用户需求，进行优先级排序，明确版本规划，通过迭代实现产品目标</td></tr>
<tr><td>10</td><td>专业设计能力（产品能力）</td><td>依据用户使用场景，使用相关专业领域的知识、工具和技巧，设计出满足甚至超出用户预期的功能特性</td></tr>
<tr><td>11</td><td>商业分析能力和前瞻性（商业能力）</td><td>掌握和分析行业数据、竞争对手动态、用户变化，确定产品的市场地位，掌握竞争格局，预测市场变化，确定战略和战术</td></tr>
<tr><td>12</td><td>对外商务沟通及拓展能力（商业能力）</td><td>理解合作方的利益点及自己可提供的资源，通过一定的谈判技巧，形成共赢的成交方案</td></tr>
<tr><td>13</td><td>运营数据分析（运营能力）</td><td>通过设计数据指标体系，进行数据的收集和分析，挖掘潜在规律和问题，以优化产品和支撑决策</td></tr>
<tr><td>14</td><td>市场营销：品牌/公关/推广（运营能力）</td><td>根据目标用户、产品特点以及品牌塑造的需要，进行营销及公关策略的制定和执行，以实现有效传播、危机化解，使产品达成目标</td></tr>
<tr><td>15</td><td>渠道管理（运营能力）</td><td>开拓和维护用户或内容的来源渠道，优化渠道结构，形成渠道合力并能够规避风险，建设利于产品发展的优质渠道体系</td></tr>
<tr><td>16</td><td>市场和用户研究与分析（客户导向）</td><td>主动通过各种渠道了解用户反馈，掌握一定的调研方法论，持续优化产品</td></tr>
</table>

续表

能力框架	能力项目		能力定义
组织影响力	17	方法论建设（领导力）	在工作中主动帮助他人提升专业能力或者提供发展机会，帮助他人学习与进步
	18	知识传承（领导力）	从工作积累中不断总结提炼，形成普遍性的解决方案，起到指导及示范性作用，并加以推广应用
	19	人才培养（领导力）	能够主动将自己掌握的知识信息、资源信息以交流和培训等形式分享，帮助同事们共同提高

第一，你要具备基本的学习能力、工作能力，在进入公司后就能快速地融入。

第二，你要具备相关的知识，你要能和其他同事进行高效沟通，并能与他们协同工作。

第三，你要具备专业技能，考虑问题要全面，绝对不能像以前一样采用不正规的做法。这里是需要你能够独当一面的。

第四，你要具备教会别人、培养别人的能力，要让更多的人都强大起来，这样企业才能更有效率。

相信通过这样的解释你就明白了，企业在招聘你的时候已经想清楚了，就是希望你"有能力做好这份工作，愿意做好这份工作，可以和同事们一起做好这份工作，并且愿意把工作的能力教给更多的人"。

通用能力是指产品经理的日常工作技能。专业知识是指产品经理的纵深发展，你的专业素质取决于你掌握的专业知识。要在项目推进过程中说服其他人，让别人信服你，你就必须比他更专业。专业技能是指产品经理的横向发展，除产品功能的规划设计之外，你要懂运营、市场、设计、渠道等。因为产品经理要和全公司各个部门打交道，要对整个生意负责，所以你必须什么都要懂一点才能更好地与其他部门沟通协调。组织影响力是指带人的能力、培养人的能力或者产品团队梯队建设的能力。你要不断地总结工作经验，提炼工作能力，并且要培养其他人，教导其他人，扶持其他人成长。

能力模型更像在大学开学第一天你拿到的课程表，这些课程是需要你长时间学习的，不能一蹴而就，好在已经有了明确的方向，已经在路上了，剩下的事情就交给自己的努力和时间了。

2. 能力模型是企业考核的一个工具

产品经理的工作有很多创造性，很难量化，很难科学地评判谁是更好的，就像两个人参加雅思考试，一个人考了 4.5 分，另一个人考了 5.0 分，你很难判断在实际工作中谁更好。考试只是结果，已经发布的产品也只是结果，在整个工作的过程中存在很多变量和很多可能性，很难通过一个结果的好坏就直接评判一个产品经理的好坏。产品经理的工作很难像开发人员一样进行考核。考核研发人员的代码质量，可以看编码规范、接口文档等；考核研发人员的研发质量，可以看出错率、研发效率；考核研发人员的运维质量，可以看故障情况、服务器资源消耗情况等。这些指标都是可以量化的。

一个公司应该如何给产品经理确定一个考核标准呢？如何确定一个偏长期的、不受一些意外因素影响的考核标准呢？如何在考核过程中剔除某些因素波动带来的干扰呢？为了找到更好的方案，经过腾讯人力资源部门的同事和业务部门的同事共同研究，他们建立了一套能力模型，把一个产品经理的能力标准定义出来，然后再确定每一个标准的能力程度，最后再为每一个细节的考核制定考核标准，这样一来能力模型不但是产品经理个人学习成长的风向标，也是公司考核产品经理能力，对所有产品经理进行能力评判的工具。

你会看到每一个能力下面都分为几个等级，每个等级下面又有关键词的描述，能力等级评判标准如表 6-2 所示。这样的工具可以保证你在学习过程中有方向、有反馈，你能够很清晰地知道自己距离下一个等级还差多少。

表 6-2 能力等级评判标准

能力项目	等级 1		等级 2	
	关键词	行为标准	关键词	行为标准
学习能力	在指导下进行学习	（1）有学习愿望，能够在指导或者要求下进行学习。 （2）能够通过指定的学习资源掌握自身岗位工作所需要的知识、技能、工具和信息等	寻找学习机会，学以致用	（1）积极和善于寻找学习机会，关注培训机会，结合成长规划适时地为自己安排培训和学习，保持专业知识技能的更新。 （2）积极的学习态度，并且注意学以致用，不断探索改善和提高自身的工作效率。 （3）在工作和平时的学习积累过程中寻找有价值的信息

续表

能力项目	等级 1		等级 2	
	关键词	行为标准	关键词	行为标准
执行力	按照要求行事	(1)能遵循上级或计划对时间、步骤、方法、途径等的工作布置。 (2)按计划或指示的要求和要点完成工作	领会意图，主动汇报	(1)领会任务要达到的目的、意图、决策原因、适用情景等。 (2)当情况变化时，能及时向上级汇报。 (3)能够及时反馈与沟通任务进展情况

3. 能力模型和薪酬激励体系挂钩

如果一个企业有衡量能力的标准了，那么很自然地就会把这样的考核与薪酬激励体系挂钩，会确定产品经理的职业等级。职业等级关系到你的薪酬，关系到你未来的职位晋升，关系到你能否获得股票、期权等长期激励等。

能力模型的定级、定岗是为了督促你努力学习，努力升级，并不是完全公平的考核系统，所以即便暂时没有获得好的成绩也不要紧，只要努力做好自己，这个能力模型体系从长周期来看是公平、合理的。

当然，能力模型也渐渐成为互联网行业的标准，虽然腾讯、百度、阿里巴巴都有自己的能力模型，但总体来说是比较类似的，只是个别级别的细分程度、描述内容有一些差别。这对整个行业可以起到推动作用。当你想要跳槽到其他公司的时候，这个能力等级是一个非常好的背书，经过了大公司的认可，所以你要非常重视。

4. 能力模型不是泛泛的空谈

有一些产品经理可能不太认同这个能力模型，觉得这就是人力资源部想出来考核同事们的一个手段，觉得能力模型并不符合实际的工作情况。这里我用一个例子说明，能力提前定义了你的高度。这个例子是腾讯大讲堂的一篇文章《浅谈互联网数据中心海量运营之道》，这个例子说明了两点：

第一，你的视野决定了你的能力上限。

第二，历史经验已经证明了能力模型的有效性。

我们来说腾讯培训举过的例子，很多开发人员都能够理解腾讯的业务体量是一般公司不具备的，所以在产品规划、技术研发等多个方面也都需要更高瞻远瞩的规划。产品经理和研发工程师都要有更开阔的视野、更丰富的经验、更深厚的能力。以微信为例，微信的每日活跃登录用户数量已经是 10 亿个了。每天的时间是固定的，一小时是 60 分钟，一天有 24 小时，一共是 1440 分钟，不管怎么要求人们错峰登录，10 亿个用户平均下来每分钟登录用户对服务器的请求都在大约 70 万次，这个请求服务的量级产生了海量用户运营的经验，要想解决这个问题就需要海量存储处理的能力，需要有处理高并发的能力。这些挑战在小公司是永远没有机会遇见的。

如果你是一个服务器运维专家，那么你不仅要考虑在技术上如何实现，甚至也要考虑对电的运用，下面是一组内部数据：

1 万台服务器，全年耗电约 0.35 亿千瓦时——电是次要因素。

10 万台服务器，全年耗电约 3.5 亿千瓦时——电是重要因素。

50 万台服务器，全年耗电约 17.5 亿千瓦时——电是主要成本。

100 万台服务器，全年耗电约 35 亿千瓦时——电，是最大的成本！

同样，你作为产品经理，如果没有考虑过 1 万个用户同时播放同一部电视剧的产品应该如何设计，那么你可能也没考虑过 10 万个人、100 万个人、1000 万个人同时播放，像《延禧攻略》这样的电视剧总播放次数是 133 亿，等于 13 亿个中国人，每人看 10 遍。这样的产品一定需要提前预估播放量有多大，要做哪些技术储备，做哪些分流的措施。所以，你的视野就决定了你的能力上限。

能力模型是历史经验的总结，历史数据告诉我们产品经理要具备这样的能力，要有这样的高度，要把问题想得更深入一些。如果你现在不能理解，那么只能说明你经历得还少，还没有充分地展开想象力。

6.1.2 如何练习这些能力

1. 你是一个什么样的人

在讨论如何练习这些能力之前，你首先要知道你是什么样的人，为什么这么说呢？因为有很多人在看到本章的时候就开始行动了，是个不折不扣的行动派，但是行动不代表你就能成功。我周围有很多人买了很多书，报了很多互联网的知识付费课程，下载了很多网络传播的内部资料，订阅了很多微信公众号，收藏了很多文章，但是最终依然没有成就。

这些人更在意行动，就像知识付费火爆的重要原因不是因为人们变得爱学习了，而是因为移动支付变得越来越方便了。人们不是因为行动这一个动作就获得了知识，而是大多数人觉得买书、报课程、下载资料这些动作非常容易做到，非常容易得到即时的反馈。不管我是否掌握了知识，起码我可以发微信朋友圈，告诉朋友我在学习，告诉自己“从明天开始，努力学习”，是这个动作让这些人安心，而不是掌握知识。

很多人就像鲁迅笔下的祥林嫂一样，他们看到的是环境，他们非常在意环境对自己的影响。比如，有些人做一个汇报 PPT 一定要去星巴克做，他们觉得咖啡店里的环境好，可以产生灵感。再比如，有些人做美术设计一定要白天睡觉或多看几部美剧，然后等到夜深人静的时候才开始打开电脑设计，觉得到晚上才有灵感。再比如，有些人在小公司没有感觉到进步和成长，就抱怨公司不行，没有培训。这些人最典型的思考方式就是：“这个事情真不赖我，是有原因的，都是你们的错”。

什么是环境的错误？这个环境不是你选的吗？你处的行业是夕阳产业，你进入的公司不是纯粹的互联网公司，你的领导、同事能力都一般，你们公司管理不正规……如果要抱怨，还能写很多，处在这个层次上的人，当问题出现的时候，首先会把问题归结成别人的问题和环境的问题。比如，没有晋升是因为公司的办公室氛围不好，没有好的晋升机制；产品没有用户使用、数据不好看是因为领导能力不行，我早就和他们说过这样做不行，他们就是不听，我早就知道不行了。

你想想你平时是不是在这样抱怨，是不是还能讲出很多道理来支撑你的抱怨。当然，有时候你的抱怨可能没有这么明显，你可能只有这样的口头禅：“这个事情不是我负责的，我不知道”“这是公司的决定，我也控制不了”“这都是用户自己的选择，我也没办法啊”，好像在你的眼里只有别人的错，你能想到的最好的办法就是换个更好的环境。

还有一些人是勤奋的人，是没有头脑的行动派，他们学会了从自身找原因，觉得是自己还不够努力。他们相信“比你有钱的人比你更努力”这样的心灵鸡汤。

他们不抱怨环境，他们知道既然不能改变环境就要改变自己，想要解决问题就要开始行动！是不是很励志？是不是连周围的人都被他感动了？在外人看来，这些人是非常乐观、充满正能量的人，他们从不对环境妥协，他们相信上天不负有心人，只要持续努力，事情一定会有转机，可是这样就能掌握知识、提高能力吗？正如前面所说，因为他们太在意行动，所以往往忘记了自己究竟想要什么，忘记了目标是什么，他们更容易被自己的行动力感动，他们也更容易停留在行动上。比如，你的女朋友说你最近不关心她，你就每天给她打 5 个电话；公司项目延期，落后于竞争对手，你就加班到晚上 11 点，一周 7 天都上班，拼命赶进度。

你拼命了，努力了，所有问题就都能被解决了吗？是不是越努力的人，获得的成就也就越大？其实没有思考的努力是无用的，是徒劳的。

2. 应该怎样学习这些能力

在新员工培训的时候，培训老师最愿意讲的一句话就是“办法永远比困难多”，意思是说在遇到困难时不要着急，要多想办法。其实还有另外一句话：“想，全都是问题！做，才会有答案！”意思是说你不停地想可能全是问题，你开始做就自然有方法，在做的过程中再迭代升级。

因为社会已经经历了工业革命、信息革命，未来还可能经历智能革命，如果不会使用互联网，没有办法提高学习效率、工作效率、协作效率，那么怎么能在社会上立足呢？我们在职场中也一样，学习这些能力很重要，但是掌握学习方法更重要。

什么是方法？方法就是你能用更简单、更高效的方式解决同样的问题。这里介绍学习这些能力、自我成长的三个方法。

1）读人

读人，顾名思义，跟别人学习，读懂别人的方法，也叫站在巨人的肩膀上学习更成熟的经验和方法，然后再来解决这个问题。

读人尤其要找一些专业的人士、专家级别的老师，要重点学习他们的成功经验，学习他们的思考模型、判断方法，也可以让他们讲讲过往的经验教训和他们自己的总结。这样非常有助于你调整自己，避免犯很多前人已经犯过的错误。

有人说成功是不可以复制的，我非常赞同这个观点，因为成功的结果不可以复制，每个人在每个时刻都可能受不同的变化因素影响，就算现在让马云重新创立一遍阿里巴巴，他也不一定能够成功。但是马云这个人是成功的，他判断问题、思考问题的模型是成功的，他做事的方法是成功的。很多名人传记的畅销也证明了人们愿意学习成功人士的方法。

当然，也有人说要多学习失败案例，学习失败案例可以让自己清醒，不犯错误。对于这一点我是同意的，但是如果你找了很多和你一样层次的人，看了很多他们失败的案例，我想你也不会成功，原因很简单，因为你知道的都是怎样失败，而不知道怎样成功。你学习 10 000 个这样的失败案例也不会帮助你成功。

如果你是一个行动派，不妨多学习比你高两个维度的人，可以从模仿开始，也可以从研究开始。把他们的能力模型列出来，把他们的思考模型列出来，然后再不断地学习、实践、总结成自己的方法。这才是向其他人学习。

2）读书

找到一个“牛人”，并且他愿意与你交流是比较难的事情，尤其是很多人都不知道一开始能给“牛人”带去什么价值，不知道“牛人”凭什么愿意教自己。当然，我也没有百试百灵的办法。如果互联网上的某些办法有效，那么“牛人”就不用干别的事情了。毕竟“牛人”是少数的，想找他们学习的人数是“牛人”群体的 10 万倍，想想为什么学区房这么贵，为什么好大学这么少就能明白这个道理了。

你如果不能找人获得最直接的知识，就读书吧，多读书肯定没错。一本已经出版的书肯定要比互联网上短期的培训更好，在知识框架上更系统。一本书肯定比在公众号里的某一篇文章内容更丰富，哪怕只讲一个道理、一个概念，也要深入浅出，旁征博引地把它说清楚。作者写书的目的就是讲清楚一些道理。所以，读书也是系统性学习这些能力的好办法。

有些人在买书前喜欢看书的厚度和价格，其实一本书的价值怎么可以从外观和价格评判呢？比如，我下周要参加汽车驾驶证考试科目一，现在有一本题库的书可能只有几十页，还全都是图片，但是我愿意花 100 元去买，因为我知道这 100 元的价值是什么，我知道如果我没有考过科目一，又要再请一天假，又要再花费很长时间学习这些内容。

还有一些人喜欢快速读书，好像有人在和他们比赛一样，他们追求快速阅读、高效阅读，追求拆书，读书是为了什么？难道是为了帮助作者再梳理一遍架构吗？难道是想读完世界上全部的书吗？据 CIP 数据统计，2018 年上半年全国各出版单位共申报各类图书选题 141 527 种，你就算读得再快，你能读完吗？

一本书的价值取决于你自己能够吸收多少，你就算看了《九阳神功》，你可能也不能成为武林第一高手。读书一定要有目的，你一定希望能够在书中找到“黄金屋”。

3）读自己

自己怎么读？自己什么都不会，有什么好读的？其实，读自己是指不断地复盘和成长，保证自己每天都超越昨天的成绩。

只有自己才知道什么对自己是更重要的，什么是自己最需要的。你知道自己相信什么，往大了说可以是世界观，往小了说就是一个个概念。读自己的意思就是要把一个个概念搭建成自己的一个建筑，构建自己的一套知识体系。这样，在遇到不同的问题、面临不同的选择的时候，你就可以根据自己的判断逻辑、自己的思考模型去选择和衡量一件事情。比如，在中午吃完饭后你有一小时的休息时间，你是打算用来看书、刷朋友圈，还是睡觉？每个人的选择就不一样了。

比如，你发现自己在做产品的时候可能交互设计做得不好，该看的书也看了，该请教的大咖也都请教过了，那么接下来应该怎么办？你要不断地问自己好的标准是什么、怎样才能做好、应该练习哪些技巧、是应该睡觉还是练习。

很多成功都是慢慢积累的，你要相信自己就是一个成功的产品经理，因为你是成功的产品经理，所以你会选择练习，会选择做这些技巧的练习。这就是相信的力量，先给自己一个身份，然后用这个身份的行为准则要求自己。

产品经理只是一个公司对一个岗位的描述名称，但是一个成功的商业产品经理就是你给自己的一个身份，是你自己想成为的样子。当你清楚自己的身份以后，你就会想着构建你自己的知识体系、能力模型，并且做出相应的行动，所以你才有机会成为成功的产品经理，设计出令人尖叫的产品，成为上市公司的领军人物。

6.2 基本思考模型

产品经理的成长离不开平时的积累，而平时的积累离不开个人思考模型的建立。思考模型的建立就像打磨的宝剑一样，需要反复锤炼，主要体现在如何思考问题、如何解决问题，以及如何能够学习到经验教训，然后提炼成能力，让自己的宝剑更加锋利，能够应对未来更多不确定的变化。下面就介绍几个产品经理必须要具备的思考模型，以便你提升综合能力。

6.2.1 灰度策略，接受不完美

前面讲过产品经理要有理想、有信念、有追求，希望自己能够做出推动行业变革、改变用户的产品，而不能把工作当成普通工作，每天重复劳动，准时上下班。产品经理要有一种追求卓越的心态，但不代表一下就能做出一个完美的产品，产品经理要能够接受不完美，接受灰度策略。

腾讯非常提倡灰度策略，不管是流量、技术、服务，还是产品、运营，腾讯都积累了非常多的灰度策略执行经验。在腾讯公司里，做好一款产品对于很多人来说并不太难；但是，如何让产品能够持续健康的运营，并且能从一款成功的产品中提取经验，移植到另一些产品上却是相当难的。这也是为什么腾讯的产品经理每次在做新产品时都要有一颗敬畏的心。没有经验是完全正确的，腾讯的产品经理在做产品时反复地提到一个词——“灰度”。

比如，在互联网世界里，用户很难接受长时间的等待，所以产品经理在设计产品的时候要采用灰度策略，通过加载占位符的方式实现分步加载，即先加载页面的框架，然后再加载框架里的内容。如图 6-1 所示，Facebook、简书等采用了这种加载方式。加载占位符的方式可以根据实际情况配合分步加载、分屏、分页等加载方式，以达到更佳的效果。

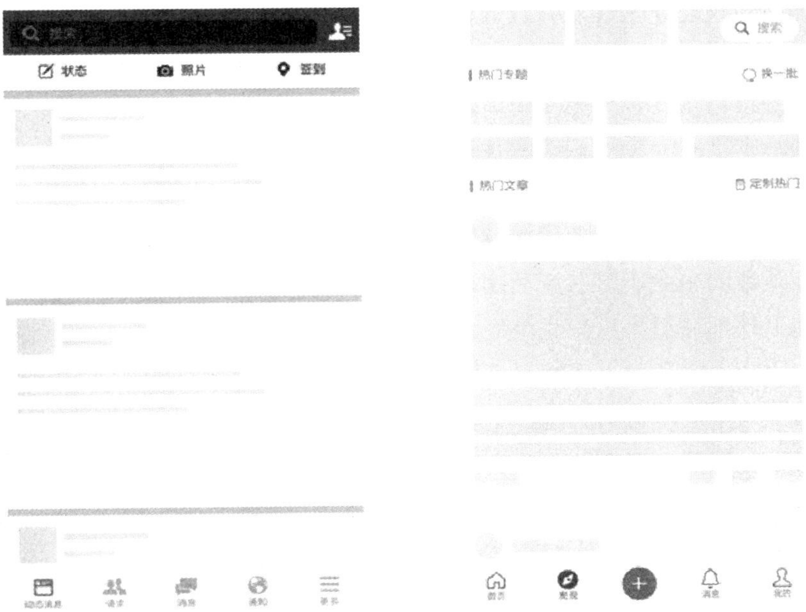

图 6-1　分步加载图片示意图

再比如，刚刚上完体育课的小朋友口渴了，你认为什么样的服务是完美型的服务，什么样的产品又是一个过渡性的解决方案呢？其实很多用户需求并不是非黑即白的，并不是零和博弈，有时候可以提出低成本、快速满足部分需求的解决方案。在这个例子里，不一定要给用户提供冰镇西瓜，也不要什么都不提供，可以提供矿泉水，冰镇矿泉水。

当然，灰度策略也存在于产品的管理、公司的管理。任正非曾经写过《管理的灰度》，这个概念是任正非先生基于华为自身的管理实践提出的。可以说，“灰度”是华为一路走来积淀下来的管理思想的精髓。他所提倡的灰度，主要是内部管理上的开放和宽容。只有开放，才能适应瞬息万变的市场环境，在变化中始终保持创新精神，保持正确的企业前进方向，才能在市场竞争中立于不败之地。在互联网时代，产品创新和企业管理的灰度意味着时刻保持灵活性，时刻贴近千变万化的用户需求，并随趋势潮流而变。灰度策略往往提供了一种既能保持正常运营，又能让产品不断迭代创新的策略，而不是在错误的道路上越跑越远。

有些公司的产品在一开始做的时候就规划了很多功能、很多相关联的产品，把公司的战线拉得非常长，并且宣传这是多元化发展战略，这是全链条产品布局策略，这是全产业链经营策略等。当然，也有些人习惯于追求完美，总要把产品反复打磨到自认为尽善尽美才推出来。这些做法在实践中经常都没有太好的结果，因为市场从来不是一个耐心的等待者。在市场竞争中，一个好的产品往往是从不完美开始的。

灰度策略，就是可以为了实现单点突破，允许不完美，努力快速向完美前进的策略，是帮助企业、帮助产品团队快速迭代的策略。同时，因为互联网发展快速，实际上外部环境不可能完全停止来等待你推出一个新的产品、一个完美的产品，你必须要保持速度、保持灵活性，随时根据自身情况和外部情况调节。

当然，对于灰度策略来说，更重要的是企业的管理态度、管理者的宽容可以为企业带来和谐的发展环境。只有宽容，才能有效地处理好企业内外种种错综复杂的关系。企业要能够容忍失败，允许适度浪费，鼓励内部竞争、内部试错。在灰度策略推进的过程中，会有很多不确定性、很多尝试，不尝试失败就没法成功。我本人反对在做产品时追求完美，反对在做产品时遵循烦琐流程，反对在做产品时盲目创新，“实践是检验真理的唯一标准”，灰度策略就是实践的最优策略。

个人成长也可以践行灰度策略，不一定非要追求完美。追求想出一个绝妙的创意、追求写出一个非凡的干货满满的报告、追求在老板面前一鸣惊人、追求在产品发布后一炮而红的想法都是危险的，我称之为“憋大招”，在组织中是非常“危险”的动作，因为别人没办法知道你现在的工作进度，也没办法了解你的目标和计划，这种做法在最后时刻经常给大家带来的是惊吓，而不是惊喜。所以，一个产品经理首先要具备的思考模型就是灰度策略，能够接受不完美，能够接受不断迭代。

6.2.2 控制投入产出比，有限资源最优解

从美国福特汽车公司在20世纪初创立第一条汽车生产流水线开始，大规模的生产流水线一直是现代工业生产的主要特征，随着社会发展，人们在20世纪50年代前后，进入了一个市场需求向多样化发展的新阶段，相应地要求工业生产向多品种、小批量的方向发展，单品种、大批量的流水线生产方式的弱点日渐明显。为了顺应这样的时代要求，由日本丰田汽车公司首创的精益生产作为多品种、小批量混合生产条件下的高质量和低消耗生产的方式在实践中被摸索并创造出来了。精益生产方式是在实践应用中根据丰田实际生产的要求而被创造、总结出来的一种革命性的生产方式，被称为“改变世界的机器”。

后来，从“精益生产”的理念中演化出“精益创业”的概念，它代表了一种不断形成创新的新方法，提倡企业进行“验证性学习”，先向市场推出极简的原型产品，也就是我们常说的MVP（Minimum Viable Product，最小可行化产品）。MVP既是针对最早期用户的最小功能组合，又是用户验证过程中一个最关键的方法。然后，在不断的试验和学习中，以最小的成本和有效的方式验证产品是否符合用户需求，灵活调整方向。如果产品不符合市场需求，最好能“快速的失败、廉价的失败”，而不要“昂贵的失败”；如果产品被用户认可也应该不断学习，挖掘用户需求，迭代优化产品。

在任何一个互联网公司里，研发资源紧缺、设计资源紧缺是常态的，很多产品经理每天都在讨论项目的优先级、讨论产品方案，目的就是能够在有限的资源下，做出比较优秀的产品，所以控制投入产出比就成了大问题。ROI（Return on Investment）原本属于经济学术语，指通过投资而应返回的价值，即企业从一项投资活动中得到的经济回报。后来它被借用到产品研发管理中，常常被用来评估一个产品的功能特性是否值得被研发，评估一个产品是否在投入大量研发资源后而收益却很少。

这种关注结果的思考模型可以避免盲目的创新、盲目的发展，可以提醒产品经理一定要在开工前就想清楚最开始做产品的初心、做产品的目标，把握住产品的

核心，不要在一些非常边缘化的需求上投入过多的资源。控制投入产出比的思维方式与灰度策略和最小可行化产品策略结合，会使得整个产品进入正向的高速循环。

现在的互联网充满了不确定性，在这样的情况下大多数人往往都不知道产品应该是什么样的，顾客应该在哪里，这时候产品经理要进行产品或服务创新是有难度的。如果你在各种细小问题上投入过多的时间成本、人力成本，在产品推到市场后，用户很残酷地表示他们不需要这个东西，那么应该怎么办呢？《精益创业》的作者埃里克提炼出一个反馈循环：想法→开发→测量→认知→新的想法。根据这种模式，我提出一个产品研发反馈循环：

确定目标用户→最小可行化产品设计→反馈修改问题→产品迭代开发→获得用户认可→扩大目标用户群体

很多时候产品经理的目标是投入最少的金钱和精力开发出体现核心价值的产品，而不在许多细枝末节上耗费过多精力，这是互联网行业的通用做法。产品经理在发现极简功能的产品得到用户认可后，可以投入更多精力收集用户的反馈，再通过研发反馈循环迭代设计产品，快速做出调整和改变，迭代优化产品，然后再深度挖掘用户需求，最终使产品达到爆发式增长。比如，Dropbox 团队在产品研发前不知道市场的表现，Dropbox 的创始人通过拍摄短视频向潜在用户介绍了产品构思、产品的主要功能并解说了使用方法。通过演示产品验证，Dropbox 吸引了几十万个用户访问，目前已经成为一家市值 100 亿美元的创业公司。这个例子告诉我们，MVP 不仅是一个产品，而且是一个方法。产品在研发过程中要重视投入产出比，在不同阶段中投入产出比的特点有所不同。

MVP 的产品模式就是控制投入产出比，用最小的成本和最快的速度试错。企业的战略就是一个选择题，既没有完美的方案，又不会是一个完全不靠谱的计划，所以资源越紧张越考验一个人做出选择的能力，越考验一个人是否有成熟的思考模型，是否知道如何做才能得到最优解决方案。

6.2.3 因果关系谬误陷阱

产品经理在日常工作中经常会陷入因果关系谬误陷阱，使得其对用户需求的理解和产品规划受到影响，往往做出来的产品会“叫好不叫座”或者看上去很好，但是业务数据就是上不去。其实原因就出现在因果关系谬误这里。下面我通过几个例子帮你理清因果关系谬误。

第一种情况，日常口语化表达错误。

很多时候我们都可能犯这样的错误：将某个原因简化，并强加一个因果关系，但是自己没有意识到。比如下面这段对话：

老李说："老韩的女儿今年中考作文居然考了满分，真是太厉害了。"

老王说："那是因为她小时候读书就很好。"

这里老王就犯了因果关系上的错误，老韩女儿中考作文考满分可能有很多原因，可能是上了初中以后她更愿意学习语文，刻苦练习写作，也可能是在中考时临场发挥出色或者她刚好以前练习过这个作文题目等。在这里，老王将中考作文考满分简化归因为她小时候读书很好。小时候读书好确实是其中的一个原因。

再比如，星期天韩梅梅和李雷一起去逛街，但是他们又吵架了，并且韩梅梅向李雷提出分手。韩梅梅说，我们分手吧，你每次都在玩手机，从来都没有看我选了什么衣服。

看起来好像是这次吵架导致了分手，但实质上肯定不会是因为一次吵架那么简单。李雷玩手机可能是因为逛街实在太无聊了，因为无聊才拿出手机刷抖音，可能这更容易得到快感。

很多时候口语化带来的问题是过度归因，会使用"总是、每次"等模糊的量词，会给一些关联性因素强加一些因果关系。

第二种情况，因果倒置错误。

因果倒置就是没有搞清楚现象背后的本质，反而以现象作为原因回答。

比如，之前网络上有句话很流行，我相信这句话大家一定都不陌生，"爱笑的女孩通常运气都不会太差"，这听起来很暖心。这句话想表达的内在逻辑应该是爱笑导致了运气不差，即爱笑是因，运气不差是果。但是大家有没有想过真的是这样吗？有可能是运气不差才导致了爱笑，所以运气不差是因，爱笑是果。

比如，篮球运动员都很高，所以你多打篮球也能长高。这句话想表达的逻辑是打篮球是因，长高是果，但也有可能他们因为高所以才选择去打篮球，实际上身高比较高是因，打篮球是果。

再比如，用户特别喜欢使用微信语音，所以已经没有人使用短信了。这句话想表达的逻辑是喜欢微信语音是因，不用短信是果，但也有可能是因为短信渐渐不能满足用户需求，用户才去使用微信语音，实际上喜欢使用微信语音是果。

因果倒置分辨起来有点难度，而且有些事情比较复杂，各种因素都交织在一起，不容易分辨因果，但是仔细辨别，思考因果，有助于我们在策划产品时抓住事物的本质，思考结果背后的原因，而不是把现在的结果当成原因，总结过去的结果。

普通产品经理很可能是缺乏独立思考能力的，随便听来的一句话都可以作为一件事的结论。他们很容易被人反驳，因为他们自己也不确定自己说的是对还是错。普通产品经理的思考很可能是浮于表面的，不善于寻找问题的关键所在。造成这种情况的原因可能是普通产品经理在思维方式上有盲点，普通产品经理的思考经常会停止在某些关键词上，或者停止在某些网络流行的商业模式上，或者停止在知识付费创造出来的各种概念上。普通产品经理越背诵一些看起来很高大上的关键词，就越给自己带来一种幻觉，越觉得自己什么都懂了，可以对行业趋势、商业模式等问题高谈阔论了，从而停止了进一步的思考。没有思考就容易造成因果关系谬误。

当然，还有些人错误地使用了思维导图，把关键词当成了结论，把思维导图当成了逻辑框架，最后只梳理了一些表面的概念或关键词，而忽略了原本的结论是什么，忽略了原来的推导过程和论证过程，整个人更满足于梳理一个思维导图的过程，觉得更荣耀的事情是画出一个复杂的思维导图。

同样，“拆书”和“快速阅读”只是你获取知识的一种方法或工具，不能把方法和工具当成你的目标。千万别说：“我昨天又拆了一本书，我做了一个思维导图”，这就是典型的因果错误，正确的逻辑是你通读全书，自己消化了知识点，并总结了属于自己的一个知识图谱，而不是为了完成一次拆书任务，你帮助作者整理了一份图书纲要，因为作者根本不需要你重新再总结一遍，不需要你再“发明一遍轮子”。

6.2.4 整合思维

产品经理要有长远的思考，要有整合的思维，这里我故意没有提到平台战略或者生态战略，是不想把产品概念化、泛化，只想单纯地从产品的关联性、整合的角度讲如何规划产品，形成一个产品体系，构建产品矩阵。

所谓整合思维，就是把公司最核心的产品有机地融合到一起，使其成为围绕一个清晰品牌目标的产品群，从而让品牌能够长盛不衰，在用户心中形成持续不断的价值认知。

比如，亚马逊从图书品类起家，经过商品不断丰富，变成了全球最大的电子商务平台。很多用户要买书首先想到的就是亚马逊，所以亚马逊就把“找书”这个品牌认知拓展到了 Kindle 上。在 Kindle 上，用户不但可以找书，而且可以随时随地阅读电子书，同时亚马逊逐渐搭建了自己的内容生态，从图书发展到音乐、电影、娱乐等内容，形成了“硬件+内容+应用”的产品矩阵。同样成功的还有苹果的 iPod、iPhone 的 App Store，它们都是以单点为突破口，利用整合思维，逐渐发展成一个闭环生态。

再比如，滴滴最开始只是希望用户能够在 5 分钟内打到车，解决用户打车难和车辆没有载客空跑的问题。随着用户不断增加，滴滴开始调整策略，希望解决用户出行的问题，这样就把整个产品矩阵扩大了。用户出行的问题包括了远途的租车、短途的用车需求，所以滴滴推出了快车、顺风车、分时共享租车；同时，滴滴为了满足不同层级的用户需求，推出了舒适型的私家车服务、豪华型的商务专车服务等产品服务，后来还衍生出港澳租车、共享单车等服务，这些产品整合到一起就完美地解决了用户每一个“出行场景”的需求，不但帮滴滴建立了强大的用户认知，也为滴滴修建了一条很深的“护城河”。其他竞争对手再通过补贴的形式挑战滴滴，也都没办法撼动滴滴的市场位置，虽然这个产品矩阵的表面特征很简单、很容易模仿，但是它背后的车主管理体系、车辆调度算法、定价策略、用户使用习惯等是没办法模仿的。这一点可以从竞争对手的角度观察，专车市场有曹操专车、神州专车、易到用车等，出租车市场有嘀嗒打车、万顺叫车、美团打车，这些竞争对手都没有办法靠单一的产品特性或者营销手段打破滴滴的产品矩阵，这就是滴滴产品成功整合的力量。

腾讯公司的使命是通过互联网服务提升人类的生活品质，使产品和服务像水和电一样融入人们的生活，为人们带来便捷和愉悦，也正是受这样的使命感驱使，腾讯才以 QQ+微信为纽带，连接用户，连接各种应用，连接外部平台、产品，最终形成了“连接一切”的生态。有时，整合思维是需要动态考虑的，而不是坐在办公室里畅想未来，规划一个百年以后的互联网产品。整合思维从核心产品出发，不断叠加价值，不断迭代产品，通过连接用户场景，重新构造价值，重新传递价值，建立产品矩阵，用协同效应影响用户。

6.2.5 模式识别

人们在观察事物或现象的时候，常常能够寻找规律或者找到它与其他事物或现象的不同之处，并根据一定的目的把各个相似但又不完全相同的事物或现象组成一类。这种认知方式就是模式识别。模式识别是人类的一项基本技能，在日常生活中，人们经常进行“模式识别”。模式识别是指对表征事物或现象的各种形式的（数值的、文字的和逻辑关系的）信息进行处理和分析，以对事物或现象进行描述、辨认、分类和解释的过程。

比如，数字“8”可以有各种写法（如图 6-2 所示），但都属于同一个类别。更重要的是，我们虽然以前没有见过某种写法的“8”，但是能把它分到“8”所属的类别中。人脑的这种思维能力就构成了“模式”的概念。

图 6-2 各种形态的数字 8

产品经理要锻炼模式识别的能力，腾讯对产品经理能力要求中有一个重要的要求就是产品经理要非常热爱互联网、热爱产品经理这个岗位，要对所有产品都有好奇心。正是基于这点，产品经理要修炼“火眼金睛”的本领，要能够看透产品的本来面貌，洞察商业模式。

比如，20 世纪 80 年代，美国亚利桑那州有一个非常普通的录像带出租店，但是店里面有一个不普通的员工叫泰德，顾客每次在租完录像带以后都不肯走，非要和泰德聊上几句，甚至有时候要排长队等待和他聊天。顾客会告诉泰德自己喜欢看哪部影片，然后泰德就会告诉这位顾客他可能还会喜欢其他哪几部电影。这可能是最早的电影推荐引擎，而且还是人工的。

这位泰德现在是 Netflix 的首席内容官，泰德当年在录像带出租店把能看的电影都看了，并且他理解电影，理解导演和演员，他自己就是观众。他练就的本领就是看一眼电影，就知道英雄故事的模式，就知道观众熟悉的套路，就知道流行元素是怎么在场景中体现的，这就是模式识别。

产品经理首先要练习提取原型，不但要见多识广，而且还要能从中提取模式原型。比如，你要面试一个产品助理，所谓的“原型”就是在你心目中产品助理应该有哪些特征。你可能要求优秀的产品助理必须思路清晰、聪明能干，必须表达能力优秀，必须具备竞品分析的能力等，然而这些能力都不太容易被量化，都无法准确判断，你在面试时可能还会小心翼翼，就怕错过优秀的苗子。但是如果你经验丰富，见过很多毕业生、很多产品助理，他们中既有成功的又有失败的，你就会知道很多原型特征，会产生很多联想，会做比较。这会对你评估这个候选人有帮助。

产品经理其次需要练习建立范例库。还以招聘为例，如果你经验丰富，这时进来一个面试者，你和他聊 5 分钟，你就能够大概判断出这个人是行还是不行，为什么呢？因为你把之前和你合作过的每一个人都总结成了范例，当一个候选人进来时，你就开始快速地搜索范例，看看这个人和之前的哪个人比较像，从各个方面比较，而且不是和一个人比较，你甚至可能创造出一个新的范例，你知道的范例越多，你的识别能力就越强，识别速度就越快。

再举个例子，有些成功的商人在走进市场后，一看到今天的鸡蛋很贵，他马上就能联想到是不是哪里出现了禽流感，或者在上游市场中哪里有波动，过去有没有出现过类似的情况，是不是临近春节菜价整体上涨。这个商人就是通过这样一系列的问题判断是否有商机。这种联想判断的方式就是最简单的模式识别。同样，产品经理也要有这种敏感度，如果让你做一个社交产品或者让你分析一个社交产品，那么你应该能够马上列出优秀的社交产品具备哪些特征、社交产品都有哪些范例。如图 6-3 所示，2019 年 1 月，几个公司集中推出了几款社交软件，都希望能够打破微信的垄断地位，但是并不容易。为什么打破微信垄断地位不容易呢？因为你心里有社交软件的范例库，你知道要从哪些维度判断一个新的产品。

产品经理尤其需要建立自己的模式范例库，要能够有对商业模式、赢利模式、用户服务方式、产品服务特征等多个维度的判断标准，要有属于自己的思考模型。这样才能在经验积累的基础上建立自己的一套方法论。

图 6-3　2019 年新推出的几款社交软件

6.2.6　产品经理的高效能

很多产品经理在日常工作中都喜欢做时间管理、喜欢列清单、喜欢用番茄工作法，在读书时喜欢快速阅读，在做事情时喜欢先分清楚重要和紧急程度。这里不是说这些方法错误，而是说如此在意外部的方法和系统就好像整个人被这些方法驯化了，完全被奴役了。

做时间管理不是目的，我们更应该关注如何保持良好的状态、如何集中注意力，时间再怎么管理也不可能是每天 25 小时。

列清单也不是目的，我们更应该关注完成了哪些工作、哪些工作必须要完成，要做最值得做的事情，而不是把整个清单都完成。

快速阅读更不是目的，我们没有必要和时间赛跑，也不会以读书数量取胜于其他人，我们要关注掌握了多少知识、内化了多少知识。再快速的读书也只是理解了一本书，也只是理解了作者已经掌握的知识，我们是读给自己的，不是为了画一个思维导图，不是为了拆解书中的概念，学以致用才是我们的目标。

在 2015 年一次活动中，记者采访特斯拉的创始人埃隆·马斯克，问马斯克："你认为给你的生活产生最大积极影响的日常活动是什么？"对于这个问题，马斯克的回答是："淋浴"。在另一次采访中，马斯克承认，他自己的那些最好的想法通常都是在淋浴的时候产生的："这听起来很陈词滥调，但确实如此。"马斯克认为之所以在淋浴的时候能够更高效地产生灵感，原因在于：你的大脑已经运转了一整个晚上，试图在后台想出解决方案。早上起床后需要几分钟的时间将大脑开关"打开"，而这可以在淋浴的时候发生，这有助于你更清晰地看到挑战。

淋浴还为马斯克提供了一段安静的时间让他的大脑恢复活力，他可以用这段时间规划接下来一天要做的事情或者思考在接下来一天里他可能面临的问题的解决方案。

产品经理要学会做减法，学会每天从最重要的事情开始做。我们要追求效果，而不要追求效率，没有效果的工作再有效率也是徒劳的。通用电气 CEO 杰克·韦尔奇有一次在美国做巡讲，在演讲完后有个人很激动地问了杰克·韦尔奇一个问题："杰克·韦尔奇先生，我曾经多次创业都失败了，现在欠了很多债，请问有什么办法能够让我的公司起死回生吗？"杰克·韦尔奇只说了一句话"每天必须坚持完成 6 件事"。后来，这个人就按照这种方法，每天给自己安排 6 件事，而且做到"日清"，做完这 6 件事就下班回家。三年以后，他的公司成功上市了。这非常符合我们常说的 20/80 原则，我们一定要把最好的精力留给每天最重要的事情。

产品经理还要有一个自己的反馈循环系统，要不断地思考已经做过的事情，以及如何才能将这些事情做得更好。产品经理每次都要问自己这么做能否对达到目标有帮助，是不是在主要流程上发力，是不是能够提供足够的驱动力，既要考虑如何正确地做事情，又要考虑做正确的事情。每天不断地问自己有以下三个好处：

（1）可以不断地纠偏，避免在最开始时就把方向搞错了，哪怕只是偏移 5°，最终都可能越走越远。

（2）可以不断地追求卓越，每天都问自己是否已经尽力了，是否还能把事情做得更好，这是一种复盘。

（3）可以不断地确定自己的位置，查看与目标的距离。不管路程有多远，只要在路上，到达目标就只是时间问题。

普通人通常都受不了重复地问，都不能坚持探究问题的本源，因为本源并不容易找到，并且探究问题的本源是非常乏味无趣的。如果再加上其他人的反馈，甚至不认同、嘲讽，那么是非常容易失去目标，导致整个工作都混乱不堪的。产品经理的高效能就体现在如何能够更高质量地做正确的事情，这不仅要刻意练习，还要相信“笨功夫”，相信坚持的力量。

6.2.7 产品经理常犯的错误

产品经理是一个非常有挑战性的职业，比运动员要更难。运动员每天都要坚持训练，调整自己的状态，刻苦训练 10 年，可能就是为了参加一次世界锦标赛或者奥运会。不管运动员在大赛中取得了什么样的成绩，他们可能在 30 岁左右就要考虑退役了。也就是说，一个运动员可能从 10 岁开始参加训练，经过 20 年的训练，在 30 岁的时候退役。在这 20 年里运动员不用保证每天都处于最佳状态，需要有一个训练周期调整到最佳状态去参加世界大赛。可是，产品经理就不一样了，产品经理没有系统性的训练，也没有人监督你每天练习，但是任何一个公司的老板都希望你每天都处于最佳的状态，而这个状态至少要保持 30 年。

在每天的工作中，产品经理需要有超强的自我管理能力，但是大多数产品经理经常会犯一些错误，下面简单举例说明。

1. 幸存者偏差

创业成功者就像幸存者，其实失败者比成功者多得多，所以不要迷恋成功者的传记，成功者没有受到挑战的问题可能更值得思考，因为你不一定有一样的好运气。别人能成功创业，你不一定也可以成功创业。产品经理也一样，做出微信的产品经理并一定做什么产品都是最优秀的。虽然别人能做出一款优秀的产品，但是你去做同类型的产品可能不会成功。

2. 缺少元认知

很多人都不知道自己不行，都认为自己还可以、还不错，大多数时候会系统性地高估自己的学识和能力。借用李笑来老师爱说的一个心理学名词，那就是元认知（metacognition）。元认知是指对认知的认知，即知道自己是知道还是不知道。

3. 舍不得沉没成本

我们去电影院看电影，当发现是烂片时却舍不得起身离开电影院，这样做只会让你赔进更多时间，做产品也一样，当发现产品的新特性有问题时，就应该马上调整，不要再纠结于这个功能开发了三个月时间，我们再等等，再观察一下。

4. 功能太完美了，舍不得删掉

很多时候，如果你舍得删掉文章中好看但没用的句子，你就一定能写出好文章，做产品也是同样的道理。产品经理要时刻提防自我陶醉、自我欣赏，对自己的产品规划没有目标。你如果舍得删掉看上去很有创意，但是并没有给用户提供价值的功能，可能就会做出好产品。比如，对于一个新闻阅读软件，你非要用户定制头像，还要让他们填写各种个人信息，甚至还要做一些每日签到打卡等功能，这些可能都是产品经理一厢情愿而已。

5. 沟通中缺乏数据力

产品经理在与其他同事沟通谈话时，要注意多使用数据。比如，你要推出一款新的产品，你一定要介绍这个产品大概的用户量、收入预估、成本预估等，不能简单地说即将推出一款比竞争对手好的产品、用户喜欢的产品，描述不能有太多形容词或副词。只有把一些含糊不清的概念用数据代替，才会更有说服力。

产品经理要掌握的数据力有三个重点：第一是学会用数据思考问题；第二是学会用数据制定目标；第三是提高数据分析能力。

你尤其要注重第二点。你首先要用数据思考问题，拆解你的目标。你要知道哪些数据可以代表完成了目标，哪些数据是考核业绩的关键指标。同时，你如果能够用数据制定目标，那么说明你大概清楚了如何完成目标，你已经预估了自己能够做到什么程度，你知道做哪些动作对完成目标更有帮助。这就是数据力，在职场中不是让你学会统计数据，而是你要知道数据背后的含义。

6. 产品经理的创意

很多初级产品经理都会犯这个错误，他们误认为产品规划就是发挥创意的工作，一定要想一个别人都没有想到的点子，或者一定要做一个和竞争对手不一样的功能。他们可能受到了所谓的“痛点、痒点、爽点”的影响，一定要找到一片蓝海，一定要解决某个痛点。所以，他们做出来的产品经常是给用户提供一大堆功能。2018 年 12 月，某聊天软件的产品经理在新闻发布会上重点讲述了他们新设计的产品具有哪些微信没有的功能，如图 6-4 所示。在看了这个新闻发布会后，作为用户的我，感受到最多的信息是功能，但是没有觉得它为用户提供了太多价

值。如果从用户角度来看一款聊天软件，图 6-4 所示的功能用户不一定每天都会用，并且也不一定因为某聊天软件有这些功能，就抛弃原来的聊天软件、原来已经建立的好友关系、原来已经存在的聊天记录，甚至像微信朋友圈一样的生活记录。所以，产品经理做了创新的产品功能不代表产品就有了竞争力，产品经理做了竞争对手的产品没有的功能不代表就可以取代竞争对手的产品。用户最终还是要选择一个为自己提供价值的产品。

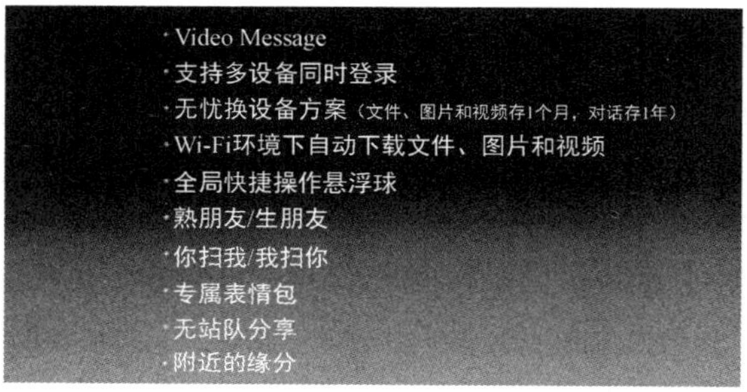

图 6-4　某聊天软件的功能介绍

产品经理的工作需要创造力，需要实现符合用户需求的想法，既不是为了追求不一样的创意，又不是为了创造更多的概念，而是踏踏实实地把符合用户需求、符合商业逻辑的产品做出来。任何想依靠某些创意、某些特点打败别人的行为，可能都是片面的。

创新并不一定要刻意，创意也不是创新的源头。创新不是原因，而是结果；创新不是源头，而是产物。互联网越来越像大自然，追求的不是简单的增长，而是跃迁和进化。产品经理追求的是打造一个生物形态的系统，让产品自我迭代成长。

6.3 基本修养模型

一个好的商业产品经理应该有自己的基本修养，这是获得基本能力、练习思考方式的原动力，就像一个演员应该有自我修养一样。很多事情都是靠产品经理的内驱力完成的，而不是靠着领导管理你，靠着公司培训你，靠着老员工帮助你，一切都要靠自己的努力。

内驱力是产品经理基本修养重要的体现，也表现在一个产品经理的自制能力上，我们都听说过在谷歌可以带着宠物上班，每周有20%的时间可以自由支配，其他硅谷的公司也都有很宽松的工作环境。国内很多大的互联网公司也学习了这样的企业文化，比如有带薪年假、免费班车服务、弹性上下班制度、不打卡考勤、每年都可以出国旅游等福利待遇，其实公司给员工提供这么好的条件就是希望员工除了工作以外不用操心其他事情，希望员工发挥主动性，靠内驱力完成工作，靠内驱力成长。

良好的习惯也是产品经理的基本修养，比如，腾讯的产品经理形成了一个“10/100/1000法则”，意思是说产品经理每个月要做10个用户调查，关注100个用户博客，收集1000个用户体验反馈。这个方法看起来有些笨，但是很管用，这就是为了培养一个产品经理的工作习惯，产品经理可以不用机械化地追求完成上面的数字指标，坚持做下去，你得到的不仅仅是用户的反馈，不仅仅是对用户感知的能力，还得到了对用户的敬畏之心，笨办法的好处是不用思考投机取巧，让你能够脚踏实地地认真做产品，不用总想捷径，总期望能够弯道超车。

追求卓越也是产品经理的基本修养。谷歌非常喜欢招聘博士，用吴军老师的话说就是希望打造“谷歌制造”的高品质，就像手表行业的瑞士手表一样，成为行业的标杆。为什么非要招聘那么多博士呢？很多公司都认为本科生能做的事情，就没有必要多花钱招聘硕士，更何况招聘博士了，然而谷歌想的不一样，谷歌希望用一流的人才把二流项目做成一流。我想产品经理也要有这样追求卓越的修养，也要想可以在二流的公司里利用二流的资源把公司的项目做成一流。追求卓越不但是产品经理的信念，而且还可以驱动产品经理想更多的办法把产品做好，思考更多的办法将产品的各项指标提升百倍。追求卓越的思考力就是你的核心竞争力，做成一流项目的过程就是你能力的体现。

一个优秀的商业产品经理至少有三个东西是别人拿不走、学不会的。第一个是对商业的敏感度，这是天赋；第二个是对基本能力和基本思考模型的刻意练习，这是需要积累的；第三个是基本修养，这是一个人的品格。

2018年11月，美团高级副总裁王慧文在微信朋友圈晒出了一张邓宁-克鲁格心理效应的图，并写道：“有担当的管理者的一个重要责任就是把下属从愚昧之巅推向绝望之谷，至于他是否能爬到开悟之坡就看个人造化了。”于是，各大公司的CEO、管理者都默默地转发。

“邓宁-克鲁格心理效应”是20世纪90年代被发表的一个心理学实验结果，

这条曲线告诉我们学习知识的道路是很坎坷的。当你一知半解的时候，你根本不知道自己不知道，还以为自己已经很懂了。你必须先要经历一个自信心的低谷，才能走上真正的成长道路。当然，很多人会一蹶不振。邓宁-克鲁格心理效应想说明，那些能力差的人往往自我评估能力也很差。

不知道自己不知道是一个非常可怕的状态，你以为你自己很厉害了，那是因为你根本不知道什么叫厉害、什么叫不厉害，你要想知道什么是厉害，你首先要比较厉害才行。很多产品经理都有“迷之自信”，都认为自己的产品创意是举世无双的，能打败马化腾、马云，能颠覆微信等，这真的不是简单的吹牛，他真的不知道自己其实不行。越谦虚的人越容易进步，越骄傲的人越容易落后，越不知道自己能力的人就越不知道自己不知道。

6.3.1 广度，拓宽视野

一个人一生的时间是有限的，所以在时间长度之外我们要尽可能拓宽人生的广度来突破个人能力的边界。每个人在大学中学习的专业是固定的，在职场中工作的行业也是相对固定的，所以积累的经验是比较“窄”的，这些经验可能在非常窄的一个领域中帮助你走得更远，也就是让你在某个领域中更有深度。然而，世界纷纭精彩、领域众多，有非常多的你不了解、不熟悉的事情，如果你能够把关注点横向推广到广度，那么无论是在视野上的拓宽，还是在能力上的拓宽，对个人发展都是非常理想的事情。

产品经理要和各个部门的人打交道，协调各个部门资源，为了能够保证良好的沟通，必须要学会换位思考，而换位思考最重要的是知道对方想什么。所以，产品经理不但要会倾听、提问、思考对方的感受、不轻易批评等沟通技巧，而且要增加各种经验，也就是说要增加广度，当你拥有跟对方一样的经验时，你会更容易理解对方的处境，你会更具有同理心，也就能够做到换位思考了。增加广度对职场沟通也是有好处的。

产品经理平时可以多阅读一些其他领域的新闻，虽然看上去那些内容与自己当前的领域不相关，但是共同点肯定是有的。而且，产品经理可以从得出的共同点中找到一些值得借鉴的相关经验和办法。产品经理要用抽象的思想忽略一些细节的影响，找到共同点。

拓宽广度是需要时间积累的，不是一蹴而就的，而且拓宽广度有时候看上去是杂乱无章的，广度的积累很容易在阅读数量以及阅读来源上得到满足，有些人关注了很多公众号，定期看科技类网站新闻，以为这就是拓宽广度了。他们很少总结复盘，很少对通过拓宽广度获得的内容进行梳理归类，最后不知道自己看了什么内容、对自己有什么帮助。

普通产品经理的成长曲线如图 6-5 所示，是对数增长的模型。比如，软件操作技巧、用户调研方法、问卷设计、产品文档编写、交互图设计等技能在初期进步很快，但是到了后期进步越来越慢，最后甚至进入了平台期，哪怕你付出极大的努力，可能也只获得了一点点突破。就像你要减肥一样，一开始无论是控制饮食，还是跑步健身，效果都非常明显，但是越往后越困难，甚至体重不反弹就是胜利。有许多例子符合这类模型：进行一般的体育运动、减肥、学习一门新语言、掌握一门复杂的技能等。

优秀的商业产品经理可能是另外一个成长路线，如图 6-6 所示，属于指数增长。其实，很多产品的收入数据增长可能也是指数增长，一开始没有明显的进步，但是随着用户越来越多，形成了网络效应，到后期自然增长效果就非常显著了。比如，你写博客或者写微信公众号文章，在刚开始时没有粉丝、没有流量，但是随着你越写越多，粉丝越来越多，你就吸引了越来越多的读者，就有越来越多的机会得到口碑传播。

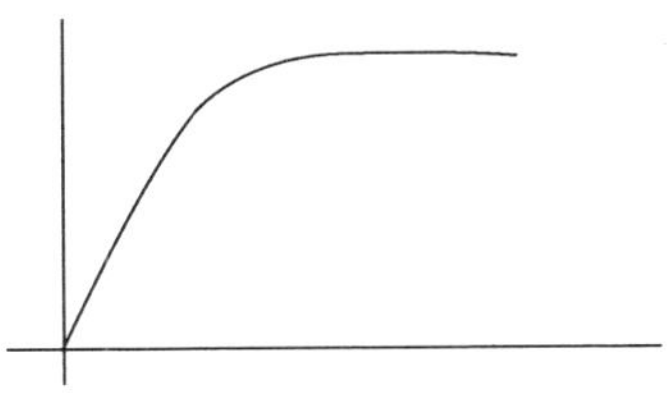

图 6-5 对数增长模型

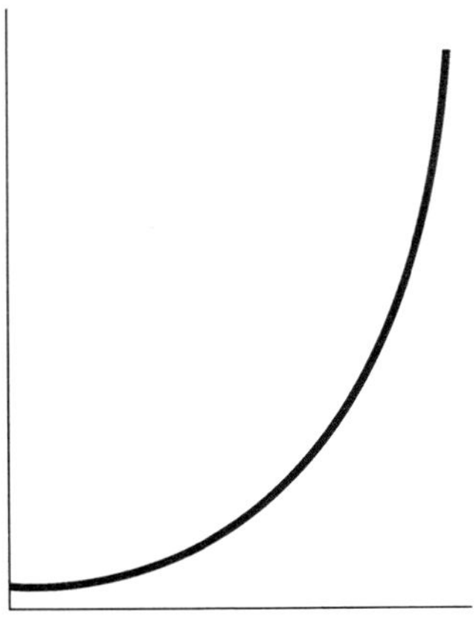

图 6-6 指数增长模型

对数增长需要产品经理每天都持续投入，每天都努力保持巅峰的状态。一个人要想达到可以用流利的英语进行演讲的程度，他就必须努力，日常的练习是必需的，没有所谓的一个“突变”时刻。一个成功的产品经理平时一定要有广度的积累，一定不会突然某一天就醍醐灌顶、茅塞顿开，一定是因为见多识广，所以才能融会贯通。

广度是一种柔韧且持久的思维模式，是产品经理能够开启指数成长路线的关键。产品经理在刚开始关注各种新闻、跟踪各个行业时，可能会感觉能力进步会比较慢，但是在建立了丰富的范例库后，就可以进行模式识别了，看得越多，联想能力就越强，总能想到好办法，总能从其他领域中借鉴到先进的经验。

6.3.2 深度，持续挖井

图 6-7 是一幅漫画，题为《挖井》，是 1983 年的中国高考作文题目。很多人一看图就能明白其中的道理。一个人要有成就，需要有深度，需要持之以恒的深挖。

图 6-7 漫画《挖井》

道理很多人可能都懂，但是真正做到深度思考，对自己工作的领域深度研究的人就少之又少了。现在是移动互联网的时代，移动互联网带给大多数人的好处如下：

（1）人人都有一个像电脑一样的手机。

（2）每个人的手机都实时在线，并且差不多每隔 6 分钟就要点亮一下屏幕。

（3）获取信息的速度远远高于过去。

然而，移动互联网也给我们带来了坏处，当我们一直在顺应“碎片化学习的潮流”时，一直在学习各种令人目不暇接的知识付费内容时，一直在关注各个公知大咖的言论时，我们可能没有想过通过碎片化的学习能不能帮助我们形成自己的知识体系。

我小时候很喜欢在海边捡贝壳，把各种漂亮的贝壳、海螺都装到罐子里，可是几天后发现捡到的只是一些普通的碎片，不能串成一条好看的项链。同样，我们在碎片化的学习过程中学到了很多碎片化的知识，如果我们不能刨根问底，不能深度思考，那么我们最多只是积累了很多可以用来吹牛的“概念”，可以写在总结报告和汇报报告上的标题而已，可能过一段时间就忘记了。

怎样做才算深度思考？

拆书画思维导图、听笔记画思维导图算深度思考吗？

10 000 小时的刻意练习算深度思考吗？

找到一个异于他人的答案算深度思考吗？

这几个都不算深度思考，都只是某个工具、某种方法，有些不负责任的公知过分夸大方法的价值来牟取暴利，引得一众小粉丝纷纷付费。我认为深度就是不断逼近问题本质的思考，追求深度是一个思考的过程，而不是掌握画思维导图的方法。很多时候我们无法做到在第一次对某问题进行思考时就发现本质，我们需要在一次次地自我追问与深度思考后，慢慢接近它的本质，直到有一天才能触及它的本质，并将它言简意赅地表达出来，这个过程才是深度挖掘的过程。

比如，“财富自由”是什么？清晰地说出它的本质仅靠一次深度思考是不能做到的。再比如，“什么是好的社交产品”，可能仁者见仁，智者见智，但是对于你自己来说，有没有能够支撑流行概念的基石、有没有自己完整的思考模型、有没有做过深度研究就显得非常重要了。深度思考是非常有价值的，你通过深度思考得出的结论，一方面是思考成果的价值，另一方面也是区别于其他人的竞争力价值。

一个经常深度观察、深度思考的人看问题一定是全面的，阐述问题的语言一定是凝练的，解决问题的思路一定是系统化的。深度思考的人通常有下面两种表现：

1. 能够通俗易懂地打比方

著名商业咨询顾问刘润曾说“所谓洞察本质，就是会打比方。”只有在洞察事物的本质后，你才会找到大家所熟知的事物，才能打一个通俗易懂的比方。

比如，现在小米公司已经发展成最热门的物联网设备生产运营公司，生产了很多与智能家居相关的设备，如电视机、路由器、智能门锁、智能窗帘、扫地机器人、空气净化器、智能开关、智能摄像头等，它们都可以用一个 App 控制。这个 App 相当于所有小米家居产品的遥控器。于是，这个遥控器就变成了一个非常大的入口。这个生意就可以打比方为“遥控器电商”。如图 6-8 所示，你可以通过米家 App 进行智能化定制操作。

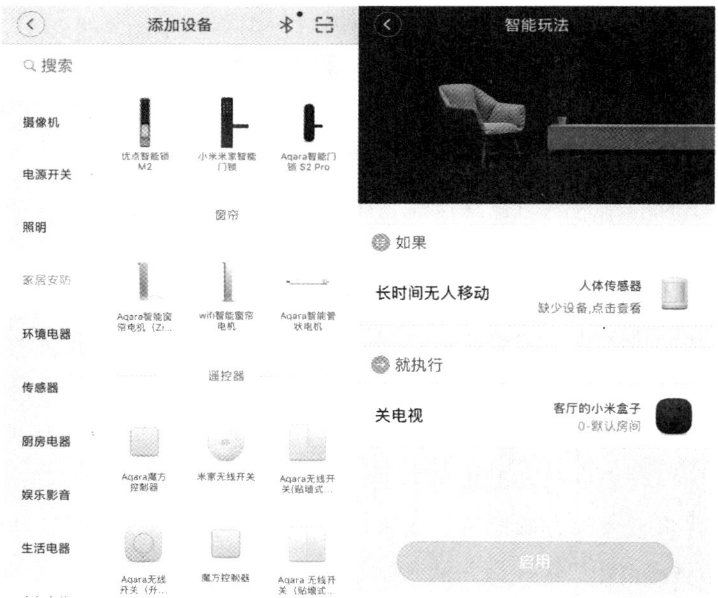

图 6-8　米家 App 示意图

下面我用 200 个字描述这个入口到底可以创造什么价值。

比如，你家的空气净化器的滤芯需要更换了或者扫地机器人的刷子需要更换了，App 会实时提醒你，你可以直接在 App 上面一键购买。如果将来你买了小米智能冰箱，App 可能还可以帮你订鸡蛋、订牛奶等。你使用这个“遥控器”可以产生很多购买行为。

小米高级副总裁刘德用 5 个字“遥控器电商”就讲清楚了，还特别透彻和形象。他就是深刻洞察了这件事情的本质，然后关联到人们耳熟能详的东西上，让你更好、更快地理解。这是一种非常强大的能力。

2. 能理清楚概念与概念的关系

喜欢深度思考的人常会痴迷于一些重要概念的定义，对本质的追求就体现在能否精准地描述它。但是，很多人停止于某个概念，而没有思考概念之间的关系。

还以小米公司为例，2013 年小米开始搭建生态链，现在已经拥有了非常庞大的生态链企业群，截至 2017 年 7 月，已经投资了 89 家企业，目标是投资 100 家企业。小米如果只做一个产品，那么找一个靠谱的合作伙伴或者干脆投资甚至控股一个公司就行了，为什么要搭建生态链呢？我们小时候常听说“火车跑得快，全靠车头带”，整列火车的动力都来自车头。但是现在的动车组就不一样了，每节车厢都有自己的动力，也就是说，不管是 10 节车厢还是 100 节车厢，连在一起都能保持单节车厢的速度。而老式蒸汽火车的一个火车头带 10 节车厢和 100 节车厢的速度肯定是不一样的。

同样，你如果只是不停地做同一件事情，虽然看上去好像正在专攻某一个有深度的问题，但是没有关联到其他概念，没有绘制知识图谱，没有挖掘它们相互间的作用，那么最后很可能不能借力打力。深度挖掘势必会带来关注面收窄，如果不能把这种深度挖掘取得的成功应用起来，那么可能浪费了一半的价值。

缺乏深度思考的人，一般看到一件事只想到一件事，而不能发现背后隐藏的规律，就算通过 10 000 小时的刻意练习也不会成功，把简单的事情重复 10 000 小时没有意义，想要成为优秀的产品经理就需要做更有深度的思考。

6.3.3 高度，鹰的眼睛

在动物界中，老鹰是出了名的眼睛好，老鹰的视力范围为 36 公里，这整整是人类的六倍。产品经理最好也能有这样的能力，能够站得高、看得远，能够高瞻远瞩，看到产品的全貌，看到市场完整的竞争地图，能够从细节中抽离出来看到更高层面的本质。

"欲穷千里目，更上一层楼"，这是我们在很小的时候就会背诵的一首诗，就是告诉我们要获得更好的远见，就需要到达一定的高度。如果你在一栋大楼的一楼，那么推开窗户后你可以看到灌木丛和树木；如果你在 10 楼，那么推开窗户后你可以看到马路上的车辆和行人；如果你在 100 楼呢？在你推开窗户后，我相信你能看到哪一条路的车多、哪一条路的红绿灯规划得不合理。换句话说，当你有了高度的时候，你就会很自然地看到"策略层面"，看到的不再是很具体的细节，也不会被眼前的"繁华"所迷惑，你看到的更多的是事物本质。

我小时候养过可爱的仓鼠，仓鼠在轮子里不停地跑。在仓鼠的世界里，它可能玩得很开心。但是上升一个维度、上升一个高度看，仓鼠就是在重复、在原地打转。你也可以想想你每天的工作是真进步了，还是在重复、在原地打转。如果让你跳出来，站在更高的高度看，你要怎么做呢？

1. 归纳总结法

要做到有高度的第一种方法是学会归纳总结，你要经常总结在平时工作过程中遇到的问题，然后归纳这些问题的特征，抽象出本质问题，这就是有高度的问题了。

下面以招聘为例，李雷在工作 3 年以后成了团队骨干，领导最近安排李雷面试新的产品经理。但是 1 个月过去了，他还没有找到合适的人选，领导就问李雷："你觉得这些人怎么样？有没有一个可以胜任的？"如果领导问你这个问题，那么你会怎么回答呢？虽然李雷面试了十几个人，但是他很纠结，这些人的整体感觉还行，每个人都有特点。他不知道怎么评判，也不知道怎么表达自己的意见。

有高度的思考应该是这样的：

（1）在面试之前，思考一下面试的标准是什么。

（2）在面试之前，思考一下这个岗位的要求是什么，要求应聘者具备什么能力。

（3）在每次面试后，我们的问题可以分成哪些类型。

（4）在每次面试后，我们能把面试者分成几类。

这只是一个例子，可能还有很多问题，还有很多不同的维度。罗列这几个问题的目的是说明产品经理要多跳出面试过程的细节去思考，把面试十几个人的经验归纳总结，提炼出本质和规律。

同样，我们在日常工作中，可能每天都忙于项目版本的迭代，但是我们每天这样忙碌的重心是什么呢？我们忙碌的工作可以分成哪些类型呢？有没有规律可循呢？我们经常在忙于做自己所负责的事情，忙于解决眼前遇到的问题时，很可能一不留神就掉进了我们自己可以提前规避的坑里。其实，在这个环节中，我们可以给自己一定的时间进行高度思考，从源头上找到问题、解决问题，优化工作效率，避免频繁掉坑。

有人说工作比较忙，没有时间和精力进行思考。其实这两件事情并不矛盾，日常工作越忙，越要停下来思考。思考有高度的问题就是为了提高自己解决日常工作的效率。

2. 站在领导的角度思考

在一般情况下，你的领导的眼界都会比你高，他接收到的信息也会更全面，所以你站在领导的角度思考问题，就会慢慢地锻炼出高度思考的能力。当然，你也可以通过与业界的大咖学习交流，检查自己思考的问题是不是有高度的问题，在工作问题被解决后，可以多总结。

如果每个组员都忙于自己的项目任务，没有时间整理总结，很少交流，组内没有建立知识库，组员也找不到可以总结的知识点和想法，那么这个时候领导一般会思考哪些问题呢？

我想可能有以下几个问题：

（1）我们组到底在做什么事情？作为一个整体，我们组未来会有什么输出？

（2）如何向公司汇报我们组做的事情？我们组为公司创造了什么价值？

（3）项目重要的里程碑是什么？

（4）项目的风险是什么？

（5）组员的任务分配是否合理？有什么奖惩机制可以让组员产生荣誉感和内驱力？

（6）要如何引导组员思考、总结，并且互相分享经验？

（7）其他组正在做什么工作？他们的项目会对公司产生什么价值？

（8）怎样和其他组合作？

（9）都有哪些资源可以利用？如果遇到风险，那么可以从哪里获得帮助？

这只是一个例子，可能还有更多的问题，希望能帮助你学会换位思考，学会站在领导的角度思考问题，而不只是考虑项目的细节。这些问题看上去并没有直接解决细节的疑问，但是如果每个人都思考这些问题，那么每个人都自然而然地获得了驱动力，都可以总结复盘，原来遇到的细节问题可能就迎刃而解了。有高度的思考需要有更多的阅历、更高的认知、更多的知识去理解事物运行的规律。平时你要多归纳总结，多换位思考，多跳出细节看问题的本质，这样就会慢慢习得有高度的思考能力。

6.3.4 速度，加速升级

说到速度，在当下这个竞争激烈的社会中，谁不想比别人更优秀、更好呢，有些人甚至浮躁、焦虑，就怕落后于其他人，什么都希望速成，读书要十倍速快速阅读、听音频要两倍速、学编程软件想 21 天就精通，那么究竟有没有 “十天改变你能力的方法”“14 条制胜法宝”呢？答案是非常确定的，没有！学习一定没有捷径，所谓方法、技巧都是建立在努力和天赋之上的，不脚踏实地地做，讲求速度没有任何意义，这就是“欲速则不达”。产品经理追求的速度是相对速度，要和自己赛跑，要追求效果；产品经理追求的速度是提高有限时间的效率。

1. 时间是一种稀缺资源

产品经理愿意做时间管理是一件好事，说明心里有目标、有愿景，希望自己能够抓紧时间做更多事情，但是如果过分沉迷于方法和工具，就失去了意义。有时候产品经理在其他地方浪费的时间更多。比如为了寻找免费软件，可能花一天的时间在网上搜索、下载；为了得到某个公司的产品文档模板，花 30 分钟在微信群里发消息签到，发朋友圈传播；为了抢红包、抢电商平台特价商品，可能熬夜等待。浪费掉的这些时间远远比做时间管理节省出来的要多。

越追求节省时间，可能越想追求速成，越想早点得到结果，可能越希望不用思考，直接得到答案。在工作中本来就没有放之四海而皆准的金科玉律，更何况标准答案。当你把时间都浪费在寻找答案上，你可能会离成功越来越远。

每个人每天的时间都是 24 小时，管理得再好也不会增加。产品经理要管理的其实是如何在有限的时间内达到自己想要的效果。比如，你要学习打高尔夫球，制订了各种学习计划、练习计划，但是自己学习、训练的效果不一定好，不如花点时间找一个高级教练，然后认真地和教练学习，这样会少走很多弯路，可以充分利用时间和资源。

在时间维度上，你要和自己赛跑，因为每一分每一秒都是你自己做出的选择。对于同样一小时，你可以选择看一个综艺节目，也可以选择学习。你自己设定了目标，设定了达到目标的期限，你就是在和这个期限赛跑。在设定的这段时间里，不管别人怎么做、做了什么，都与你无关。你只要看你是否超越了自己，是否比昨天更进步一些。

2. 每件事都记录

我在中考前复习的时候就用过把每件事情都记录的方法，当时把所有模拟考试卷子中做错的题都重新抄写一遍，再做一遍。这样做的好处是可以加强记忆。同样，在工作中我们也可以把每件事情都记录下来，尤其要记录我们遇到的困难，不然这一次侥幸解决了困难，但是过一段时间就忘记了是如何解决的，如果再遇到同样的困难，就不一定还有好运气了。我们如果能够记录这些事情，就有了经验和传承，同时也做到了总结复盘，有可能改进我们原来的方法。

比如，产品经理经常用 Axure 做交互设计，但是有多少产品经理有自己的控件库、组件库呢？是不是每一次画一个手机界面都要重新开始画或者画一个电商平台都要重新设计很多广告位的占位图片呢？如果你还是在简单的初级问题上重复劳动，那么真的需要好好思考一下如何提升能力了。

每个人都想晋升为一流人才，甚至顶级人才，但是当你处于低层次的时候，你的思维会被限制，你无法看到更多的可能性，经常抱怨不得意，其实是因为你不知道自己想要什么、不知道自己不知道，好不容易醒悟了，可能又急于求成，迷失在追求速度的过程中，忽视了核心目的。

愿你从今天开始，重新定义自己的职业生涯，做一个优秀的商业产品经理！

这个过程可能会很困难，不会一蹴而就，也许需要你花费 1 年的时间，然而你千万不要放弃，要努力探寻。

第 7 章 商业产品经理的“野外拓展训练”

一个优秀的商业产品经理不但在能力、思考模型、个人素养上需要修炼，而且要掌握更多的知识、更新自己的认知库，在本章中我会介绍 10 个产品经理基本能力之外的知识点，帮助你提升综合能力。

7.1 底层技术理解——大数据

大数据是近几年比较火热的概念，随着云计算、人工智能、算法等技术应用越来越广泛，大数据的价值也被慢慢放大。好像如果不理解大数据就没办法做好互联网产品。什么是大数据呢？

大数据就是一种大到无法用传统软件处理的数据，在获取、存储、管理、分析方面远远超出了传统数据库软件工具的能力范围，是具有海量的数据规模、高速的数据流转、多样的数据类型的数据。沃尔玛的客户结账系统每小时产生超过 2.5PB 的数据。沃尔玛每小时产生的数据用 A4 纸打印出来可以填满 2000 万个 1800mm×900mm×400mm 的文件柜。显然，对于这样的数据，我们必须使用特殊的技术传输、存储、访问和处理，否则会使计算机服务器停止运行。

7.1.1 大数据与商业智能

商业智能（Business Intelligence，BI）很早以前就被应用到各大公司，是用于帮助企业更好地利用数据提高决策质量的一种解决方案。在一般情况下，商业智能可以从大量的数据中进行数据挖掘，快速准确地提供报表并提出决策依据，回答业务发展上的某些问题，帮助公司做出明智的业务经营决策，解决管理运营战略的问题。常见的数据统计平台和展示平台都是商业智能的形式，图 7-1 所示为某商业智能平台的界面。

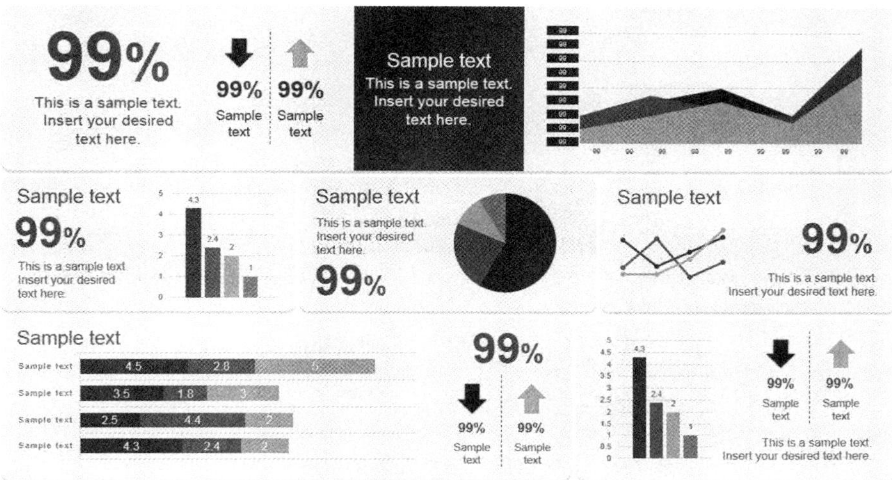

图 7-1　某商业智能平台的界面

大数据和商业智能有传承的关系，但是区别非常大。很多产品经理提到的大数据分析其实就是商业智能的一种，只是他们自己不知道这个概念而已。比如，最近电商平台上的商品销量一般，经过数据分析，我们发现用户的平均客单价是 110 元，需要给购买达到 70 元的用户发放优惠券，以刺激他们使用优惠券，从而提升客单价。这个过程就是商业智能的应用，而不是大数据的应用。再比如，阅读科技新闻的用户也会阅读军事新闻，于是你就增加了很多相关新闻的推荐链接，这可能是商业智能分析的相关性，也可能是大数据推荐算法的应用。

商业智能的应用更倾向于业务的决策，基于某个群体的共性，帮助决策者看到数据统计的趋势，适合回答经营、运营指标支撑类问题。而大数据的应用则内涵更广，倾向于刻画个体，更倾向于个性化的决策。图 7-2 描述了大数据应用和商业智能应用的区别。商业智能应用从具体的业务问题出发，通过技术手段获取数据、分析数据，得到决策依据；大数据应用则通过技术手段建立一个存储、优化和分析所有数据源的平台，探索值得回答的商业问题的相关数据。

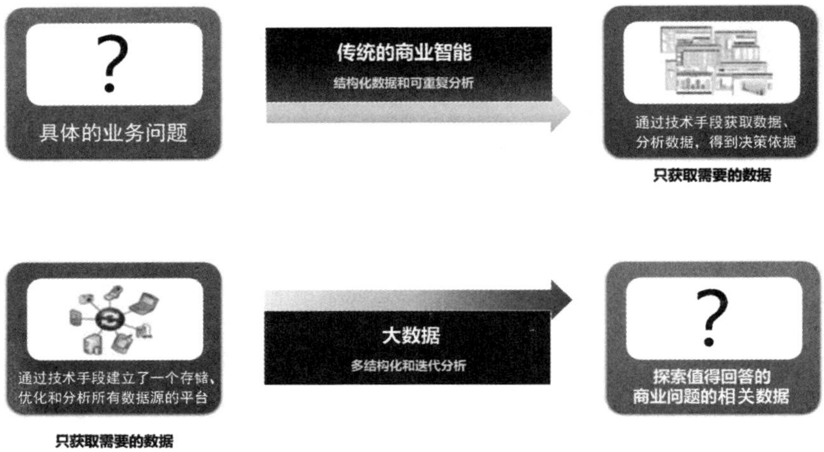

图 7-2　大数据应用与商业智能应用

大数据应用和商业智能应用的对比见表 7-1。

表 7-1　大数据应用与商业智能应用的对比

	商业智能应用	大数据应用
数据生态系统与组件	ERP 的数据库、数据仓库、数据看板等	Hadoop、Spark、Hive、HDFS 等
工具	工具可以帮助我们整理、分析和可视化数据，这些数据可以用于制定更好的业务决策，并提出良好的战略计划。比如，OLAP、Data Warehousing、Digital Dashboards and Data Mining、Microsoft Power BI、Google Analytics 等	工具或框架可以存储大量数据，并对其处理，以便从数据中获取洞察力，从而为业务做出正确的决策。比如，Hadoop、Spark、Hive、Cloudera Storm 等
收益	（1）有助于做出更好的业务决策。 （2）有助于获得更快、更准确的分析报告。 （3）提高数据质量。 （4）降低成本，增加收入。 （5）提高运营效率	（1）做出更好的决策。 （2）识别欺诈。 （3）存储、挖掘和分析数据。 （4）做出市场预测。 （5）改善服务。 （6）帮助实施新战略。 （7）跟上客户趋势。 （8）节约成本。 （9）获得更好的用户洞察，有助于增加收入
应用领域	社交媒体、医疗保健业、游戏产业、食品工业等	银行业、娱乐业和社交媒体、医疗保健业、零售业和批发业等

7.1.2 大数据的应用

随着人们可以访问各种数字设备，大量数据的产生是不可避免的，如图 7-3 所示。用户通过移动互联网，使用了音乐、影视、娱乐、新闻、聊天、日历、地图、导航等 App，每一分钟都在产生数据，相信在未来物联网时代每一秒都会产生更多数据。现在，大数据的应用领域已经比较广泛了，比如大健康产业（包括诊疗辅助、慢性病管理等）、天气预报、气象灾害预警、城市交通规划。

图 7-3 移动互联网时代用户随时随地产生数据

以优步为例，优步每天都会生成大量与驾驶员、车辆、位置等有关的数据，对这些数据进行分析，然后用于预测车辆供应、用户需求、位置信息，为每次行程设定司机和车费，帮助用户做出明智的决定。

再比如，音乐平台 Spotify 从全球所有用户中收集数据，然后使用分析过的数据为每个用户提供音乐建议；同样，亚马逊的会员服务也会通过大数据分析为每一个用户在亚马逊网站中提供一站式的服务，提供了商品、视频、音乐和 Kindle 书籍的推荐。

再比如，Netflix 也是一个大数据应用的典范，它使用大数据分析定向广告投放问题。Netflix 公司拥有超过 1 亿个用户，每天都收集到大量数据，然后向每一位订阅者发送消息，建议用户观看下一部电影。Netflix 也通过大数据分析，成功拍出《纸牌屋》《女子监狱》这样的经典电视剧。

大数据已经成了重要的资源，甚至被称为“数字石油”，可见它的重要性。产品经理要能够理解这个底层技术，要能够从日常的数据分析中理解商业智能是如何应用的，并且要能够理解如何布局大数据、如何实施相关的技术，思考未来能够探索出哪些大数据的成功应用。

7.2 底层技术理解——推荐算法

算法是另一个很重要的底层技术，产品经理一定要有深入的研究。算法其实就是运用一些数学方法或计算机科学，通过一系列计算解决一类问题的明确规范。算法可以执行计算、数据处理和自动推理任务。

推荐系统或推荐平台、推荐引擎都是算法的应用，抖音就是利用推荐算法的一个互联网产品。推荐系统可以用于很多领域，包括电影、音乐、新闻、书籍阅读、广告、搜索查询、社交和电商产品。目前，在互联网上，算法在电商网站和新闻资讯网站中应用得最广泛，比如淘宝的推荐系统、今日头条的新闻推荐系统。当然，抖音也运用了很多推荐算法让用户增加停留时间。

推荐系统能够基于用户的历史数据预测用户是否喜欢某项目，对服务提供商和用户都是有益处的，降低了在线购物环境中查找和选择商品的交易成本。推荐系统也被证明可以用于改善用户的决策过程和质量。在电子商务网站中，推荐系统可以增加收入，因为它是销售更多产品的有效手段。

随着互联网的发展，信息爆炸已经成为常态，而且移动互联网还使得信息更加碎片化，这些都加剧了信息过载效应，也给人们识别有效信息、获取有效信息带来了困难，虽然有 Google、百度这样的搜索引擎，但是在很多领域中人们仍然无法高效找到最匹配的信息，所以推荐系统才有存在价值，才会有更多的人研究推荐算法。

7.2.1 基于历史数据的推荐算法

基于历史数据的推荐算法是给用户推荐一个他过去喜欢的类似产品的算法，如图 7-4 所示。比如，如果你喜欢电影《盗梦空间》，那么该算法将给你推荐属于同一类型的电影。再比如，你去年购买过某品牌手机，该算法可能会在你搜索手机时，继续给你推荐该品牌手机。这种算法的主要缺点是它仅限于给用户推荐相同类型的项目。它不太可能会给用户推荐他们过去没有购买过或喜欢过的产品。因此，如果用户过去只观看或喜欢动作片，那么系统将只推荐动作片。为了改进这种类型的系统，我们需要一种算法，它不仅可以根据内容推荐项目，还可以推荐用户的行为。

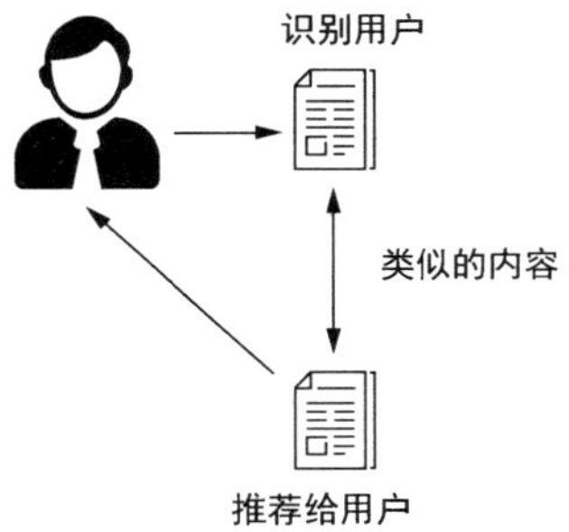

图 7-4　基于历史数据的推荐算法

7.2.2　用户与用户之间的协同过滤算法

这种算法首先要找到用户之间的相似性得分。然后，根据此相似性得分，推荐算法会挑选出最相似的用户，并推荐这些类似用户之前喜欢或购买过的产品，如图 7-5 所示。

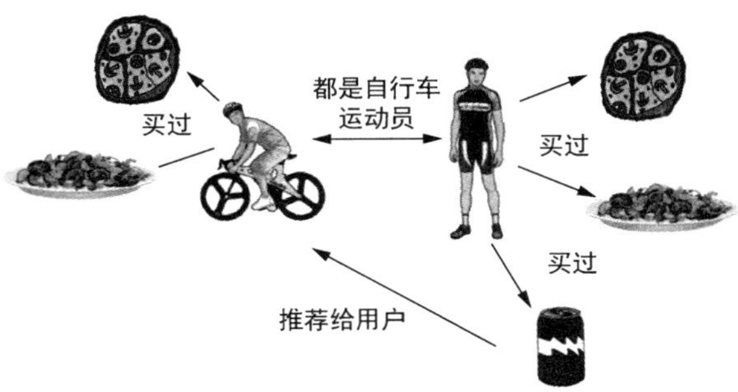

图 7-5　用户与用户之间的协同过滤算法

这种算法有时候非常耗时，因为它要计算每两个用户之间的相似性得分，然后进行推荐。比如，用户 A 和用户 C 之间的相似性得分大于用户 B 和用户 C 之间的相似性得分。因为用户 A 和用户 C 具有更多相似性，所以用户 A 喜欢的电影将被推荐给用户 C，反之亦然。要想解决这个庞大的计算量问题，解决方法是仅选择少数相邻用户而不选择全部用户进行计算。

7.2.3 物品和物品之间的协同过滤算法

在此算法中，我们计算每对物品之间的相似性。物品可以是商品，也可以是某个元素，如图 7-6 所示。比如，我们找到每两个水果之间的相似性，分析用户过去购买过类似水果或浏览过类似水果的商品页面的行为数据，给第三个用户推荐他可能喜欢的类似水果。该算法的工作方式类似于用户与用户之间的协同过滤算法，只需稍加改动，不是采用“相邻用户”评级的加权和，而是采用“相邻物品”评级的加权和。

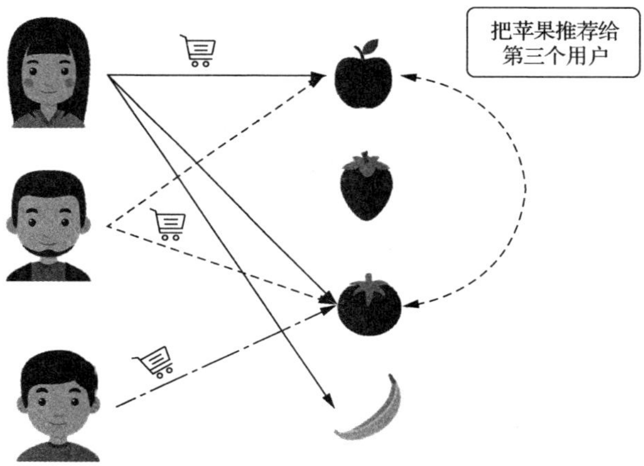

图 7-6 物品和物品之间的协同过滤算法

如果一个产品在发布后处于冷启动阶段，也就意味着在数据库中并没有太多的商品数据和用户行为数据的历史记录，因此系统不知道该用户的偏好，向该用户推荐产品变得更加困难。我们怎样才能解决这个问题呢？一种基本方法是应用基于流行度的策略，即推荐最受欢迎的产品。这可以通过最近整体或区域流行的内容确定。一旦我们了解了用户的偏好，给他推荐产品就会更容易。我们可以利用基于内容的过滤解决这个问题。系统首先使用新产品的内容作为建议，然后最终使用该产品的用户操作数据作为推荐的依据。

这种基于流行度的推荐策略可以帮助产品快速积累数据，提升物品和物品之间的协同过滤算法的有效性。此外，物品与物品之间的协同过滤算法也被广泛地应用在电商网站中，用于帮助用户搜索与他们的兴趣和偏好相关的数据记录。基于物品与物品之间的协同过滤算法做出的相关商品推荐系统也被定义为一种辅助和增强社交过程的手段。当没有足够的个人数据或替代方案经验时，协同过滤算法可以使用他人的建议做出选择。协同过滤算法是当下最成熟和最常用的。协同过滤算法通过识别具有相似品味的其他用户来推荐项目或者使用用户们的反馈意见向其他活跃用户推荐项目。

7.3 用户行为——行为经济学

2002 年，心理学家丹尼尔・卡尼曼被授予诺贝尔经济学奖，因为他将心理学研究中的见解融入了经济科学，特别是关于人类在不确定情况下的判断和决策行为。2017 年，经济学家理查德・泰勒因其对行为经济学的贡献，以及他在确立人们可以预见的非理性方面违背经济理论的开创性工作而被授予诺贝尔经济学奖。

行为经济学越来越被人们重视，行为经济学是研究心理、认知、情感、文化和社会因素对个人与机构经济决策的影响，并将之与传统经济学解释下的决策进行对比的学科。行为经济学也被应用于很多产品的营销策略，所以产品经理要学习它，要把行为经济学看成用户研究的新角度、新高度，并且能够在自己做的产品中使用行为经济学的相关策略。

下面介绍几个重点的行为经济学案例：

1. 相信大多数人的证明

人类使用心理捷径或经验法则做出 95%的决定。

用户经常会向其他人寻求有关购买什么或使用什么服务的帮助。用户征求其他人建议的行为，我们通常可以理解为“随大流”，这种行为其实是在遵守一定的社会规范的情况下，获得他人的认可。传统的口碑营销逐渐转到线上，比如，他们通过 Facebook 好友之间推荐完成选择。在 Yelp 上人们通过其他人的评论做出选择。在微信朋友圈、大众点评、小红书等平台上，很多用户都分享了经验，只要是大家都说好的产品，我们就可以试试。2017 年，一项互联网的调查报告指出，72%的用户表示在网上看到的积极正面的好评会使他们更信任一家餐厅，88%的人表示他们信任在线评论的推荐，就像相信他们的朋友推荐一样。

2. 损失厌恶

用户宁愿承担风险，也不愿意让自己受到损失。失去一种东西带来的痛苦程度是获得一种东西带来的快乐程度的两倍。产品经理可以通过一种方式宣传产品，以证明用户的购买行为可以帮助他们避免损失。

比如，“使用语音聊天为你赚 100 元！”的广告语就不如“使用语音聊天可以让你少花 100 元！”的广告语。再比如，你在路上捡到了 100 元，非常高兴，可是到家后发现那 100 元找不到了，从数学上来说没有任何损失，先加 100 再减 100 最终等于 0，但是估计你要郁闷一整天，因为丢失 100 元所带来的痛苦远远超过捡到 100 元所带来的欢乐。

3. 锚定效应

用户将在很大程度上依赖于外界提供的第一条信息，并将其用作其他决策的参考和基准，无论它是否有意义。

产品经理可以为一种选择提供高价格，通过使其他选择看起来更便宜以影响用户后续的购买行为。比如，一家网上服装店可以把一件原价 399 元的大衣的价格降低到 59 元，399 元就是锚点。用户觉得大衣原来的价格比较高，现在 59 元与原价相比更满意，这样就显得现在买这件大衣是很好的选择。

再比如，某品牌的红酒促销销售，在无限量购买的时候，用户平均购买 3.3 瓶；在限购 5 瓶的时候，用户平均购买 3.5 瓶，差距不大。但是当限购 12 瓶时，用户平均购买 7 瓶。12 瓶就是锚点，锚点的设定会让用户感觉占到了便宜。

一些二手车交易网站在二手车销售中会应用锚点效应，给买方设定一个调整后的初始价格，通常就给买方设定了一个参考框架。以这个数字为基础，买方认为低于该价格都是好价格，即使它高于他们在其他地方看到的价格。

4. 默认选项

人们都倾向于选择最简单的事情，以避免做复杂的决策。默认选项提供了认知捷径，同时人们不喜欢破坏现状，都认为自己已经知道的事情做起来会更容易，感觉更舒适。这使得选择默认选项成为人们做出的最重要的选择之一。如图 7-7 所示，很多软件都会提供一些默认选项做关联产品推广。

图 7-7　提供一些默认选项做关联产品推广

5. 选择超负荷

当你给用户提供太多选择时，用户可能会不堪重负，这些选择导致用户有了不切实际的期望，造成了用户决策瘫痪。比如，如果商场准备了 6 种口味的果酱，就会有 30%的用户购买果酱；如果商场准备了 24 种口味的果酱，反而只有 3%的用户会购买果酱。此外，当商场准备了 6 种口味的果酱时用户购物满意度要高于当商场准备了 24 种口味果酱时的购物满意度。所以，为用户提供更少的选择可以增加销售。

消费者在购物时的决策是不确定的，一个看似很小的障碍就可能阻止他们采取行动。这种阻碍也称为摩擦成本，这可能是因为可以选择的太多造成的，不要让消费者挑选太多颜色、样式、型号，以及各种套装、促销品、打折券等，越简单越好。所以，亚马逊的“一键购物”功能是将摩擦成本降至极致的一个例子。

行为经济学中的这些见解可以帮助产品经理洞察用户行为，帮助产品经理提出一些有创造性的产品设计。

7.4 用户行为——游戏化思维

游戏化思维也是产品经理在设计产品时重要的方法论，尤其在涉及会员体系、积分体系、奖励体系等产品规划时。使用游戏化思维设计的产品非常容易让用户上瘾，不但可以让用户在第一次接触产品的时候就留下一个好的印象，同时还能让用户经常获得成就感，保持用户对产品的喜欢程度，增加品牌认可度。下面简单介绍一下游戏化思维。

什么是游戏化思维？我理解为利用游戏机制和体验设计产品，然后通过数字化吸引和激励人们实现目标，以便提高用户参与度。游戏机制、体验设计、用户参与度、用户的驱动力是游戏化思维最重要的四点。常见的游戏化元素包括徽章、排行榜、积分或基于购买的奖励、社交互动和分享、成长记录。

图 7-8 是一款国外教育 App，充分利用了游戏化思维的设计。

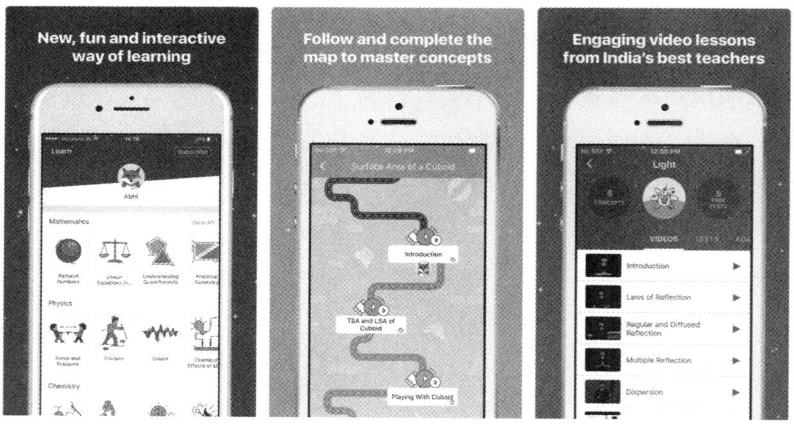

图 7-8　利用游戏化思维设计的国外教育 App

无论是小孩还是成年人都喜欢玩游戏，所以产品经理可以在设计产品时增加游戏的元素或游戏机制，让用户可以获得行动奖励，这些奖励是用户本能地被吸引的东西。游戏化思维是产品经理设计一款可以保持用户参与并让用户继续使用产品的关键方法。根据 2018 年的统计数据显示，下载移动手机应用并且主动关闭推送通知的人中有 95%将在 90 天内处于非活跃状态，利用游戏化思维设计的产品可以有效改善这种状况。

游戏化思维可以为产品设计和运营带来一系列好处，下面是最常见的几个好处：

（1）提高用户留存率，提升用户使用时间。

（2）通过口口相传和社交分享增加用户数量。

（3）提高品牌忠诚度和意识。

（4）让用户获得成长的参与感和成就感。

（5）更轻松地收集准确的用户数据，为企业提供高质量的见解。

下面简单介绍一下使用游戏化思维设计产品的五种玩法：

1. 进展与反馈

跟踪进度是一个常见的游戏化产品，这样的产品可以向用户展示从用户刚开始使用产品以来他们已经完成了哪些任务。产品可以鼓励用户的行为，用户也能看到自己完成某些任务的收获。这会让用户感到自豪，产品可以直观地向用户展示他们的成就，反馈用户的经历有助于他们继续前进，使他们更努力去实现目标。

2. 时间压力

时间压力可以通过为用户提供定时目标，使活动更有趣。这可以帮助用户专注于当前的活动，并确保他们在分配的时间段内完成项目。

3. 比赛压力

竞争可以使产品更有趣，并且具有社交属性。用户有动力完成任务或者希望获得的成绩比其他人更好，这都是比赛形式给产品带来的好处。但是，产品不应该一直使用竞争模式，长期竞争会使部分用户失去兴趣。从长期来看，用户与用户之间的竞争要达到平衡，以使用户处于平等的竞争环境中，不然新用户或者已经积累了很多优势的用户都可能觉得不平衡，从而对产品失去兴趣。

4. 创造挑战

挑战模式的产品可以通过激励用户完成目标来刺激用户使用产品，熟悉整个产品流程。挑战不应该太难或太容易。如果挑战太难，用户就可能会失败，但如果挑战太容易，用户就会对分配的任务感到厌倦。

5. 排行榜

排行榜也是非常常见的产品形式，排行榜直观地显示了用户在特定活动中的成绩，并且排行榜本身就带有竞争的意思，这有助于激励用户表现得更好。排行榜可用于用户行为、独立阅读、出勤或考试等场景。

7.5 产品增长——第一性原理

埃隆•马斯克在不同的领域中创新并建立了三家数十亿美元的公司——太阳城公司、特斯拉汽车公司和太空探索技术公司。在与 TED 策展人克里斯•坦森的一对一采访中，马斯克把他的成功归因于他的思考框架——第一性原理。

马斯克："嗯，我认为这是一个很好的思维框架。它是物理学概念第一原理推理。一般来说，我认为应该将事情归结为它们的基本事实，并从基本事实进行推理，而不是通过类比推理。在我们生命的大部分时间里，我们通过类比推理生活，这实际上意味着复制其他人做的微不足道的事情。"

通俗地说，第一性原理基本上就是你需要更积极地质疑你认为你对某个特定问题的每一个假设的做法，然后从头开始创造新的知识和解决方案。这非常像一个刚出生的婴儿。

2002 年，马斯克创办了太空探索技术公司。他希望发射火箭上天，但是他不是学习相关专业的，也没有相关工作经验。他在访问了世界各地的许多航空航天制造商之后，发现购买火箭的成本高达 6500 万美元。鉴于价格高昂，他开始重新思考这个问题。马斯克运用了物理学的第一性原理，而不是类比推理。马斯克问自己："什么是制造火箭的基本元件？"答案是航空航天级铝合金，再加上一些钛、铜和碳纤维。然后他又问自己："在市场上这些材料的价格是多少？"最终事实证明，马斯克没有购买成品火箭，而是决定自己创建公司，以便宜的价格购买原材料，并自己制造火箭，火箭的材料成本约为传统火箭价格的 2%。

作为产品经理，你在规划产品的时候，你是怎么想的呢？是参考竞争对手的产品，做一些类比推理？还是从事实出发，从用户最原始的行为出发，利用第一性原理找到用户原本的需求，而不是通过类比推理，不是通过看竞争对手的产品分析去做事情？

在人类的历史中，总有一些权威人士声称某个行业、某个商业模式、某个产品已经达到顶峰，它永远无法被改进，生产成本或运营成本没有办法更低。后来事实证明，大多数做出这类陈述的人都是错误的。马斯克认为从第一性原理来看，电池的材料成分是什么？电池的主要材料成分是碳、镍、铝和一些用于分离的聚合物和钢罐。这些材料的现货市场价格是多少？如果我们在伦敦金属交易所购买这些东西，那么会花费多少钱？

我们不要将已经存在的东西作为思考的基础，而要将问题分解为最基本的要素，并检查每一个部分。即使问题已经解决了，我们也要从问题的最基本要素开始，重新审视是否可能有更好的解决方案。

再举一个创业的例子：

李雷创建了一个网站，帮助用户以较低的价格购买新车，使用户免受经济紧张的困扰和价格谈判带来的痛苦。

如果使用类比推理的方法：李雷类比了购买房子，类比了购买手机，李雷会想新车可能需要从经销商处购买。那么该网站应该是一个信息展示网站，这个网站是所有经销商信息的集合，并且是有搜索功能的网站，这个网站只提供了在线沟通和在线购买的途径。最终，用户还是从经销商处购车，然后由经销商来提供相关的售后服务。

如果使用第一性原理的方法：李雷会思考用户想购买最便宜的新车，那么我需要提供最便宜的新车来源。我们自己制造汽车呢？好像不可以；我们直接从制造商处购买，完全绕过经销商，是否能够降低这个价格？

从上面这个例子中，我们能够看到，使用第一性原理思考问题，能够帮你找到正确的问题，找到最简洁的解决方案，甚至可能带来一些惊人的创新想法。缺点是，第一性原理的运用比通过类比推理要困难得多。一个问题变成了 100 个问题。但是，当你在做一件对你真正重要的事情时，这种辛苦的思考确实值得。

无论你在哪个领域中，真正创新的最简单方法就是从第一性原理出发。

7.6 产品增长——增长黑客

什么是增长黑客？

增长黑客是专注于增长战略的所有人，通常早期创业公司或团队需要在短期内用小预算实现大规模增长。从这个定义中，我们可以看到三个重点词“短期”“小预算”“大规模增长”。有时，增长黑客也被称为增长营销人员，但是增长黑客不仅仅是营销人员。参与产品或服务的任何人，包括产品经理和工程师，都可能成为增长黑客。增长策略不是普通的发展策略，也不是我们常说的一些促活、拉新的营销活动。增长策略可能通过一些创新的手段、创新的技术实现四两拨千斤的效果。

增长黑客最常使用的 AARRR 模型如图 7-9 所示。

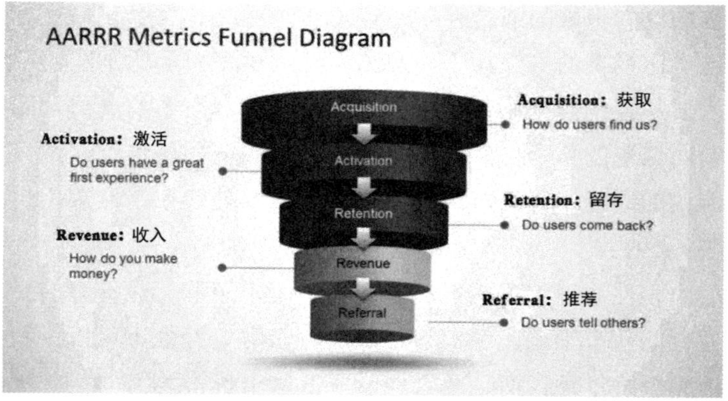

图 7-9 AARRR 模型

AARRR 中的字母分别代表获取、激活、留存、收入和推荐。AARRR 模型被广泛应用于互联网行业和零售行业，这些指标可以有效地衡量一个产品的增长，同时这些指标数据是比较简单且可操作的。AARRR 模型也被称为“海盗漏斗”，AARRR 模型提醒产品经理获得流量和访问者，将访问者转变为用户，并保留这些用户使之成为满意的客户。

实施增长策略的过程描述起来也比较简单，首先创建产品并进行测试，以确保人们想要这个产品，并愿意为此付费。这将有助于你收集数据，以便了解关键的付费用户行为，并实施相应的增长营销策略。然后，定期更新产品，并不断获得客户反馈，以便始终知道产品是否走在正确的轨道上。同时，推广产品以促进持续增长，并跟踪这些策略的实施结果。

产品经理要具备增长黑客的思维，不应该只关注与业务发展相关的战略和数据，要优先考虑和测试创新的增长战略，然后分析并测试什么样的方式是有效的。产品经理应该知道如何设定增长优先级、如何确定客户获取渠道、如何衡量成功和规模增长。

比如，Dropbox 是一家以创意增长黑客而闻名的公司。Dropbox 把新用户的入门流程做了游戏化设计，用户在完成任务后可以得到更多免费存储空间。这些看上去像打游戏闯关的任务，帮助 Dropbox 账户链接到 Twitter 和 Facebook，并在这些社交网站上共享有关 Dropbox 的信息。这是获得以指数方式增长新用户的免费方式。

如图 7-10 所示，Dropbox 添加了完成任务的激励措施，让用户更愿意使用 Dropbox 的服务，使用户更有可能坚持使用。Dropbox 现在拥有 5 亿个用户，因此增长黑客绝对有效！

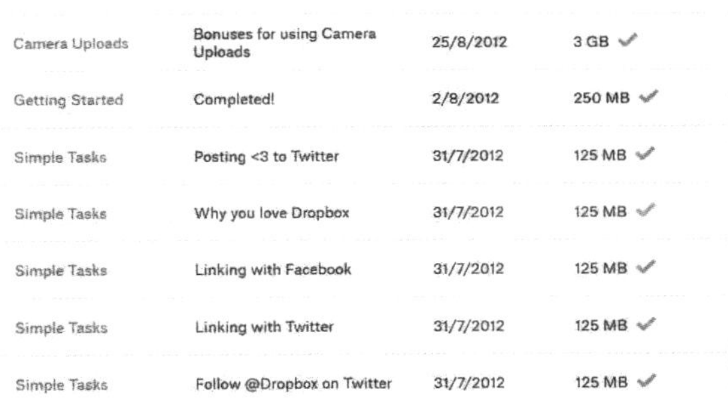

Camera Uploads	Bonuses for using Camera Uploads	25/8/2012	3 GB ✓
Getting Started	Completed!	2/8/2012	250 MB ✓
Simple Tasks	Posting <3 to Twitter	31/7/2012	125 MB ✓
Simple Tasks	Why you love Dropbox	31/7/2012	125 MB ✓
Simple Tasks	Linking with Facebook	31/7/2012	125 MB ✓
Simple Tasks	Linking with Twitter	31/7/2012	125 MB ✓
Simple Tasks	Follow @Dropbox on Twitter	31/7/2012	125 MB ✓

图 7-10　Dropbox 做任务送使用空间

7.7 财务能力——资产负债表

财务能力也是产品经理的重要技能，这并不是说产品经理要做财务工作，而是产品经理要能够理解财务，能够读懂财务报表的关键信息。在财务中最重要的三张表是资产负债表、利润表、现金流量表。下面我们就简单介绍一下资产负债表。

这个世界上很多事情都是有规律可循的，而且这些事情也都是透明的，都在用不同的语言传递信息，财务报表就是所有公司对内和对外通用的沟通语言。财务报表体现了公司的经营状况，反映了公司有多少负债、多少资产。资产负债表就像公司的照片一样，把某一时刻的公司状况拍照下来。如图 7-11 所示，一个标准的资产负债表被分成两侧(或部分)。资产负债表的左侧概述了公司的所有资产。资产负债表的右侧概述了公司的负债和股东权益。对于任何一方来说，主要项目通常都是按流动性分类的。更具流动性的资产（库存、现金和应付账款等）存放在非流动性资产（工厂、房地产、设备和长期债务等）之前。资产和负债也分为两类：流动资产/负债和非流动（长期）资产/负债。通俗地说，资产负债表的左侧是公司有多少资产，资产负债表的右侧是资产的来源是什么。

资产负债表显示公司的总资产，以及这些资产如何通过债务或股权融资。它也可以被称为净值声明或财务状况表。资产负债表基于以下基本等式：**资产=负债+权益。**

资产	行次	年初数/万元	期末数/万元	负债及股东权益	行次	年初数/万元	期末数/万元
流动资产：				流动负债：			
货币资金	1	500000.00	500000.00	短期负债	22	0.00	0.00
应收账款	2	0.00	0.00	应付账款	25	0.00	0.00
坏账准备	3	0.00	0.00	应交税金	23	0.00	0.00
应收账款净额	4	0.00	0.00				
存货	5	0.00	0.00				
流动资产合计	7	500000.00	500000.00	**流动负债合计**	28	0.00	0.00
固定资产：	10			所有者权益：			
固定资产原值	11	0.00	0.00	实收资本	29	500000.00	500000.00
累计折旧	12	0.00	0.00	盈余公积	30		
固定资产净值	15	0.00	0.00	未分配利润	31	0.00	0.00
固定资产合计	18	0.00	0.00	**所有者权益合计**	35	500000.00	500000.00
资产合计	20	500000.00	500000.00	**负债及股东权益合计**	40	500000.00	500000.00

图 7-11　资产负债表模板

公司每天都在花钱，如果购买了打印机、电脑、桌椅、板凳等，那么这些就是看得见的资产；如果把钱花到了水电费、工资、奖金里，那么这些就是费用。按照财务的准则，那些能够给企业带来价值、创造利益的经济资源就是资产。

什么是负债呢？通俗地说就是欠了别人的钱，将来是要还的。公司负债经营是非常普遍的现象。从财务角度看，资产负债率可以用来衡量公司的负债水平。

资产负债率是公司的负责总额与资产总额的比率。

下面再介绍几个资产负债表中常见的概念。

1. 现金和现金等价物

在所有资产中，最具流动性的现金都出现在资产负债表的第一行。现金等价物也归于此项目下，包括短期到期（三个月内）的资产或公司可在短时间内清算的资产，如有价证券、货币资金等。公司通常会在资产负债表的脚注中披露其中包含的等价物。

2. 应收账款

应收账款是指企业在正常的经营过程中因销售商品、提供劳务等业务，应向购买单位收取的款项，包括应由购买单位或接受劳务单位负担的税金、代替买方垫付的各种运杂费等。

应收账款是伴随企业的销售行为发生而形成的一项债权。因此，应收账款的确认与收入的确认密切相关。通常在确认收入的同时，确认应收账款。该账户按不同的购货或接受劳务的单位设置明细账户进行明细核算。

3. 无形资产

此项目包括公司的所有无形固定资产，这些资产可能是可识别的，也可能是不可识别的。可识别的无形资产包括专利、许可和秘密配方。不可识别的无形资产包括品牌和商誉。

4. 长期债务

长期债务是指需要支付利息、年期超过 1 年的贷款或财务责任。对公司的财务管理和破产财产管理而言，长期债务指因借款清偿各种流动债务、无担保债务和短期内即将到期的票据债务和证券债务而产生的新债务。

5. 股本

这是股东在公司投资的资金价值。当公司成立时，股东通常会提供现金。比如，投资者创办一家公司并投入 1000 万元的启动资金。现金（一项资产）增加 1000 万元，股本（股本账户）增加 1000 万元，平衡资产负债表。

6. 留存收益

这是公司决定保留的净收入总额。在每个时期，公司都可以从其净收入中支付股息。剩余（或超过）的任何金额都会添加到（扣除）留存收益中。

7.8 财务能力——如何读懂财报

如果资产负债表是企业的健康状况体检表，那么财报就可以比喻为企业向公众交出的成绩单、汇报工作的数据表。除了发布传统的财务报表之外，企业管理层也愿意承诺一些未来的业绩数字，比如明年业绩能达到多少亿元，利润能达到多少。公司的财报一般都可以在公司的官网上下载，一般在“投资者关系”一栏中可以找到。

一个公司的财报可以用于决策商业目标，同时也可以用于了解组织整体健康状况。财报只记录了财务数据，财报只有被分析和评估后，才能对投资者、股东、经理和其他相关方更有用。

常见的财务报表分析有两种方法：①横向分析。它以资金和百分比的形式比较两年或两年以上的财务数据。②垂直分析。资产负债表中每个类别的账户显示为总账户的百分比； 同时财报也显示了总账户变化的比率，计算了数据之间的统计关系。

分析公司的财务报表最重要的三个关键点如下：

（1）分析财务报表的结构。

（2）分析公司所在行业的经济特征。

（3）分析公司追求的战略、未来的产品布局、如何从竞争对手中脱颖而出。

下面介绍一下有效地分析财务报表的五个步骤，这是金融专业人士在评估公司及其财务报表时真正增加价值的一步，产品经理可以了解一下。

1. 确定行业经济特征

在此步骤中分析了公司产品和/或服务的创建、制造和分销的活动链。在此步骤中通常使用诸如波特五力分析模型等技术或经济属性分析。

2. 确定公司战略

查看公司提供的产品/服务的性质，包括产品的独特性、利润率水平、品牌忠诚度的创建和成本控制。此外，还应考虑供应链整合、地域多样化和行业多样化等因素。

3. 评估公司财务报表的质量

审查相关会计准则范围内的关键财务报表。在审查资产负债表时，识别、评估和分类等方法是正确评估问题的关键。评估损益表的重点是正确评估收益质量，收益质量是衡量公司收入表现的核心指标。对现金流表的评估有助于了解公司流动性状况，现金流表体现了公司的经营、投资和金融活动在统计周期的状况。通俗地说，现金流表体现了资金来自哪里，去了哪里，以及对公司的整体流动性有什么影响。

4. 分析当前的赢利能力和风险

此步骤最常见的分析包括资产流动性分析、资产管理能力分析、赢利能力分析、债务管理能力分析、债务覆盖范围和风险管理分析、与市场估值相关的财务指标分析。

5. 准备预测的财务报表

虽然对未来的预测是具有挑战性的，但是金融专业人士必须对公司（及其行业）的未来做出合理的假设，并确定这些假设将如何影响现金流和资金。

上面讲的财务分析方法有些专业，产品经理要了解，要能够站在财务的视角看公司。非财务专业人员能够读懂财报表示自己的能力更加全面。

7.9 团队管理——团队领导力

什么是领导力？我们都相信自己会成为一个优秀的领导者，会给团队带来价值，会带领团队取得更好的成绩。有些人的领导力是与生俱来的，他们非常富有激情、富有感染力；有些人的领导力来源于行动力，他们一直是所有人的楷模、榜样；有些人的领导力等于结果，他们总能取得满意的结果，不管是在顺境情况下还是在逆境情况下，总能从容对待；还有一些人的领导力就是灵感，他们总能带给团队新的想法、新的方向、新的思路。不知道你的领导力是什么？

下面介绍 10 个维度，帮你定义你的领导力。

1. 愿景

领导意味着有远见并与他人分享。只有当你激励他人时，你才有可能分享一个共同的目标，指导整个团队努力和奉献。你的愿景是什么？

2. 动机

领导者要知道如何驱动员工，找到更好的激励方式。要做到这一点需要懂一些人力资源知识和心理学知识。通过激励，领导者可以为员工提供能量，挖掘员工的潜力，以实现目标。

3. 服务意识

领导者要为团队服务，而不是团队为领导者服务。小组成员必须得到并且能够感受到领导者的支持，必须拥有完成工作所需的工具，必须能够感受到他们的努力是有人认可的，并且知道有人在关注他们，有人会帮助他们纠正不良习惯。这是为团队服务的领导力的一部分，最重要的是要有服务意识。

4. 同理心

任何追求成功的领导者的基本素质之一就是情商，这种能力通常是天生的，当然后天练习也可以达到很高水平。同理心可以表达为换位思考，是指领导者将自己置于别人的位置，理解他们的关注点并解决问题。

5. 创造力

领导力的定义也与创造力有关。优秀的领导者能够创造一种环境，鼓励团队的所有成员发挥他们的技能和想象力，以便他们能够为公司的项目和愿景做出贡献。如果你想变成优秀的领导者，那么要尊重他人的创造，并向周围的人学习，他们的想法肯定会对你有利。

6. 极致

一个优秀的领导者为他们的员工设定了很高的标准，因为他们希望达到目标并充分利用他们的团队。只有苛刻的领导才能取得好成绩。除了这种追求极致的特性之外，领导者必须知道如何倾听，以了解员工的需求，然后为他们正确地完成工作提供必要的时间和资源，从而满足他们的要求。

7. 管理能力

领导者必须站在最前沿，在整个过程中领导和指导团队，直到达到目标。但是除了做“火炬手”之外，领导者还要知道在什么时候退后一步，让他的团队采取主动。通过这种方式，团队成员可以获得个人和专业发展的机会。纯粹的管理专注于任务，真正的领导关注于人。

8. 团队建设

真正的领导力是擅于搭建团队，引导团队合作以实现共同目标的能力。人员管理是领导者面临的最困难的任务之一。领导者要有积极的态度、良好的领导心态、对团队的信任、能够带领团队取得更好结果的决心。当出现问题时，领导者会承担责任，有非常好的团队意识，并在完成工作后奖励团队。

9. 敢于冒险

领导者是负责承担其他人不愿意承担的风险的人。领导者应该有足够的信心做出决定，如果领导者自己犯了错误，那么他必须承担错误并采取正确的方式和方法纠正错误，而不能将责任归咎于团队。领导者能看到其他人无法看到的机会，并且知道如何传达给团队，让团队成员有愿景、有激情，努力让目标变得真实。

10. 改进

真正的领导者都是寻求持续改进的。领导者有能力将团队中的人变成明星，有责任影响和培训团队成员，让团队成员提高他们的技能，让团队成员得到更大的进步。

领导者不一定有好的领导力，领导力的提升才是关键。领导力与领导者在公司的等级或地位无关，领导力也不是强加观点给别人的能力。好的领导者是能够倾听那些已经知道的观点、拥有必须实现目标的决心、一直在寻求不同的人，他们致力于实现目标，把坚定的信念通过热情和乐观的态度传达给他人，带领团队实现共同的目标。

7.10 团队管理——团队建设

产品经理要学会思考团队的建设，包括寻找人才、招募人才、发展人才、培养人才和留住最好的人才。

在公司里，一个团队一定要有竞争的气氛，要有学习的氛围，要有上升的通道，要能够保证每个员工都能够获得能力的成长。办公室里的气氛应该融洽，应该和谐，不要在办公室里拉帮结派，也不要搞政治斗争，应该把更多的精力用于业务。下面介绍团队建设的六个方法。

1. 专注于角色

一个团队要有团队的制度、流程，要有每个岗位的职责。每一个团队成员都要扮演好自己的角色。领导者要绘制工作流程图表，以确保将人分配到项目所需的每个职位或任务中。许多任务可由一个人处理。领导者还要盘点现有的团队人力资源，以确定合适的人员是否处于最佳位置、是否以最佳标准衡量他们的工作、是否给了他们合理的薪酬。

很多时候，公司的团队都围绕每个人所擅长的工作去规划，而没有考虑团队需要什么样的人才。很多小公司特别热衷于流程化、制度化，虽然公司的业务还没有发展起来，但是设定了很多办公室行政管理的规章制度，这些制度比大公司的还要烦琐，这让很多工作人员无法专注于任务，而要不停地完成各种行政审批工作。从长远来看，公司将时间和金钱投入真正需要的人身上，将会获得巨大的回报。

2. 重视每个角色的贡献

每个团队成员都会带来一些特别的东西，将每个角色视为梯队建设的重要部分是非常有必要的。每个团队成员都应该感觉自己的工作很重要，要不断地问自己为什么团队需要我在这里工作。当员工认为他们被低估或者可能没有存在的必要时，或者当员工觉得自己的价值随着工作变得机械化而降低时，或者当员工觉得他们完全没有成长时，他们很容易从精神上掉队。这时候他们最需要领导的认可和鼓励，领导要重视每个角色的贡献。

3. 沟通

在团队成员之间，良好的沟通是传递价值、传递信息的基石。当每个人都有尚未与你分享的信息或者团队成员没有相互沟通他们正在进行的工作时，他们很难感觉自己是团队的一员。如果整个团队是混乱的，那么什么都可能是“一问三不知”的状态，所以要尽可能地保持所有团队成员的透明度，即使这些信息不直接与团队中的每个人相关。

在桥水基金公司里，瑞达·里奥规定需要对每一次会议进行录音，把所有谈话内容都发送给每个相关的人，以使信息透明，这样的做法使得成员都了解发生了什么，都了解每个人的意见和建议，避免了团队成员在意见不统一时产生误会或者造成不必要的猜忌。

在沟通方面，领导者应该给每个团队成员发言权，让整个团队所有人都能参与进来。征求团队成员的意见，并且给出反馈，有助于团队成员对团队产生信赖感。当每个团队成员花时间评估决策并形成意见时，他们会对结果感兴趣并想知道他们的想法是不是获得了足够的重视，足够的认可。在这样的团队中工作，每个人都会产生主人翁意识，从而提高个人绩效。

4. 设定目标

领导者要为团队设定短期和长期目标，同时关注团队每天完成的每项任务的结果，要对结果充满热情，并通过积极的强化激励帮助团队成员建立他们工作的全局感，让他们知道为什么这么做，让他们感受到所做的每项任务都是实现长期目标所必需的。领导者也要注意这些目标应该是可以实现的，这样团队成员才不会觉得正在为失败的事业而工作。

一个好的目标设定一定要有里程碑和截止日期，这可以让团队成员更有紧迫感，也可以让团队成员有机会互相帮助，团结一致，取得成功。

5. 庆祝成功和失败

在成功的 OKR 管理机制里，总会有一个周五庆祝的时间。除每周五庆祝时间外，在 Supercell 公司里也有庆祝项目失败的传统，这也值得管理者借鉴。其实，不管是庆祝成功还是庆祝失败，都要把团队成员聚集在一起，让每个人看到当他们在一起工作时可能会发生很多事情。如果有人在某事上表现出色，那么领导者要让团队的其他成员看到并且欣赏他的努力。相反，如果团队在某些方面失败了，那么领导者要把团队成员聚集在一起重新定位，在重新开始后，整个团队或许会更加努力。

6. 互相了解

公司没有规定让领导者与团队成员在个人层面上成为最好的朋友。但是，一个团队的成员除了正常的工作外，还可以在很多非正式的场合一起活动、一起出游，从而增加彼此的了解。了解与你合作的人可以帮助你了解他们的工作方式，以及在遇到困难的时候如何与他们进行有建设性的讨论。

第 8 章

商业产品经理的生存之道

8.1 商业产品经理在团队中是什么样的角色

商业产品经理无论是在工作范围上还是在工作能力上都已经超越了普通产品经理，所以势必会打破现在的分工规则，可是看上去无所不能的商业产品经理在团队中到底扮演什么角色呢？

商业产品经理从传统意义上的“工程师”转变成“经营者”，我觉得还可以有一个好听点儿的说法，商业产品经理的思维方式从“雇员思维”转变成“企业家思维”。只有先理解了思维的转变，才能够更好地理解在团队中扮演什么角色。

比如，我们平时在某些银行办理业务的时候，常常会感到很烦躁。因为工作人员的办事效率非常低，这些工作人员明明可以提高效率，但是又只能照章办事，一般人在这种情况下只是抱怨“官僚主义”。其实，工作人员的思维方式是典型的“雇员思维”，雇员思维使人认为现状没有办法改变，有雇员思维的人经常说：“公司就是这么规定的”“领导就是这么决定的”。

有企业家思维的人则要打破常规，对现状不满就要想办法解决，不屈服于现状，不在意原来是什么规定、什么行业现状，只要认为不合理，就要想办法改变。

企业家思维是主动的，雇员思维是被动的。有企业家思维的人永远都在想有没有办法可以更好，而有雇员思维的人就是你让我干什么我就干什么，如果你说不满意，那么我就按照你说的做。

在一个公司里可能会有 20%的人从表面上看工作勤勤恳恳，但是没有突出贡献，可以用庸才、懒人形容他们。你就算给他们股票、期权，也没有办法吸引他们好好干活。你永远没有办法影响他们。

但是，在一个公司里也总有 10%的人具有企业家思维，他们是天生的企业家，你就算不给他们钱，他们也会主动思考，主动完成很多工作，并且把事情办好。这些人在哪里工作都能最优秀，在团队里都是榜样。

剩下的 70%的人就都有典型的雇员思维，他们工作的驱动力是谋生，他们最期待稳定的收入，他们的能力位于平均水平或者低于平均水平，他们的工作就是长期的重复性的劳动。我认为这些人的状态也是很多普通产品经理的状态。他们给自己的角色就是一个产品经理。而商业产品经理在团队里既是团队的领导者、产品的缔造者，又是战略分析师，还是产品的布道者。商业产品经理应该心怀世界，做产品就要做最好的产品，做产品想的是改变行业，让公司升值。商业产品经理要有远大的目标，比如财务自由、做一款影响千万个用户的产品。

如图 8-1 所示，这是一个国外公司招聘产品经理的要求。我们可以看到产品经理首先要具备战略思维，了解战略目标，其次要能够自我管理、自我设定 OKR（Objectives and Key Results，目标与关键成果），最后要具备领导力。

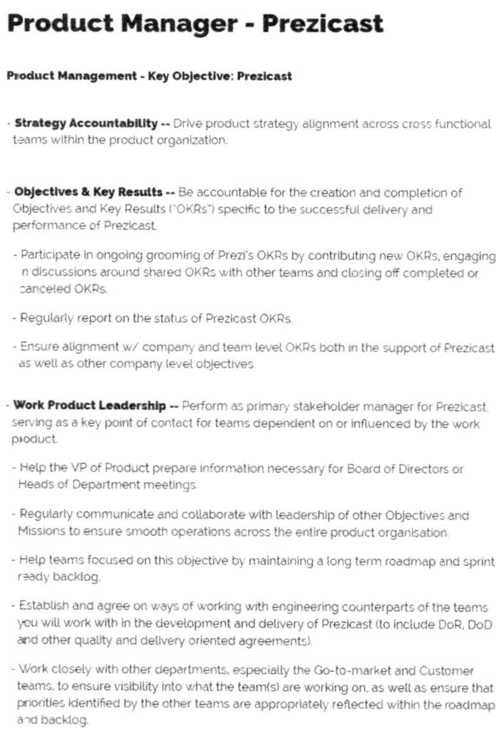

Product Manager - Prezicast

Product Management - Key Objective: Prezicast

- **Strategy Accountability --** Drive product strategy alignment across cross functional teams within the product organization.

- **Objectives & Key Results --** Be accountable for the creation and completion of Objectives and Key Results ("OKRs") specific to the successful delivery and performance of Prezicast.
  - Participate in ongoing grooming of Prezi's OKRs by contributing new OKRs, engaging in discussions around shared OKRs with other teams and closing off completed or canceled OKRs.
  - Regularly report on the status of Prezicast OKRs.
  - Ensure alignment w/ company and team level OKRs both in the support of Prezicast as well as other company level objectives.

- **Work Product Leadership --** Perform as primary stakeholder manager for Prezicast, serving as a key point of contact for teams dependent on or influenced by the work product.
  - Help the VP of Product prepare information necessary for Board of Directors or Heads of Department meetings.
  - Regularly communicate and collaborate with leadership of other Objectives and Missions to ensure smooth operations across the entire product organisation.
  - Help teams focused on this objective by maintaining a long term roadmap and sprint ready backlog.
  - Establish and agree on ways of working with engineering counterparts of the teams you will work with in the development and delivery of Prezicast (to include DoR, DoD and other quality and delivery oriented agreements).
  - Work closely with other departments, especially the Go-to-market and Customer teams, to ensure visibility into what the team(s) are working on, as well as ensure that priorities identified by the other teams are appropriately reflected within the roadmap and backlog.

图 8-1　国外公司招聘产品经理的要求

很多公司都希望产品经理应该有以下特征：

（1）有独立规划产品的经验和能力，熟悉相关的工具，熟练地掌握产品研发的整个流程。

（2）有用户研究经验，能够洞察用户行为。

（3）能够激励工程师思考项目，并将产品讨论重新聚焦于用户需求。

（4）能够收集、组织和分析相关信息，并有非常好的表达和展示能力，有同理心。

（5）熟练的沟通者，可以提炼出复杂的想法，使其被理解，注重细节并愿意向他人解释。

（6）具有交付心态、企业家思维，有较强的学习力和行动力。

（7）具备领导力，能够识别风险，有带领团队高度协作的能力。

你给自己定位为一个什么角色，决定了你的发展前途。你如果把自己看成一个领导者，你就会希望关注更多信息，带领团队解决更多问题；你如果把自己看成一个员工，那么你每天只会关注有什么问题需要你解决，其他事情就自然不关心了。

8.2 在大公司或小公司中工作如何提升能力

刚刚毕业的学生都希望找到一份好工作，这是无可厚非的，怀揣着创业梦、成功梦，这也是可以理解的，实现梦想的路有很多条，就像考大学，不是所有人都能考上北京大学和清华大学，但是没有考上北京大学和清华大学也不代表能力不行。工作也一样，不是只有在大公司中工作才能学到东西，在小公司中工作也不会低人一等。

第一份工作不一定是你要干一辈子的工作，第一份工资也不代表你一辈子的水平，你总是要发展进步的。10 年后你能不能超越你的同班同学？20 年后你能不能成为学校的骄傲？30 年后你能不能走上人生巅峰？这些都要靠你从第一天开始的努力和积累。

没有哪个工作是万事俱备，只等你到位了。哪怕是在学生时代，老师有了，知识理论成熟了，教材有了，你也仍然需要自己努力。在职场上，你不要幻想有老师教你、辅导你，很多事情都充满不确定性，需要自己发掘、领会，举一反三。所以，你不要再抱怨小公司没有好的培训体系、小公司没有人教你、小公司里所有人的水平都不如你、你的领导瞎指挥、你的老板想法古怪。这些都是借口。产品经理在职场中工作最重要的两件事：一件是要公司产品成功，另一件是个人的能力提升。

下面介绍六个技巧，让你不管是在大公司还是在小公司都可以提升自己的能力。

1. 主动推动工作，安排好时间

你还记得上一次领导问你的问题或者你问领导的问题吗？

你有没有给领导提供一个解决方案呢？还是总拿着一堆问题去找他吗？

在下次遇到问题时，请考虑可能的解决方案，并给你的领导提供解决方案列表。

同时，你要安排好你的日常工作，如设定固定的时间阅读和回复电子邮件，在忙碌时关闭电子邮件。千万不能每天忙忙碌碌，可到下班的时候发现还有一些问题没有解决，还有一些产品方案没有写完，甚至连邮件也没有处理好，那样的能力就非常初级了。

2. 了解对公司最重要的事情

你知道哪件事情才是对公司最重要的吗？你每天可能面临数十个问题需要处理，但是你的领导可能每天面临数百个问题，领导的领导可能每天面临数千个问题，你必须要确定最重要的问题并解决这个问题。

3. 完全负责并学会感恩

每当出现问题并且要你对此负责时，你不要责怪他人，要勇于承担责任。你要直接与领导和团队成员说这是你搞砸了，你很抱歉，不会再犯同样的错误。你要投入精力去了解问题发生的本质，找到驱动事情发展的本质，发现关键要素之间的联系，重新让它们回到正轨，让它们发挥作用。

另外，人要学会感恩，要学会赞美你的领导、赞美你的伙伴，要在内心深处感谢每一个帮助过你的人。

4. 每天把你的“刀”磨到最快

你要每天继续学习并提出新的想法。其实，产品经理的能力模型、思维模型在很多书中都已经介绍了，这些知识是不会变化的。你要认识到这些技能是商品化的，是可以通过看书、参加课程、参加培训，甚至在午餐时与“牛人”交谈而获得提升的。

5. 尝试像 CEO 一样思考

你要学会想想老板们在考虑什么问题，这有助于拓宽视野，打开格局。你要尝试着解决老板的问题。那些得到晋升的人都会像 CEO 一样思考和行动。

6. 每个月评估一次

你最好找领导一对一面谈一次，并向领导询问你上个月的表现如何。

（1）这个月我是怎么做的？

（2）你对我的评价是什么？

（3）我如何提高自己的能力以增加更多的价值？

（4）你想让我在当前学习清单上添加一些东西吗？

拿破仑曾经说过：“不想当将军的士兵不是好士兵”，如果你进了小公司就开始自暴自弃，放弃自我成长，那么没有人可以帮助你。如果你想进大公司就必须先保证能力达到要求。大公司里的产品经理仍然是要求自己不断进步的，所以你要想着自己能够更快的学习，而不是想着等到进了大公司才开始努力学习，等到有人带一带你才开始努力上进，你是永远等不到这一天的。所有的好结果都要靠自己去争取，最好从现在就开始。

8.3 要学会为整个生意负责，而不为功能负责

我以前在北方有过这样一次经历，我冬天去一个咖啡店。因为经常有客人进出，所以咖啡店的门经常没有关。我正好坐在靠近门口的位置，感觉非常冷。我当时想，关门到底应该由谁来管？这绝对不是一个简单的用户体验问题，而是谁该对整个生意负责的事情。

一个公司怎么证明有产品文化？并不是在墙上贴一些海报、一些大字，弄一个文化墙就算有产品文化了，也不是各级领导把用户体验挂在嘴边就有产品文化了。真正的文化流淌在“血液”中，是大家共同的信仰、共同的目标。如果你看到周围的同事、领导都在用产品思维体会生活，每天发的朋友圈消息基本上都和产品有关、和用户体验有关，那么这时公司就一定有产品文化了，因为他们的产品思维已经渗透到了生活中。

产品经理不应该在面试的时候和面试官这样说：“这个功能不是我负责的”“这部分工作是运营负责的”“这个活动是市场人员负责的”……产品经理肯定不能所有工作都做，但也不能只做产品功能方面的工作。

产品经理要肩负下面这些责任：

1. 业务和产品战略

产品经理要深刻理解并协助业务和产品战略的沟通。

产品经理要跨部门与各个团队沟通、推销、协作，并根据需要调整决策，保证战略保持一致。

产品经理要向团队和个人解释策略，以确保信息共享，使目标达成一致。

2. 对目标负责

产品经理负责跨团队合作，以完成公司产品的主要目标。

产品经理有必要向各个团队解释产品计划，并让各个部门都能准确地理解产品计划，保证各个部门的目标一致。

产品经理要报告相关目标的进展情况。

产品经理要对目标有风控意识，提高预见性，尽量不做那些对实现整体目标没有帮助的工作。

3. 对用户负责

对用户负责不但要对用户体验负责，而且要向用户传递关键价值主张，产品经理要把握目标市场、目标用户，管理好用户生命周期。

产品经理要投入大量时间做数据分析、竞争产品研究，对用户场景、用户行为给予更多的理解。

产品经理要确保产品计划提案与用户需求高度一致。

4. 判断市场趋势

产品经理要了解市场动向，提前预判受技术和市场趋势的影响。

产品经理要花时间加深对技术和市场趋势的理解，通过持续记录和与他人讨论提升理解力。

5. 使用数据，并尊重行业特征

产品经理要有效地使用定性和定量数据，以帮助自己做产品决策。

产品经理要解释每种类型数据的适用性和使用方式的差异。

产品经理有能力定义数据指标，并找到衡量指标的方法和标准，从而深入了解用户行为数据。

产品经理要确保各个团队都能得到适当的数据，这不仅能够帮助各个团队衡量成功与失败，还能获得各个团队对未来的见解。

产品经理要利用行业最佳实践经验在模糊的情境中做出决策，并确保通过实验或研究快速验证此类决策。

6. 最大化商业价值

产品经理要推动产品团队创造最大的价值。

通过把及时、迭代的产品交付运营，产品经理要确保尽快实现商业价值。

产品经理最好采用小步快跑的迭代方式，而不是采用规划一个大型版本的方式，应该尽量使公司的风险最小化、商业利益最大化。

7. 持续的产品视图

产品经理要持续关注正在进行的任务和项目，让整个项目具备高度的可见性，让每个团队都了解当前的状况。

产品经理要向利益相关者和合作者定期更新正在进行的工作。

同时，产品经理还要有完整的产品视图，能够对推动新产品或持续产品开发起到帮助。

一个产品的成功绝对不只靠简单的功能领先，也不会因为功能上的创新就能够持续保持竞争力。产品经理要时刻保持清醒的头脑，不要沉迷于创新产品功能、提出超前的概念，尤其是在人工智能、5G 时代，更要回归商业本质，要为了商业做产品，为了给用户提供价值做产品，绝对不能为了功能而做产品、为了创新而创新。

产品经理是一个跨职能的领导者，要与销售人员、营销人员、工程管理人员、外部合作伙伴等合作，要专注于整个产品生命周期中的产品成功。

产品经理在管理能力上需要商业、技术、领域和系统知识的混合。产品经理需要承担整个商业负责人的角色，充当团队的“业务接口”。产品经理要尽量帮助团队克服障碍，实现公司价值最大化。

第三部分

商业产品经理的实践

第9章

商业产品经理的商业洞察力

9.1 快速搞懂一个行业

9.1.1 行业研究步骤

一个成功的商业产品经理首先要对商业非常敏感，这种敏感可以通过后天不断的训练，形成相对固定的思维方式，以此判断商业就会更加准确。商业分析要从行业分析开始。

现在是互联网时代，要获取一些关于某公司的信息、新闻是比较容易的，然而从这些信息中抽离出有用的数据、有价值的内容就需要一定的功力了。下面我介绍一下行业研究的套路，让你能够快速搞懂一个行业。

行业研究包括宏观的判断和微观的研究，产品经理要能够从收集到的细节中了解到用户购买产品的原因。行业研究包括诸如消费者行为之类的事物，包括文化、社会和个人因素如何影响这种行为。

行业研究的目标不是收集一堆信息，做成一个汇报报告。行业研究的目标是形成独立的观点，对行业做一次扫描，建立一套系统的认知框架。行业研究的过程像玩拼图，可以从不同的角度找到很多观点和数据，最终形成一个完整的视图，形成宏观的理解与判断。这使得产品经理迈上了一个新的台阶。

在一般情况下，行业研究的步骤如下。

1. 确定研究目标

你要定义研究范围。你可以分析整个行业或针对一些行业细分市场进行研究。比如，你正在做新零售的项目，那么你可以分析整个零售行业宏观层面的发展趋势、行业特点等，也可以聚焦到拼团电商或社区团购等细分市场。你最好能够找到与你现在做的产品、服务相匹配或非常类似的研究范围。

你可能还需要进行一些跨行业的研究。比如，游戏开发者可能需要文创市场信息、IP 形象市场信息、PC 游戏市场和手机游戏市场的统计数据。

2. 增加数据来源

在一般情况下，你可以与一些独立的研究机构合作，购买或委托研究是比较好的办法。购买或委托研究既能够保证研究的专业度，又能够保证数据的中立性和及时性。你也可以与高校合作，向高校咨询学术研究动向和成果。

当然，你也可以查看行业协会数据。你所处的行业可能有多个行业协会。比如，如果你从事计算机行业，那么你可以向计算机与通信行业协会咨询或索取数据。无论你的行业是什么，你都需要在搜索引擎里多找一找，以确定可以提供行业分析背景的信息。

3. 制定分析框架

1）市场规模

在做行业分析时，相关的市场规模是一个行业的重要指标，你可以使用它估算你的产品的市场份额，同时也能预测未来几年的市场格局与竞争态势。比如，你目前做社区团购项目，在做行业分析时，肯定要考虑每个城市的小区数量、每个小区的平均家庭数，同时还需要考虑每个城市的人均可支配收入、每个城市的零售行业整体规模等数据。

你一定要仔细分析市场所依赖的基本条件，每一个变量都可能对你做产品布局、产品运营策略产生影响。市场规模分析已经在传统行业中很普遍了，但是在快速发展的新互联网产品或服务中使用得较少或者不容易找到合适的指标来做分析。

2）考虑行业趋势

你应该考虑全球化和技术创新的影响或者全球经济大趋势的变化。当然，你也要考虑来自其他公司的竞争变化或者消费者的偏好发生了什么变化。你还应该考虑法律和法规的监管变化。

你还需要考虑行业变化在时间维度上的体现，比如，在过去一年、五年、十年里市场规模都是如何变化的，在未来五年内市场的预期增长是多少等。

3）考虑进入或扩张的障碍

你要考虑现在进入某一个行业或者现在进行行业扩张是否最合理。有时候，公司遇到的障碍可能是市场竞争的结果，它可能表现为缺乏资金、人才或者某一个技术专利。

比如，如果中国要靠自主独立研发进入微芯片生产行业，这将需要数千万美元的设备和机器，还需要大量计算机工程师、程序员设计和生产芯片，更需要很多相关技术专利的授权。

4）提供行业主要竞争对手的描述

在行业分析报告中，对竞争对手公司的分析应该尽可能完整，任何地方都可能产生竞争优势或劣势。数据来源必须准确、客观，数据内容必须详细。在行业分析报告中要详细描述竞争对手过去的业务举措，描述竞争对手推出的产品以及他们的营销策略，描述竞争对手最近的创新，或者描述竞争对手最近犯了哪些错误，要想办法从他们的失败中吸取经验教训。

4. 撰写行业分析报告

有了前面几步的准备，现在我们就可以开始撰写行业分析报告了。行业分析报告的开头可以是对行业的广泛描述，也可以是关于行业历史的描述，可以写一两段关于行业的规模、产品和市场范围（包括制造中心和消费者中心）的描述。然后，就可以介绍某公司在更大的行业背景中的地位，并展望行业的发展趋势，最后具体描述公司业务提案的实施情况。

撰写行业分析报告中需要明确以下几点：

1）确定该行业的生命周期阶段

需要确定行业是新兴行业（非常新的行业每年市场增长率不到5%）、快速成长行业（在稳定增长的状态下，每年市场增长率略高于5%）、成熟行业（增长速度放缓，每年市场增长率不到5%），还是已经进入衰退期的行业（一个长期没有增长的行业）。

2）描述客户的特性和未来的发展趋势

行业分析应该描述主要客户群体是谁和每个客户群体的独特属性，包括目标客户的年龄是多少、目标客户的活跃地区在哪里、有没有特殊的民族属性、目标客户的需求都有哪些、在未来几年里目标客户的需求有没有可预见的变化。

3）预测不久的将来的产品策略

在行业分析报告里，还要列出未来的产品策略，包括希望达到目标的详细时间表和产品目标、收入目标与市场份额目标。

你可以通过号召性用语结束分析报告。比如，“鉴于目前的市场状况，建议实施某产品计划”，然后再一次粗略地概述你的提案。

5. 编辑行业分析报告

将行业分析报告删减到适当且方便传播的大小，简单的行业分析报告通常为2～3 页，或者根据报告的呈现方式、报告的时长调整报告的长度。如果报告是业务计划的一部分，那么最好把分析报告调整成简短的版本，并突出重点的分析内容。如果报告需要独立呈现，就可以更自由地大篇幅使用原始数据，做详细描述。

9.1.2 行业研究方法与工具

行业研究除了寻找一些资料，还需要有一些思考框架。这些思考框架可以帮助你理解宏观经济的走势，判断一些行业趋势。接下来，我介绍几个行业研究工具和思考框架。

1. 关键字及趋势分析工具

这里简单介绍百度的一系列工具，如百度舆情、百度司南、百度指数等工具，这些工具可以帮助你全方位分析互联网舆论，提供实时舆情、语义分析、搜索指数及事件脉络等数据与分析，如图 9-1～图 9-3 所示。

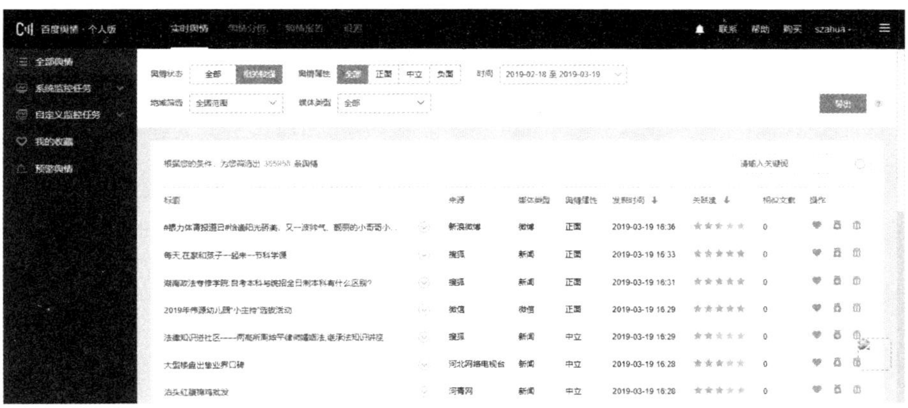

图 9-1 百度舆情动态数据示意图

谷歌也有一个类似的产品 Think with Google，图 9-4 是中国台湾版本的产品截图，该产品提供了丰富的营销工具和行业趋势分析报告。

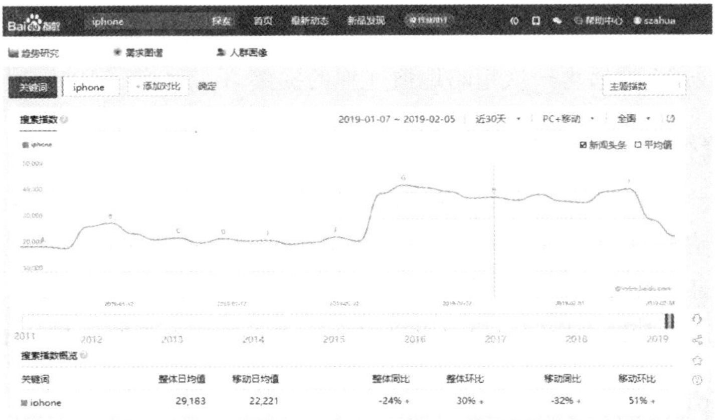

图 9-2　百度指数的关键词搜索指数示例

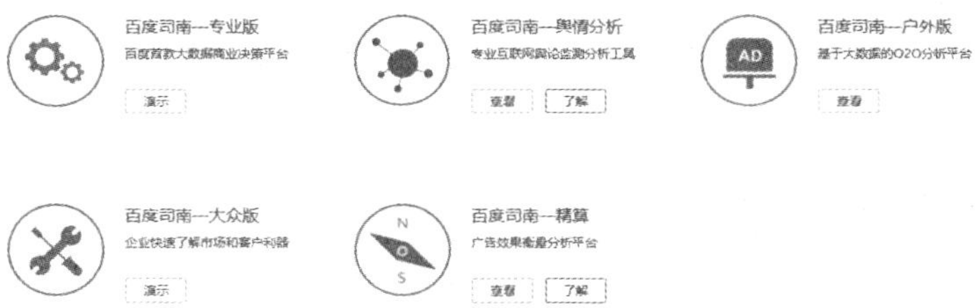

图 9-3　百度司南产品提供完整的舆情监控工具

图 9-4　Think with Google

2. 专业机构发布的行业报告

我推荐使用艾瑞咨询、易观国际、IT 桔子，以及 199IT 互联网数据中心发布的行业分析报告。这几个网站的行业分析报告肯定可以满足你日常的行业分析需求。如果你还需要其他维度数据，可以搜索或购买证券公司发布的行业研究报告（比如招商证券、广发证券发布的行业报告），也可以搜索咨询公司（如普华永道、KPMG）发布的行业研究报告。

3. 行业研究的思维框架

很多发展规律都可以从历史中找到影子，很多国外经济学家、成功商业人士一直在研究经济发展规律，所以学习一些已知的结论将对你总结规律、验证规律有帮助。

1）以“口红效应”为例，打开思维角度

“口红效应”是指因经济萧条而导致口红热卖的一种有趣的经济现象，也叫“低价产品偏爱趋势”。在中国有一句老话：“乱世黄金，盛世收藏”，意思就是某种商品反映了当前社会经济形势，这也证明了很多经济规律都是有周期性的。当经济不景气时，口红的销量反而会直线上升。这是因为人们认为口红是一种比较廉价的奢侈品。在经济不景气的情况下，人们仍然会有强烈的消费欲望，所以会转而购买比较廉价的奢侈品。口红作为一种“廉价的非必要之物”，可以对消费者起到一种“安慰”的作用。

“口红效应”可以体现在娱乐行业的研究中，很多类似抖音的产品、游戏产品如火如荼，并不代表经济大环境就是好的，相反可能是因为碎片化的娱乐是释放压力的好方式。

对文化娱乐消费品来说，除了“口红效应”之外，“内容为王、服务至上”也是始终不变的铁律。在经济不景气的时候，人们的生活压力会增加，需要轻松的东西让自己放松，所以电影、游戏等价格不是很高的娱乐性消费的生意会比较好些。

2）借鉴标杆，重新定义行业

我们在做行业分析时经常要找一些对应的行业数据或者竞争对手，但是现在很多项目都比较新颖，定义也比较模糊，比如新零售、共享充电宝等项目，它们到底是代表了一个行业，还是代表了某个细分赛道？在做行业分析的时候到底要算在哪一个领域里呢？这里我推荐产品经理参考上市公司行业分类的标准，证券公司把现有上市公司划分为农、林、牧、渔业，采掘业，制造业，电力、煤气及水的生产和供应业，建筑业，交通运输、仓储业，信息技术业，批发和零售业，金融、保险业，房地产业，社会服务业，传播与文化产业，综合类。另外，产品经理也可以按照面向工业、企业市场和面向消费市场划分行业，消费市场行业包括汽车行业、家用电器行业、消费电子行业、食品饮料行业、纺织服装行业等；也可以按照服务属性把行业划分为餐饮业、旅游业、文娱业、互联网业、计算机软件业、教育业等。

有了行业的划分，还要注意行业的定义，注意行业的细分定位。比如，在与咖啡相关的细分市场中我们要分清楚是生产咖啡还是经营实体店面。生产咖啡的企业可能从事咖啡豆种植、采购、加工等工作，还可能生产各种形态的冲泡咖啡、速溶咖啡等。如果我们要研究这个企业对应的细分行业，就需要收集与生产咖啡的原材料、生产咖啡的设备、生产工艺及技术等相关领域的数据。而经营实体店面的企业则比较贴近于传统的零售行业和传统的服务行业，我们在做行业分析时可能要考虑店铺地理位置、商圈、客流量等，也要考虑给用户提供什么样的体验，实体店面的竞争已经不是单纯比拼咖啡豆质量的竞争了。

再比如，方便面的竞争对手是谁？可能不是其他方便面、速食面、速食饭，而是像美团、饿了么这样的外卖平台。因为方便面对于用户来说，提供的价值是方便、省时间、好吃、不用外出就可以解决问题；而外卖在这个基础上增加了更多的选择性，一下子把方便面打败了。都是不用自己费力气做顿饭，为什么不对自己好一点，吃顿好的，吃一个比方便面好的饭菜呢？

所以，在确定一个产品属于哪个行业或者竞争对手都有哪些时，产品经理需要做更多的思考。

3）以创新扩散曲线和 Gartner Hype Cycles 模型为模型，判断行业发展阶段

其实，每一个行业发展到什么阶段、技术应用到什么阶段、用户接受新事物的阶段都是可以找到规律的。很多国外专家和学者已经提供了经过验证的模型。如图 9-5 所示，创新扩散曲线讲的是一个新鲜事物是如何被广大群众接受的。这样的分析可以告诉你应该把营销费用花在哪里。

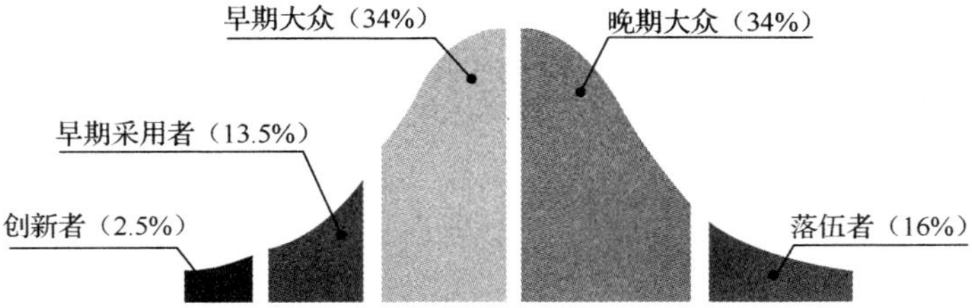

图 9-5 创新扩散曲线

Gartner 是一家著名的 IT 研究与顾问咨询公司，他们推出了 Gartner Hype Cycles 模型，如图 9-6 所示，这张图描述了一项技术或应用产品如何从触发期逐步走向成熟期的过程，用图像的方式表达了产品在各个阶段中的成熟度与用户接受程度，同时也描述了一项技术或应用产品是如何解决实际业务问题的。Gartner Hype Cycles 模型可以让你了解技术或应用程序将如何随着时间的推移而发展，提供了可靠的洞察力来帮助特定业务目标的发展管理。

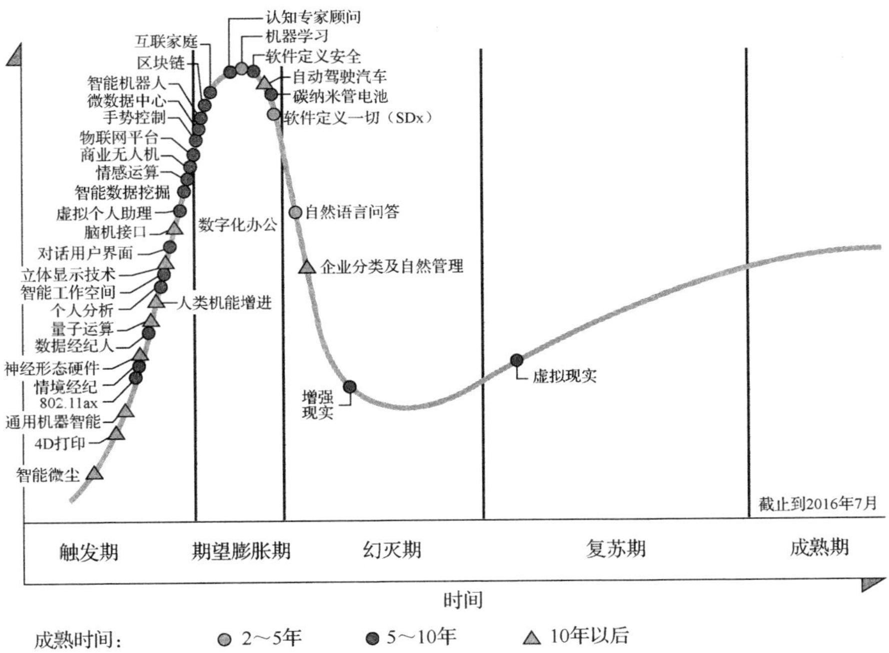

图 9-6 Gartner Hype Cycles 模型

9.2 商业分析能力的培养

9.2.1 商业分析的套路

一个好的商业产品经理要具备良好的商业分析能力，这可以使你成为许多产品经理中最有吸引力的求职者。在当今瞬息万变的商业环境中，能够识别和适应新机遇的产品经理可能比那些陷入瓶颈、每天重复劳动的产品经理更容易获得成功。无论你是希望改变职业生涯的发展路径，还是希望在当前公司内取得进步，具备商业分析能力是可以获得更多机会的。

一般而言，商业分析是指一个产品经理可以识别业务需求，并且可以开发满足这些需求的产品或服务，为用户提供解决方案的分析过程。商业分析着重于了解整个企业的需求、战略方向，并确定能够使企业实现这些战略目标的举措。它还包括研究一个公司如何创建和维护业务体系、如何识别新的商机、如何进行可行性研究、如何准备商业计划书、如何进行初步的风险评估等工作。

熟练掌握商业分析能力的产品经理可以成为团队中的重要组成部分，因为产品经理能够将目标分解为可管理的产品任务，从而可以确定在产品研发管理过程中如何分配人力和资源。

有些人看到共享单车项目融资火爆，就马上辞职去做共享电动车、共享雨伞、共享篮球等共享经济的项目，我觉得这样跟风式的创业不理智。商业产品经理要能够看到商业的本质，不能为了拉投资而创业，也不能看到其他共享经济的项目火爆就马上投入，需要做谨慎的商业分析。

商业分析最好能够站在前人的肩膀上做判断。我们要了解一个公司，摸清楚一个商业模式，但是不用真刀真枪地上战场或者自己边创业边学习。如果前人已经把公司研究透彻了，我们就可以多听听别人的见解。

在一般情况下，做好商业分析的基本步骤如下。

1. 收集背景信息

这步涵盖了商业分析的大部分基础工作。无论是对于全新的项目还是对于现有的项目，收集项目的大量背景信息都是至关重要的。以下这些是在此阶段需要确定的项目条件：

（1）该项目属于哪个领域？是金融领域、健康领域、能源领域，还是零售领域？

（2）该领域都有哪些背景知识、行业术语等，这些内容有助于你快速理解这个领域的相关资料。

（3）确定可能影响项目业务战略的各种情况。

这可以通过使用 PEST 分析模型或波特五力模型完成。

PEST 分析模型如图 9-7 所示。PEST 分析模型是帮助企业分析外部环境的传统工具。在进行战略分析或进行市场调查时，它是一种简单且广泛使用的工具，可以帮助你分析业务环境中的政治环境、经济环境、社会环境和技术环境变化。这有助于你了解你所接触的“业务全局”，并从中利用外部环境的作用寻找到更好的发展机会。

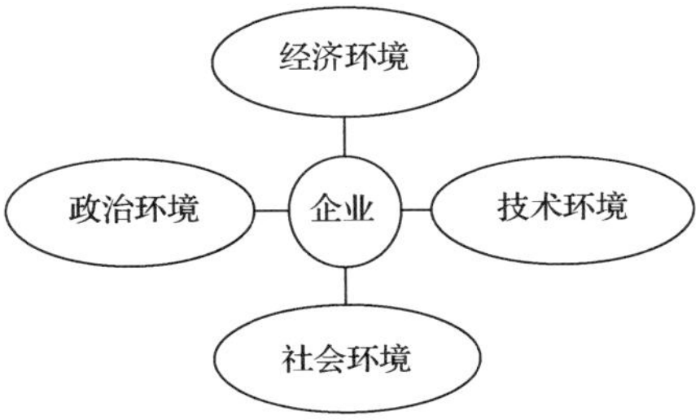

图 9-7　PEST 分析模型

波特五力模型如图 9-8 所示，该工具由哈佛商学院教授迈克尔·波特创建，是最受欢迎和备受推崇的商业战略工具之一。波特确定了构成竞争环境的五种力量，它们分别是：

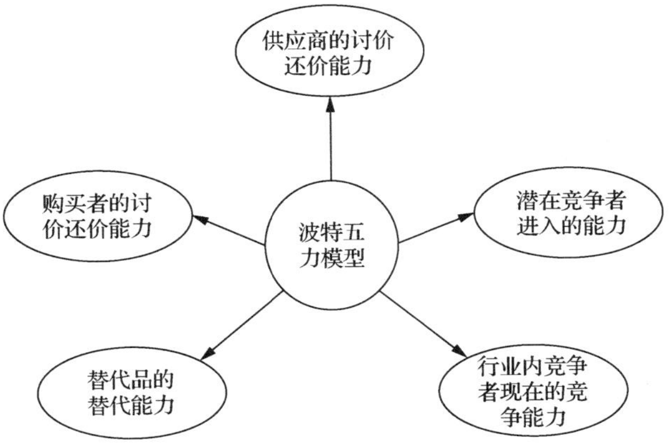

图 9-8　波特五力模型

行业内竞争者现在的竞争力：这要考虑竞争对手的数量和实力。你有多少个竞争对手？他们是谁？他们的产品和服务与你的相比如何？

供应商的讨价还价能力：这主要考虑你对供应商的议价能力有多强。你有多少个潜在的供应商？它们提供的产品或服务有多独特？从一个供应商切换到另一个供应商的成本有多高？

购买者的讨价还价能力：在这里，你要问自己有多少个买家？订单量有多大？当从你的产品和服务切换到竞争对手的产品和服务时，用户要付出什么样的成本？

替代品的替代能力：这是指用户找到不同方式、不同产品满足需求的可能性。一种简单易行的替代品会削弱你的产品在用户心里的地位，并减弱你的赢利能力。

潜在竞争者进入的能力：你能否保持领先的市场地位？在你的行业或市场中站稳脚跟有多困难？为了保持领先地位需要投入的成本是多少？一个潜在竞争者要想进入市场并有效竞争需要花费多少成本？

通过思考每种影响因素对产品产生了什么样的影响，并通过识别这些影响，你可以快速地评估你的产品的市场位置。然后，你就可以思考要进行哪些战略性变革才能获得长期利润。

2. 分析利益相关者的诉求

项目的利益相关者是做出决策的人。一个公司的商业行为就是要为利益相关者带来应有的回报，因此我们尽早识别所有利益相关者非常重要，其中包含影响项目的每个利益相关者，我们要清楚各个利益相关者都是如何看待这个项目的、每个角色的利益诉求，这是商业分析的重中之重。下面从一个普通公司的角度分析几个利益相关者的诉求。

所有者：股东，赞助该项目的任何人。

监管机构：比如，行业协会、卫生监督部门、药品及保健品监管机构、福利彩票管理中心等。

供应商：项目可能需要的外部的商品供应商或服务供应商。

合作伙伴：与项目有关联的合作者，比如上游供应商、下游销售代理、财务顾问、法律顾问等。

客户：产品的最终用户。

竞争对手：与你负责的项目类似的公司或团队，你需要描述你的产品是否对他们产生影响。

3. 发现业务目标

我们要制定业务发展战略和发展目标，并将其写入报告，让整个公司的员工都能够始终关注愿景。

有助于建立业务目标的一些方法如下：

（1）设定行业基准。了解在同一个水平上工作的竞争对手和同行的现状，找到行业基准和行业标杆。

（2）做 SWOT 分析。确定公司当前的优势和劣势、风险与机遇。

（3）组织相关人员进行焦点小组讨论或者召开头脑风暴会议。

4. 评估达成商业目标的方案

公司为了实现商业目标，确定各种可用方案之间的关键路径是非常重要的。以下是确定最佳路径所涉及的步骤：

（1）初步确定方案。我们可以利用头脑风暴会议或焦点小组讨论，帮助公司确定初步方案。可能的选择包括：①优化现有解决方案以实现业务目标。②购买外部合作伙伴的服务或产品，以实现业务目标。③从头开始重新构建产品以实现业务目标。④与其他产品进行整合合作，以实现业务目标。

（2）各个方案的可行性判断。我们要预算、评估每个方案需要的资金，评估每个方案的投入产出比，评估每个方案是否有类似经验或成功商业案例可以借鉴。

（3）预估各个方案的风险和影响。

① 影响分析。预估实施方案对公司其他产品、公司用户、公司可能带来的影响。

② 风险分析。预估实施方案可能涉及的各种风险。

（4）商业分析报告编写。

9.2.2 商业分析的方法与工具

商业分析是产品经理的必备技能。产品经理一方面要有自己的独特见解，另一方面要有自己的分析框架。所以，产品经理要在平时的工作中熟练地掌握一些常见的商业分析方法，下面介绍几种常用方法。

1. MOST 分析模型

MOST 分析模型中的 4 个字母分别代表了企业的使命（Mission）、目标（Objectives）、战略（Strategies）和战术（Tactics），产品经理在做商业分析时最好能够识别这些元素，它们可以帮助公司进行初步定位，对要实现的商业目标以及如何解决使命、目标、战略和战术的执行问题进行全面分析。

2. PESTLE 分析模型

PESTLE 分析模型中的 6 个字母分别为 Political、Economic、Sociological、Technological、Legal 和 Environmental 的首字母，它比 PEST 分析模型多了法律和环境两个维度，使用此模型可以评估各种外部因素对公司的影响，并确定如何解决这些因素可能造成的问题。

3. SWOT 分析模型

这是非常经典的分析模型，SWOT 分析模型中的 4 个字母分别代表了优势（Strengths）、劣势（Weaknesses）、机会（Opportunities）和威胁（Threats），这个分析模型用于识别公司结构中的优势和劣势，并将其转化为机会和威胁，这有助于公司合理地进行资源分配。

4. MoSCoW 分析模型

这是一个比较新的分析模型，这个模型可以帮助决策者确定需求的优先级。在该模型中，每个需求都可以被单独拿出来进行对比评估，对每个需求都可以问 4 个问题："这个需求是必须要做的吗？项目应该有什么需求？什么样的需求可以改善最终交付成果？这个需求对未来的收益是什么？"

5. 业务流程建模

业务流程建模（Business Process Modelling）是一种关于流程改进的商业分析方法。通常在商业分析阶段用作业务流程梳理，以便分析现有业务流程和未来业务流程之间的差距。

业务流程建模包括业务建模、模型运行、业务追踪、业务分析、业务提升，如图 9-9 所示。具体的步骤如下：

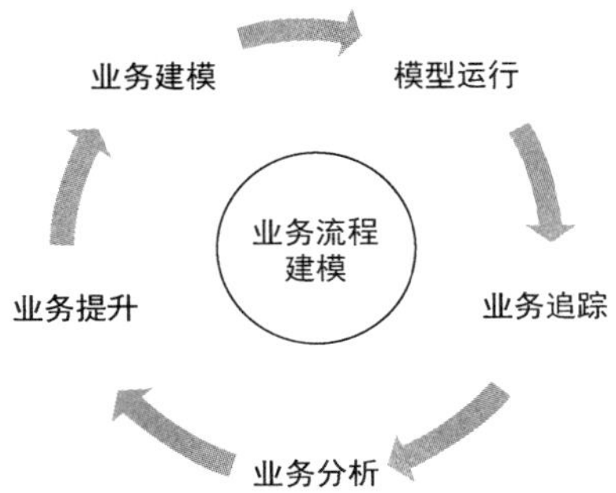

图 9-9　业务流程建模

第 1 步：业务建模。

使用流程图等工具对要改进的业务进行业务建模。详细分析每个阶段的重要因素，确定相关人员和责任，确定相关核心指标等。

第 2 步：模型运行。

使用你的业务模型分析业务流程中的问题。请考虑以下问题：

用户可能在哪里受挫？

哪些步骤会造成业务瓶颈?

哪些地方可能造成成本上升或服务质量下降？

用户认为哪些地方有问题？用户有什么建议来改善它？

第 3 步：业务追踪。

你需要确定核心数据指标，并确定业务追踪计划，通过进行数据分析，找到业务模型反映出来的相关问题和答案。

第 4 步：业务分析。

可以使用业务产生的相关数据进行业务流程影响分析，进行业务发展风险分析。同时，也可以分析出重新设计的流程中可能存在的风险和失败点。

第 5 步：业务提升。

改进业务流程可能涉及更改现有的系统、现有的团队或流程。业务流程的变革很少有能够完美运作的。因此，在推出新流程之后，需要密切关注用户的反馈、数据的反馈，以确保业务提升符合预期。

6. 商业画布

商业画布是一种战略管理和精益创业的商业分析模板，是一个视觉化的表达方式，可以帮助你以简单、结构化的方式理解业务模型。使用商业画布可以描述公司或产品的价值主张、基础设施、客户和财务等状况，可以描述通过哪些渠道提供哪些服务，以及公司如何赚钱。它能够帮助企业和个人看清楚自己的商业模式。

商业画布能帮助你将商业模式可视化，使用统一的语言讨论不同的商业问题。商业画布不仅能够提供更多灵活多变的计划，而且更容易满足用户的需求。更重要的是，它可以将商业模式中的元素标准化，并强调元素之间的相互作用。

学习商业画布对产品经理有什么帮助呢？我们常听说在电梯里要在 30 秒内就把一个创业计划讲清楚，这需要非常强的总结提炼能力。商业画布就是可以帮你做到这点的工具。商业画布可以帮你快速梳理清楚一个商业模式，看清一家企业或组织的运作模式。

下面列出商业分析最重要的 9 个问题，也是商业画布的延展，请你仔细琢磨这些问题：

（1）你可以为你的用户提供什么样的产品和服务？

（2）你已经具有或者需要掌握怎样的核心资源？

（3）谁是你的用户？你的用户有什么特点？

（4）你需要开展哪些核心活动？

（5）你通过什么渠道与你的客户接触？

（6）你与你的客户将建立一种什么样的关系？

（7）你需要有哪些重要的合作伙伴？

（8）这套商业模式在哪些地方需要花钱？成本结构是怎样的？

（9）这套商业模式可以有哪些收入来源？

7. 商业分析七步提问法

商业分析是从一个通过局部视图的构建逐步还原完整商业逻辑的过程。这里介绍一个思考问题的方法——七步提问法：

（1）这个产品提供了什么价值？具体的产品服务流程是什么？

(2)为什么用户愿意买单？用户为什么用这个产品？用户为什么不使用其他产品？

（3）有什么市场壁垒？有没有大的竞争对手垄断了市场？

(4)有什么技术壁垒或者专利壁垒？未来有没有技术可以颠覆或者改变行业现状。

（5）产品体验是否很好？用户使用流程是否很顺畅？

（6）从长期来看，产品积累了什么？是用户、资金、流量，还是供给侧的资源？

（7）如何向外扩张或者如何建立壁垒？

商业分析的重要性是一定要强调的。商业分析可以帮助产品确定一个基调，因此尽可能做到全面的商业分析是至关重要的。你在商业分析中投入的时间和精力越多，你在整个产品研发时就会越有掌控感，越有目标感，整个项目工作就越顺畅。

9.3 商业模式的总结

产品经理需要持续培养自己的商业敏感度。不管是行业分析还是商业分析，都是帮助产品经理提升实战经验的手段，最终可以帮助产品经理具备捕捉到商业本质的能力，具备搞清楚商业是如何赢利的能力。

什么是商业模式？商业模式用来表示业务的核心方面，包括商业目的、业务流程、目标客户、产品、战略、基础设施、组织结构、采购、交易实践、运营流程和政策。简单地说，一个公司提供一个产品给用户，用户付钱给公司，商业模式就是让这个过程更顺畅的方法。一个商业模式描述了商业运作的基本原理，描述了在当前的经济环境、社会环境、文化环境中，一个公司创建产品、交付产品和提供价值的过程。商业模式的建设和修改过程也被称为商业模式创新。

这么多年来，商业模式变得越来越复杂了。20 世纪初，出现了剃刀和刀片的商业模式，这被称为“捆绑产品的商业模式”。这个模式也是后来很多互联网公司都在仿效的“增值业务收费模式”，以非常低的成本提供基本产品或服务，通常是亏本的，把基本产品作为“诱饵”，然后把补充产品或相关产品做成“钩子”，收取补偿性费用。比如，剃刀（诱饵）和刀片（钩子）、打印机（诱饵）和墨盒（钩子）、手机（诱饵）和服务合约（钩子），相信大家对这个商业模式都不陌生。

20 世纪 50 年代，新的商业模式来自麦当劳和丰田。20 世纪 60 年代，创新者是沃尔玛和大卖场。20 世纪 70 年代，联邦快递和 Toys R Us 推出了新的商业模式。20 世纪 80 年代的英特尔公司和戴尔电脑公司，20 世纪 90 年代的西南航空公司、Netflix、eBay、亚马逊和星巴克都提出了很多新颖的商业模式。

总结起来，图 9-10 所示的五个商业模式涵盖了大多数目前正在运行的商业产品的商业模式。

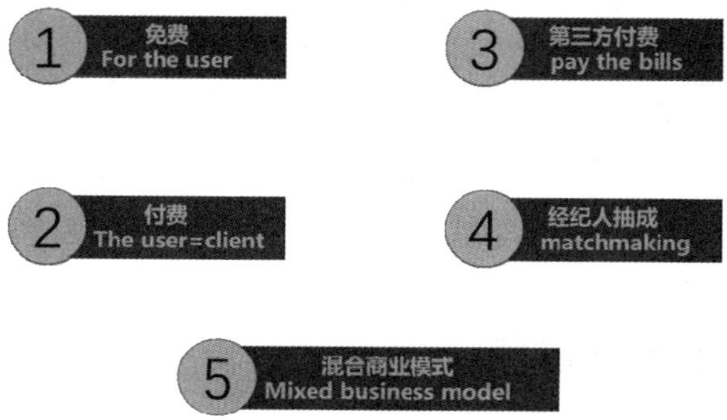

图 9-10　五个商业模式

1. 免费

免费模式或者接近于免费模式很早以前就在互联网开始实践了，而且还有一本书就叫《免费：商业的未来》，但其实免费不等于真的免费。比如，免费体验 7 天会员，过了试用期就要付费；免费使用一些基础服务，使用高级的服务就需要付费；免费里的服务没有你需要的，你可以付费定制你想要的服务。当然，国外一些免费的、开源的产品也接受捐赠和赞助。再比如，对普通用户免费，但是对企业级用户就要收费，比较典型的是印象笔记。

2. 付费

有免费的产品策略，当然就有付费的产品策略。在付费模式里第一个方式就是让用户为了“尊贵”而付费。比如，手机中的爱马仕——Vertu，如图 9-11 所示，是世界上最贵的手机之一，以经营高档品牌的方式，由世界著名的手机设计师 Frank Nuovo 设计。Vertu 手机从外观、用料到功能都绝对称得上有王者风范，每款手机的平均售价高达十几万元人民币。

QQ 会员最开始推出“红名”显示功能，也利用了用户为“尊贵”付费的特点。付费的 QQ 会员在聊天软件中排名靠前，名字的字体颜色为特殊的红色，用来和普通用户进行区隔。

图 9-11 世界上最贵的手机之一 Vertu

产品还可以设计成让用户为了“特权”而付费，腾讯旗下的很多产品都有这种功能。比如，QQ 秀红钻包月产品、QQ 空间黄钻包月产品、QQ 游戏蓝钻包月产品、QQ 音乐绿钻包月产品等，都是用户付费就会享有某些“特权”，享有很多普通用户没有的服务。后来，《征途》游戏也借鉴了这种设计，游戏可以免费玩，但是道具要付费。这种方式就形成了很多高级账号与普通账号的区别。

付费模式还包括现在比较流行的 App 内购模式，还有按使用时长、流量、使用次数付费的模式，比如现在体育比赛直播、独家版权的电视剧和电影等都是独立的付费模式。

付费模式还包括了传统的付费购买 license（许可证）方式和付费订阅方式等。产品经理也经常利用人们厌恶损失、害怕切换成本过高的心理效应来设计阶梯式的付费模式。

付费产品还可以利用现在的社交网络为公司发展提供帮助。比如，用户付费使用某个产品功能，公司增加了收入；如果用户不想付费，那么用户可以选择把产品推荐给好友，然后获得奖励（比如，用户如果想使用某个产品功能，那么要么邀请 50 个好友转发微信朋友圈宣传，要么直接付费购买）。这种方式可以帮助产品增加用户数量，节省产品营销成本。

3. 第三方付费

第三方付费也是在互联网中人们常说的“羊毛出在狗身上，由猪埋单”模式，也是很多免费模式变现的首选。最主流的变现模式就是广告模式，通过获取用户的资料、用户的关注点击、用户的注意力，换取投放广告方的付费或者产品推荐费，比如阿里妈妈、返利网等导流网站，就是运用这样的赢利模式。返利网通过免费向用户发放优惠券，获得大量用户的关注，再把返利网网站内的广告资源打包销售给广告主，如果有用户通过返利网上的广告链接跳转到目标网站，并完成了交易，返利网就会从这笔交易中获得提成。

4. 经纪人抽成

从理论上讲，像 58 同城这种信息匹配模式就属于经纪人抽成模式。这种模式最大的特点是有一个信息平台，尽可能消除信息不对称，从而获得付费方的信赖，促成最终交易，然后收取一部分佣金。现在比较火爆的二手房交易网站的商业模式和传统的中介公司开设门店，由房产经纪人帮助客户完成买卖房产是相同的模式。

经纪人抽成模式有可能是单边付费的（如服务费、上架费等），也可能是双边付费的（如 eBay 网站、某些拍卖网站）。

5. 混合商业模式

混合商业模式有很多应用。比如，前面提到的剃刀和刀片模式；被国内追捧的 Costco 模式，虽然卖商品没有赚多少钱，但是通过收取会员费已经实现了赢利；德国的 Aldi 超市把超市中所有的 SKU 数量减少到最小，然后通过大批量采购降低每一个 SKU 的价格，相当于薄利多销。

廉价航空公司把前面提到的几种商业模式混合在一起，创造了很多有吸引力的产品。比如，有些航空公司可能会收取枕头或毯子的费用，或者收取随身行李的费用。再比如，在飞行过程中，有些航空公司会出售各种商品获得收入；有些航空公司会把行李架、座椅头枕、杂志等位置都贴上广告；有些航空公司一般只有一种型号的飞机，这样可以节省飞行员和空乘人员的成本，增加人员效能，也降低了维修配件的采购积压成本，而且大批量购买一种型号的飞机也可以降低采购成本。

商业模式很重要，产品经理要不断地观察、思考、总结，这样才能创造出更新的玩法。产品经理要有能力把商业流程概念化或者把某些商业现象总结成某种模式。

例 1：从管道商业模式转移到平台商业模式

2018 年，在《大西洋月刊》杂志上有一篇文章，文中区分了两大类商业模式。第一类是管道商业模式，第二类是平台商业模式。管道商业模式也可以被称为线性商业模型，平台商业模式也可以被称为网络商业模式。

在管道商业模式中，公司创造产品和服务，并将其销售给用户。产品价值在上游产生并在下游消耗，就像在管道里一样线性流动，就像水流过管道一样。与管道商业模式不同的是，平台商业模式不仅要创造和推出产品，还要允许用户创造和消费价值。

平台商业模式通过促进两个或更多相互依存的群体（通常是消费者和特定价值的生产者）之间的交流创造价值。平台商业模式是 21 世纪的主要商业模式，亚马逊、苹果、微软、阿里巴巴、腾讯使用的商业模式都属于平台商业模式。

工业时代以管道商业模式为主，工厂生产产品，但是大量的价值都消耗到管道上了。宝洁、可口可乐、Nike 等公司都在全球有很多工厂，有很多销售渠道，这些都是自己修建的“管道”。随着科技的发展、电子商务的普及、移动互联网和移动支付的普及，这些公司的商业模式慢慢地从管道商业模式转移到了平台商业模式。

这种过渡就好像从 Web 1.0 到 Web 2.0 的转变，不再是单向的服务模式，不是公司生产什么产品，用户就用什么产品，而是变成了用户可以参与产品生产的过程，用户可以自我定制产品，或者用户在使用产品时生成的相应内容和数据决定了未来产品的样子。很多产品都设计了千人千面的功能，都有用户定制的特性，都从挖掘用户行为数据中获益。平台商业模式还放大了网络效应，比如天猫就是通过不断扩张的品牌和商品吸引了更多消费者，同时因为消费者都愿意选择天猫，再加上每年各种购物节的拉动，为阿里巴巴公司创造了巨额收入。

例 2：商业模式内核

经营一个商业公司的重要公式：利润=收入－成本－费用；

产品价值的重要公式：产品价值＝（新体验－旧体验）－替换成本；

经营一个电商网站的重要公式：销售额＝流量×转化率×客单价。

用一个公式描述商业活动体现了产品经理能够找到商业模式内核的能力。产品经理通过这样的公式自上而下地逐层细化，得到产品运营最基础的工作内容。

这种方法最早由美国杜邦公司使用，所以也被称为杜邦分析法。杜邦分析法是从财务角度评价企业绩效的一种经典方法，利用几种主要的财务比率之间的关系综合地分析企业的财务状况。这种分析方法的基本思想是将企业净资产收益率逐级分解为多项财务比率乘积，这样有助于深入分析、比较企业经营业绩。报表分析者采用这种方法可使财务比率分析的层次更清晰、条理更突出，可以全面、仔细地了解企业的经营和赢利状况。

如果你的商业模式可以用数学公式表达，就意味着你找到了核心。最好的商业模式当然是这些变量都朝着最好的方向变化，比如成本越来越小、购买人数越来越多。但是现实情况是，如果你的定价高了，你的订单数就会小，用户在生命周期内消费次数就少。一个成功的商业模式创新往往来自大幅度改变某个变量的数值，互联网的免费模式就是“极低的价格+增加用户人数”的极端状态。

产品经理要能够挖掘产品的商业内核，比如，吉列剃须刀的模式就是“降低价格+提高消费次数”。每个公司可能都有不一样的商业模式，比如电商公司举办各种电商购物节就是为了提高消费次数，亚马逊销售电子书就是为了降低可变成本。商业的核心都会落入收入、成本、费用三大变量的大幅度变化中。我们如果从三大变量出发，不断思考怎样才能大幅度改变这些数值，可能就会找到创新的路径。

产品经理如果可以把一种模式概念化，能够创造出概念化的词汇，就说明已经对这个模式有了深刻的理解。这不仅仅是创造了一个流行词汇，搞不好还能创造一个模式，引领行业变革。下面就简单举例，说一下最近比较流行的几个概念。

1）S2b2c

阿里巴巴首席战略官曾鸣教授提出了一个概念：“真正的 S2b 其实是 S2b2c”。这也是未来 5 年最先进的商业模式。这不是简单的管道商业模式，也不是提供一个市场平台，任由其发展。S2b2c 整合了前端供应链的大 S，赋能小 b，一起更好地服务 c 端用户。

S2b2c 模式最大的创新是 S 和小 b 共同服务 c。以前，很多平台都只提供平台、工具，由小 b 卖家自己服务 c 端用户，新的模式强调了大 S 提供的某种服务，强调了大 S 不但要提供 SaaS 化工具，而且要整合上游供应链，提供增值服务，帮助小 b 更好地服务 c。

这个概念的提炼为 b2c 转型升级找到了新的方向，找到了更加可行、可以落地发展的商业模式。

2）点线面体

曾鸣教授是第一个提出点线面体概念的。后来陆续有很多人借用了这个概念，把它作为一个商业战略工具使用。点线面体本来是艺术造型方面的概念，借鉴到企业发展战略的制定上非常有创意。我们通过点线面体的定位描述可以清晰地判断一个企业在广阔的市场空间中处于什么样的地位，非常立体、形象。

一般来说，我们可以把平台型企业比喻成一个平面。这个平面是由很多不同的点构成的，这些点代表了不同的角色。点和点之间有联系、有合作，连接起来就是一条线。不同的平台相互合作、相互嵌套就形成了一个体。

有了这个框架，我们就很容易确定一个企业在一个行业里到底做的是面的生意、点的生意，还是线的生意。比如，最开始在淘宝经营的卖家就是做一个点的生意，后来多了一些帮助卖家做店铺装修的、给卖家提供服装模特的，这些也都是点的生意，但是他们之间有联系，有合作；再后来有了网红电商，慢慢地就把这一系列点串了起来，形成了一条线，形成了从服装设计、打板到生产，从模特拍照到商品运营，从仓储物流到客服投诉等一整套完整的解决方案。而淘宝成了平台，让这些点、这些线能够不断地壮大和扩展，最终淘宝这个面的生意也就成功了。

3）MIND

在互联网广告发展早期，腾讯员工自己总结的一个概念叫“MIND”，每个字母都代表一个含义。如图 9-12 所示，MIND 代表了腾讯互动营销广告的方法论。

图 9-12 腾讯互动营销广告的方法论

（1）M（Measurability）：用可衡量的效果体现在线营销的有效性、可持续性以及科学性。

（2）I（Interactive Experience）：用互动式的体验提供高质量的创新体验和妙趣横生的网络生活感受。

（3）N（Navigation）：用精确化的导航保障目标用户的精准选择和在线营销体验的效果。

（4）D（Differentiation）：用差异化的定位创造在线营销的不同，满足客户独特性的需求。

在2008年以前腾讯广告部门的整体收入规模一直落后于新浪、网易等门户网站，从2008年开始，腾讯提出“腾讯智慧·MIND”战略，逐渐走向互联网广告第一品牌。虽然MIND看上去就是几个简单的英文单词的缩写，但是却凝聚了对互联网广告产品的深刻理解，是一种智慧的表现。很多时候产品经理能够完成工作，但不代表产品经理可以把工作方法提炼成方法论，提炼和总结的方法论也不代表就能够得到行业内其他人的认可。

中国有着最广阔的市场，腾讯的产品覆盖了几乎所有中国人，所以腾讯这个平台最有机会做到精确营销、实效营销。腾讯智慧·MIND战略让腾讯有了更强的影响力。腾讯智慧·MIND战略不仅首先构建了高效的在线品牌解决方案，更不遗余力地推动中国品牌与全球营销的对接。

第 10 章

产品经理的战略思考力

10.1 如何理解战略，分解战略

10.1.1 好战略是取舍的能力

产品经理不但要掌握第一性原理，还要具备高屋建瓴的能力。我不建议你总是把“痛点”挂在嘴边，而应该把“价值”放在首位，你要知道自己正在做的是什么生意、有什么意义、为用户创造了什么价值。同时，你也要知道如何才能做好，要选择什么样的战略和什么样的战术。

很多小公司都不讲战略，就更谈不上好战略了。基本上创始人靠一个想法或者当时资本市场追捧的一个热点就开始创业了。如果运气不错，得到了一大笔投资，当然就风风光光的，也有成为独角兽企业的机会，可是如果运气不好，公司就会很快倒闭。

到底什么是战略呢？战略就是要做出选择，做出取舍，不管是否得到了投资，你都要选择做什么和不做什么。在那些很快失败的案例中，我们经常可以看到摇摆不定或者贪大求全的企业。在《哈佛商业评论》中有一篇文章给出了这样一个定义：“战略的相反面也必须是一个战略”。比如，“某公司要做最好的在线教育公司”，这就不是一个战略，因为没有人想做一个最坏的在线教育公司。好的战略是要做一个面向小学 1 年级的语文教育品牌，这个定位就是非常清楚的。再比如，滴滴打车早期的战略是“让用户在 5 分钟内打到车”。战略就是有所为，有所不为。

美团前 COO 干嘉伟在一次混沌大学的分享中讲到美团当年开发新城市的战略，就体现出了选择的意义。当年在“千团大战”的时候，拉手网、窝窝团等竞争对手都疯狂地“烧钱”，疯狂地开发新城市市场，以此扩大市场规模，保持领先地位。而美团没有跟随竞争对手，美团想到的是终局。干嘉伟回忆说，当时大家一起想的是如果各大公司都没有现金了，最先放弃的是哪些城市？答案很明显，公司在没有现金后会放弃三四线城市，收缩到一线城市。到那个时候美团就可以很轻松地获得小城市 90%的市场份额。这个“向死而生”的战略果然奏效，行业的发展势态也如他们所料，最后这个战略被很多记者总结成了“农村包围城市”的战略。这就是好的战略，有所选择，对资本负责，对团队的投入产出比有严格的考核，没有跟着竞争对手走，最终实现了全面赶超。

产品经理能够提出一个好的战略，也是一种看到本质的能力体现。比如，很多人都喜欢做时间管理，都希望做一个高效的人，然而高效的人就是不做那些“必须要做的”事情的人。如果周五要提交工作报告，周四晚上还没做完，那么就算你再会做时间管理，也必须要做这件事情。假如这个报告放在周一就去做，你可能就不需要做时间管理了，因为你从来没有窘迫的感觉。同样，好的战略也一样，你不是为了制定战略而制定战略，而是找到那些慢变量，找到那些大趋势，不要等到产品马上就要上线了，你才想什么是好战略。做战略要提早做，做战略的目的是让自己更有目标、更有节奏、更从容地工作。

上帝是喜欢笨人的，很多事情都是在长期积累后才达到了质变的效果，只顾眼前利益得失的人往往最后没有大的成就。

好战略也需要好的执行，需要在恰当的时候做出取舍。柯达的例子我们都听了上百遍了，柯达首先发明了数码相机，但是柯达并没有选择这条路；滴滴从第一天开始就非常清楚自己的目标是让用户“更容易地打到车”，所以由程维亲自带队，深入一家家出租车公司进行现场讲解，现场安装，也正是因为有了这样好的执行，最终成就了滴滴的快速发展。

马云曾经说过：“一百分的好战略，没有执行也是零分”。对于 2018 年比较火爆的办公室无人货架，很多公司都一窝蜂地冲了进去，但是有清晰定位、有好的战略的公司非常少，有完整执行战略、按照零售行业规律执行的公司就更少了，最终很多公司的经营状况都是艰难维持的。

京东在十几年前就花费重金自建物流体系，自建仓库，自建配送体系。当时很多投资人都不能理解，大家都认为京东这样做一定没有成功的机会。对于电商公司来说，商品更重要，用户更重要，但是对于这些京东都不占优势。十几年过去了，京东获得了非常好的口碑，用户就是认为京东送货快。这个战略最终赢得了用户的选择。因为没有哪个用户会希望在网上购物后，可以晚几天再收到货，这就是一个好战略，这个战略切中了用户最根本的需求，甚至 10 年、20 年都不会变的需求，京东坚持不懈地执行了这个战略，最终成功了。京东当然可以选择做别的事情，但是京东做了取舍，做了一件长期受益的事情。

10.1.2　分解战略的四种方法

如何能够找到一个好战略呢？如何正确地理解和分解好战略呢？下面介绍四种方法，第一种是战略地图法，第二种是接班人战略法，第三种是终局思考法，第四种是 DOAM 法。

1. 战略地图法

什么是战略地图？战略地图由罗伯特 •卡普兰（Robert S. Kaplan）和戴维 •诺顿（David P. Norton）提出。在一个企业里战略理解和战略传递是非常困难的事情，企业如果无法全面地、清楚地描述战略，就会造成所有员工对战略无法达成共识，严重地影响战略的实施和完成。所以，两位大师创造了战略地图这个描述和表达战略的工具，如图 10-1 所示。

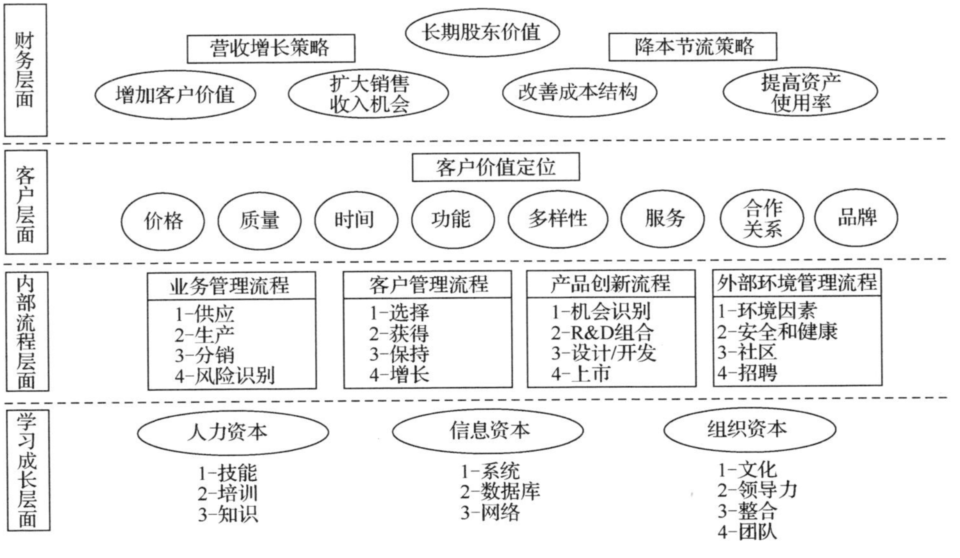

图 10-1　战略地图模板

战略地图通过可视化的表达，让公司的所有成员可以用一种通用的语言沟通战略。同时，运用战略地图，可以梳理出一套相互关联的目标，最终达成公司的战略。

公司的战略管理部门组织相关部门根据战略地图确定战略主题，分解战略目标，找到关键驱动因素和指标，确保公司各部门、各岗位清晰地知晓公司的战略定位和战略目标。

在做完战略地图后，我们通常要用到平衡记分卡这个工具。使用平衡记分卡可以对战略进行逐级分解，平衡记分卡不仅是绩效考核工具，更是通过驱动每个人行动由此推动公司战略落地执行的工具。

2. 接班人战略法

英特尔的安迪·格鲁夫相信“只有偏执狂才能生存”，所以在英特尔的半导体内存业绩不断滑坡的情况下，格鲁夫做了一个重要的决定。这也是企业管理历史中的一个传奇故事。1985 年的一天，格鲁夫问摩尔：“如果我们被董事会裁掉了，重新请来一位新的老板，你觉得他要做的第一件事是什么呢？”摩尔回答：“他会放弃半导体内存业务。”格鲁夫想了一会儿说：“那就让我们自己来做这件事吧。”

当公司找不到好战略的时候，我们不妨设想一下，如果来了一个新的老板，他要做的第一件事情是什么？要想找到好的战略，就要经常练习换位思考，经常练习按照 CEO 的想法思考。即使你不能想到 CEO 那么高层级的领导需要做的事情，你也可以思考比你高两个层级的领导需要做的事情，比如总监是怎么想的，总经理又是怎么想的。

如果诺基亚 CEO 能够在它鼎盛的时候想想未来新 CEO 会做什么，雅虎 CEO 能够想想新老板会想什么，柯达 CEO 能够想想新的行业领导者会做什么，那么这些公司可能会发展得更好。

接班人战略还表现在聚焦业务上，乔布斯从被赶出苹果后，一直没有找到更好的机会，做了很多尝试，也许是这些尝试让他明白了如何做好一个产品，经营好一个公司，所以在乔布斯重新回到苹果的时候，直接砍掉了 90%的产品型号，只保留了最核心的产品，可以说是走了精品策略才使得苹果起死回生。

3. 终局思考法

在一般情况下，如果能够看到终局，就容易找到不变的战略。从目前成功的公司来看，与传统零售行业相关的公司，无论是亚马逊、阿里巴巴，还是京东，都对未来的商业形态理解得比较深刻，仿佛已经看到了终局，所以它们的战略很清晰，就差执行和时间了。

终局一般有三种：

（1）第一种是强马太效应导致一家独大。比如，从目前来看微信只有自己能打败自己，暂时没有其他产品可以撼动微信的地位。而微信自己笃信自己是一个工具，而不是一个平台，相信自己创造的是一种生活方式、一个生态，很多角色在其中自然地生长、竞争、灭亡，微信没有对任何角色有任何倾向的态度。

（2）第二种是多寡头的平衡。比如，对于音乐行业、直播行业、视频行业、打车业务、外卖业务，中国的市场足够大，谁也没有办法独吞整个市场，并且为了维持市场的领先地位还要不断地投入。2018 年全年，滴滴在司机补贴方面投入共计 113 亿元。也许在出行市场，终局就是形成多寡头平衡的局面，这种终局大家早就已经看清楚了，所以为了维持市场地位就要持续不断地投入。

（3）第三种是相对分散的百花齐放。比如，微博、微信公众号的内容产品；知识付费里的公知；直播、短视频里的主播人群。这些行业的门槛并不高，不会有明显的网络效应或者规模效应，基本上都是“昙花一现”或者“各领风骚数百年”而已。在这些行业里没有永远的明星，也没有出现赢家通吃的局面。

所以，当你能够很清晰地判断行业的发展趋势时，你就能够判断出行业的终局，你也就知道应该如何分解战略、如何执行战略了。

4. DOAM 法

DOAM 法又称为逐级承接分解法，是很多公司都在采用的战略分解方法，如图 10-2 所示。

在 DOAM 法中，下一级的行动方向（D）是上一级的行动计划（A），下一级的目标（O）是上一级对应行动计划（A）的衡量标准（M）。用这种办法分解战略目标，可以让每个层级把信息传递到位，充分沟通，达成共识。这种分解方法不但是逐级分解，而且是逐级承诺的过程。这种分解方法确保每个人都知道要做什么，也知道要怎么做、做到什么样的标准。这样，在过程中再对员工加以沟通与辅导，就能够确保战略有效的执行。

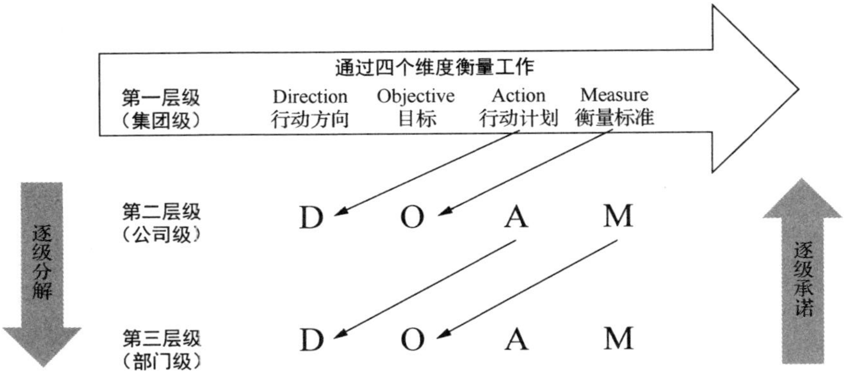

图 10-2　DOAM 法

10.2 亚马逊和京东很早以前就只做一件事

亚马逊是第一个市值超过万亿美元的公司，但是你可能想不到亚马逊在刚上市时估值只有 4.85 亿美元，更想不到这家公司连续亏损 20 年。在这 20 年里，亚马逊到底做了什么才让企业走向成功呢？

10.2.1　寻找 20 年不变的事情

经常有财经记者问亚马逊创始人贝索斯，未来 10 年电子商务行业会有什么变化，而贝索斯经常说的一句话就是："与其说寻找未来什么是变化的，不如寻找未来什么是不变的"。我想贝索斯从一开始就找到了什么才是零售行业未来 20 年都不会变的东西，那就是消费者希望买到更便宜、更优质的东西。不管是过 20 年还是过 50 年，应该不会有消费者希望买"贵"的东西。所以，在这 20 年里亚马逊一直都在坚持做的事情就是如何能够让商品更好、更低价。

在中国，中小企业的平均寿命不足 1.8 年，整个市场环境竞争非常激烈，尤其最近 10 年，资本投资非常热门，创业公司如雨后春笋般地出现，几个月以前还风生水起，几个月以后可能就销声匿迹了。过去，我们总被灌输的思想是"世界变化快，但变化才是唯一不变的"，世界上很多重要的东西都在变化，真正的思想往往是没有变化的，这些思想经过了历史的考验，绝对不是快餐式的体验，没有哪些思想哲理有效期是只有 5 年的。真正成功的企业家也一直在追求"百年老店"。

这意味着想要成功就要做长期不变的事情。

据统计，日本全国有百年老铺 10 万家以上，其中 200 年以上历史的老铺有 3000 多家。他们大多从事酿酒、和式甜点、酱制品、服装业、旅馆业，还有各种各样的制造业。我们常说匠人精神，他们不是为了赚钱而工作，而是有信念。他们这么多年一直追求的理想是没有变化的。

10.2.2 学会长期思考

我们从小接受的教育就是要志向远大，立长志而不常立志，制定长期规划，甚至百年大计，这就是长期思考。从字面上我们就能够理解长期思考这个概念，长期思考有两个特征：一个是思考的跨度更长，目光要放得远一些；另一个是要坚持，坚持自己认为对的事情。

亚马逊为什么能够在连续亏损 20 年后开始腾飞，最终做到市值超过万亿美元呢？难道是因为到了第 20 年的时候，市场环境突然变化了？20 年后，亚马逊没有竞争对手了？或者亚马逊拿到了更多的商品独家代理？还是有什么其他秘诀呢？其实都不是，用周星驰电影里的经典台词说："别人笑我太疯癫，我笑他人看不穿"。并不是亚马逊到了 20 年后才打开锦囊妙计，而是在这 20 年里，亚马逊一直默默地坚持，默默地做正确的事，做 20 年都不会变的事情，积累获得爆发的原动力。

在这个过程中，亚马逊的发展战略没有受到股价的影响，亚马逊的高管们承受住了各个方面的压力，贝索斯坚持自己的信仰和思考，最终取得了这样的成就。如图 10-3 所示，亚马逊的股价一直到 2012 年才开始快速增长。贝索斯经常说："不要太在意股价，今天股价涨了 10 美元，你觉得你很聪明，你判断对了，难道明天股价下跌 10 美元，你就变笨了吗？"

亚马逊的例子在提醒我们要做一个长期的思考，就不要在意短期的波动，不要太在意周围的影响。就像本书前面讲到的，你在游泳比赛时不需要总盯着竞争对手看他们是比你快了还是比你慢了，你要关注自己的动作、自己的节奏。

亚马逊还做了一件能够体现长期思考精神的事情，在每一年的致股东信里，都会附带 1997 年第一封股东信的文稿，并且贝索斯建议所有人永远要像第一天一样，保持"Day1"的心态去经营公司。如图 10-4 所示，贝索斯在 1997 年第一封致股东信上就已经明确地指出，一切都是为了长期（It's All About the Long Term）。

图 10-3　1997—2019 年亚马逊的股价走势图

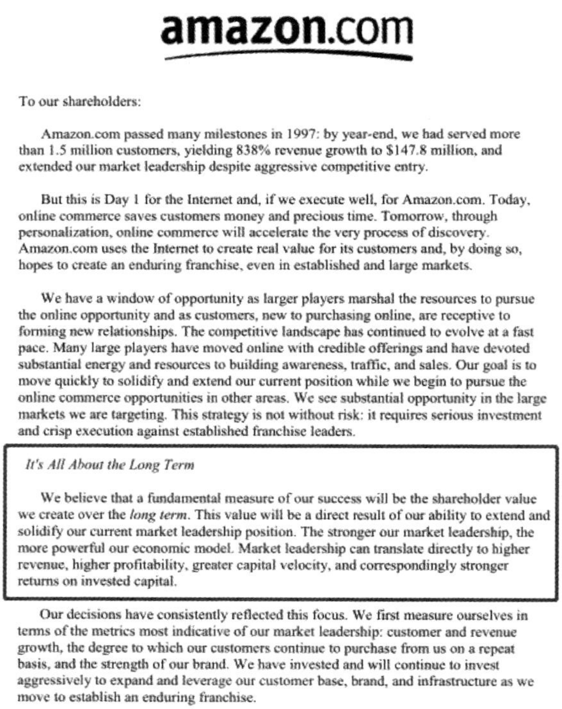

amazon.com

To our shareholders:

Amazon.com passed many milestones in 1997: by year-end, we had served more than 1.5 million customers, yielding 838% revenue growth to $147.8 million, and extended our market leadership despite aggressive competitive entry.

But this is Day 1 for the Internet and, if we execute well, for Amazon.com. Today, online commerce saves customers money and precious time. Tomorrow, through personalization, online commerce will accelerate the very process of discovery. Amazon.com uses the Internet to create real value for its customers and, by doing so, hopes to create an enduring franchise, even in established and large markets.

We have a window of opportunity as larger players marshal the resources to pursue the online opportunity and as customers, new to purchasing online, are receptive to forming new relationships. The competitive landscape has continued to evolve at a fast pace. Many large players have moved online with credible offerings and have devoted substantial energy and resources to building awareness, traffic, and sales. Our goal is to move quickly to solidify and extend our current position while we begin to pursue the online commerce opportunities in other areas. We see substantial opportunity in the large markets we are targeting. This strategy is not without risk: it requires serious investment and crisp execution against established franchise leaders.

It's All About the Long Term

We believe that a fundamental measure of our success will be the shareholder value we create over the *long term*. This value will be a direct result of our ability to extend and solidify our current market leadership position. The stronger our market leadership, the more powerful our economic model. Market leadership can translate directly to higher revenue, higher profitability, greater capital velocity, and correspondingly stronger returns on invested capital.

Our decisions have consistently reflected this focus. We first measure ourselves in terms of the metrics most indicative of our market leadership: customer and revenue growth, the degree to which our customers continue to purchase from us on a repeat basis, and the strength of our brand. We have invested and will continue to invest aggressively to expand and leverage our customer base, brand, and infrastructure as we move to establish an enduring franchise.

图 10-4　亚马逊 1997 年致股东信部分截图

在第一封致股东信里，我摘取了几条有价值的内容，附上英文原文希望有助于你更好地理解什么是长期思考：

（1）我们相信对成功的衡量方式就是看公司为股东创造的长期价值是什么。这个价值将会是我们扩大市场、巩固市场地位的直接结果，我们的市场领导力越强，这个商业模式产生的力量就会越大。市场领导力可以直接转化为更高的收入、更大的赢利、更高的资本周转率，相应地也会获得更高的资本回报率。

We believe that a fundamental measure of our success will be the shareholder value we create over the long term. This value will be a direct result of our ability to extend and solidify our current market leadership position. The stronger our market leadership, the more powerful our economic model. Market leadership can translate directly to higher revenue, higher profitability, greater capital velocity, and correspondingly stronger returns on invested capital.

（2）我们将继续毫无保留地把关注点放在我们的客户身上。

We will continue to focus relentlessly on our customers.

（3）我们将继续基于长期保持市场领导力的角度来做出相应的投资决策，而不是为了短期的利润或者华尔街的反应而做出决策。

We will continue to make investment decisions in light of long-term market leadership considerations rather than short-term profitability considerations or short-term Wall Street reactions.

（4）如果我们不得不在漂亮的会计报表和最大化未来自有现金流的现值之间做出选择，我们将会选择现金流。

When forced to choose between optimizing the Appearance of our GAAP accounting and maximizing the present value of future cash flows, we'll take the cash flows.

（5）我们将在关注长期利润和资本管理两者之间获得平衡。在这个阶段中，我们将成长放在更优先的位置，因为我们相信规模对于我们的商业模型来说是至关重要的。

We will balance our focus on growth with emphasis on long-term profitability and capital management. At this stage, we choose to prioritize growth because we believe that scale is central to achieving the potential of our business model.

如果做一件 20 年都不会变的事情靠坚持，做长期思考靠战略眼光，那么亚马逊的飞轮效应就是成功的另一个重要因素。产品经理非常有必要仔细地揣摩亚马逊的飞轮效应，产品经理要思考的问题是如何能够做出这种产品布局、如何获得这种产品体系带来的协同力量。

对于卖家的服务，亚马逊创造了非常成功的三个产品，分别是引入第三方卖家的 Marketplace 服务、支持卖家代发货的 FBA 和最著名的 AWS。

对于买家的服务，亚马逊有非常成功的 Prime 会员服务，同时亚马逊在“多、快、好、省”这四个维度上也一直持续不断地投入。

贝索斯在 2014 年致股东信的开头就给出了一个理想的商业产品的定义：

A dreamy business offering has at least four characteristics. Customers love it, it can grow to very large size, it has strong returns on capital, and it's durable in time – with the potential to endure for decades. When you find one of these, don't just swipe right, get married.

一个理想的商业产品至少有四个特征：第一个特征是顾客喜爱它，有很强烈的需求；第二个特征是这个业务规模可以成长到很大的体量；第三个特征是这个产品有很高的资本回报；第四个特征是这个产品能够经得起时间的考验，也就是说这个产品要有存在几十年的潜力。如果你能找到其中一个特征，那么不要轻易错过，要紧紧抓住它。

亚马逊的三大支柱业务分别是 AWS、Prime 会员服务、Marketplace 服务，虽然这三个业务不是我们平时认为收入最高的业务，但是对于亚马逊这个商业模型来说，绝对是缺一不可的。

一个公司的各个业务联系紧密，并且互相推动，就好像发动机里互相咬合的齿轮一样，从完全静止的状态到把整个齿轮结构高速旋转需要用非常大的动力，但是每个齿轮运动的每一圈都有价值，一旦运动起来就会越转越快。亚马逊的这三大支柱业务就好像推动飞轮旋转的三个齿轮，一开始没有任何动静、没有任何收益，但是在坚持了 20 年后，飞轮终于转动了，亚马逊也就成功了，而且飞轮会越转越快。

亚马逊做了什么样的产品布局才让这个飞轮转动起来呢？

1. 持续给用户更好的服务，开创每年 99 美元的 Prime 会员服务

用户每年花费 99 美元购买 Prime 会员服务就可以享受一系列的超值服务，比如免除所有邮费、有些商品可以免费当日送达（这种快递服务在欧美国家是很难达到的标准），还可以免费获得亚马逊视频、音乐、图书、游戏平台上的很多内容。亚马逊每年在 Prime 会员费上的收入超过了 60 亿美元，同时 Prime 会员服务也大大地提高了用户的忠诚度。这带来的最直接影响是亚马逊会员的购买次数和购买金额都比非会员多得多，用户都希望买得更多，把已经支付的 99 美元赚回来。

2. 用户需求多就需要更多的卖家服务用户

引入第三方卖家、建立 Marketplace 平台有助于亚马逊迅速扩张品类。到目前为止，在亚马逊上大大小小的第三方卖家已经超过了 300 万个，这些第三方卖家每年贡献的销售额已经接近了亚马逊总销售额的 50%，这个业务不是“引狼入室”，而是低成本地增加了很多商品。当用户在亚马逊上购买商品的选择增多时，Prime 会员服务就会更超值，购买会员服务的用户也会更多。用户越多，就会有越多的第三方卖家愿意到亚马逊开店。

当用户越来越多、第三方卖家越来越多的时候，亚马逊原来的自营商品对上游供应商的议价能力也会越高，所以亚马逊的商品价格会原来越便宜，第三方卖家的同类商品也会跟着降价。亚马逊要求第三方卖家的服务要好、送货速度要快，所以就顺势推出仓储物流服务、代发货服务，让 Prime 会员更加超值。

3. 强大的 AWS

在 AWS 刚被推出的时候，它被认为是一个错误，一个电子商务公司为什么要做服务器的生意？但是，随着时间的推移，Pinterest、Dropbox、Airbnb 等公司都使用了 AWS，很多大企业也不断加入 AWS 用户的行列，它们选择使用 AWS 的主要原因和那些初创企业是一样的：速度快、灵活性高，以及成本更低。

参加过中央电视台春节晚会互动活动的互联网公司都感受到了春晚的力量，都知道 IT 系统对于这样级别的互动活动非常重要。同样，作为入驻亚马逊的第三方卖家，他们也知道亚马逊的流量有多大、用户有多少，第三方卖家肯定不想在 IT 系统支持上输给任何一个竞争对手。如果他们使用 AWS，他们就能够支撑更大规模的用户订单，第三方卖家的 IT 系统也能够安全、强健、高性能的工作。

AWS 是一种理想的商业产品，能够在未来很多年持续服务用户并获得财务回报。一方面，市场机会是巨大的，体现在服务器、网络、数据中心、软件基础设施建设、数据库等方面。另一方面，AWS 的市场领先地位已经非常明显，这将会是一个持续的强大优势。

亚马逊的飞轮效应可以简单地描述如下：

商品越多，用户购买的选择就越多，用户就越愿意来试试，购买机会就越多，购买次数就越多，愿意支付 99 美元会员费的用户就越多。付费用户越多，他们的消费次数和消费金额也就越多，亚马逊对这些商品的供应商的议价权就越大，商品的价格就越便宜，用户就会获得更多利益，就会买得更多……

所以，飞轮旋转起来就会产生更大的收益，这就是亚马逊成功的秘诀。这里引用本杰明·格雷厄姆的一句名言："股市从短期看就是投票器，从长期看就是称重器"，经营公司和做产品都如此，你不要做左右摇摆的投票，不要把产品变来变去，你应该想办法做长期的持续产品增值，坚持到获得最终的胜利。

10.3 埃隆·马斯克的超级梦想

10.3.1 伟大的梦想需要好的执行

埃隆·马斯克是特斯拉汽车公司的创始人之一、太空探索技术公司创始人、太阳城公司的管理者，如图 10-5 所示。在很多人眼里，马斯克是神，就是当今现实版的"钢铁侠"，是伟大的企业家。

在我眼中，埃隆·马斯克是一个成功的商业产品经理，因为他有一个超级梦想，并且具备长期思考的特质。这么多年来，他也一直坚持做一件事情，下面我们就来看看他的超级梦想。

"把人类变成星际公民"，这就是埃隆·马斯克的超级梦想，这是一个宏大的愿景，所以马斯克成立太空探索技术公司，然后开发大型火箭和飞船，计划将人类送往火星，最终实现火星移民。在这个宏大的目标下，他首先要分解问题，前面提到了第一性原理，这也是马斯克的思想精髓。

如果要移民到火星，使用的火箭需要面临两个问题。第一个问题是能不能支持载人或者一次运载更多的人。第二个问题是火箭发射成本太高，每次发射火箭都要花费几亿美元，并且都是一次性的。所以，太空探索技术公司开发了大型火箭，而且是可以回收反复利用的，这大大地节约了移民火星的成本。

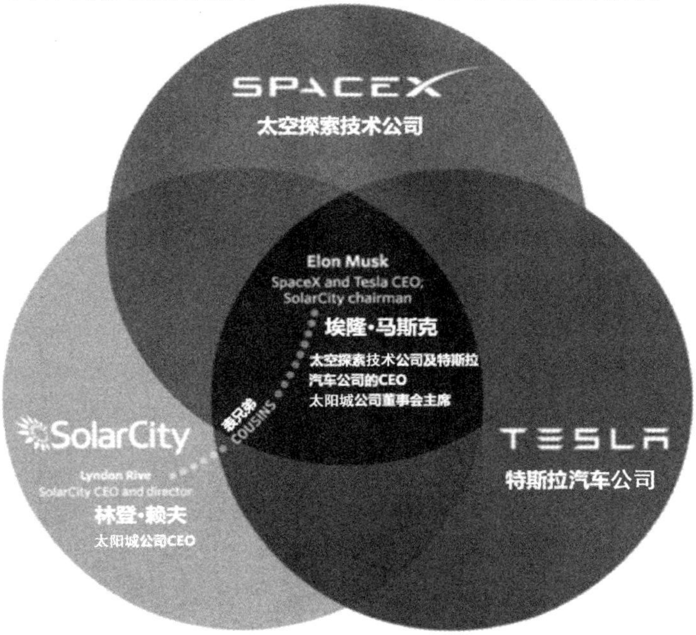

图 10-5 埃隆 • 马斯克管理的三大公司的关系图谱

接下来，马斯克想到的是到火星使用什么能源，根据科学家的观察，在火星上可能没有石油和水，比较好的是火星上有充足的太阳能，所以马斯克才会想着制造特斯拉电动汽车，做太阳能存储的 SolarCity。再后来，马斯克还要做脑机互联、高速铁路等，这些都是为了最终移民火星做的准备。

你会发现埃隆 • 马斯克做的这些事情都是有关联的，而不是孤立的一时冲动、偶然间得到的灵感或者资本市场上的热点项目。马斯克做的每一个产品都思考了产品具体实施的解决方案，都有好的战略选择和执行，这也是我想说给所有产品经理听的道理。

马斯克的成功有运气的成分，当然这也体现了好的战略决策能力。马斯克为了这个超级梦想，用从金融服务公司 X.com 挣到的第一桶金（大约一亿美元）投资了硅谷的两个企业家和车迷创办的特斯拉汽车公司，并成了最大股东。因为其他创始人没有管理经验，他们就让马斯克当了特斯拉汽车公司的董事长，并赋予他最终决定权。

像马斯克这样的产品经理，可以说是不懂造车“技术”的，就像大多数产品经理不懂 Java 和 PHP 一样，但是这并不妨碍他创造出好产品。他选择买了一辆汽车，然后做汽车改装，将内燃机改成电动机，这有点像在开源代码上做一些定制开发。这个做法很符合最小可行化产品原则（MVP 产品原则），很符合小步快跑的原则，然而新车并没有大获成功，毕竟这种改装不是长期的办法。

接下来，马斯克开始裁员，缩减公司运营成本，又推出奔驰 smart 汽车的改装版，并且获得了十亿美元投资，这才避免了公司破产。如果你认为马斯克想赚钱，那你就错了，这只是缓兵之计，马斯克在得到钱后仍然坚持初心，请来了世界级的汽车行业专家霍兹豪森，霍兹豪森是大众、通用和马自达等多款汽车的设计师，他到任半年就设计了一款四门车——Model S。但是，生产汽车却是一个大问题，这就好比公司没有足够多的程序员，原来在开源代码上修修改改还可以，如果全部都自主设计、自主研发，那么问题就多了。

产品经理一般在设计规划产品时想的方案可能都很完美，他们往往会忽略研发资源、实现成本。马斯克当时犯了一样的错误，所幸的是，2008 年马斯克说服了丰田，购买了丰田的一个废弃的工厂，获得了汽车生产能力，在 2012 年时第一批 Model S 汽车生产下线，并交付给了用户。产品经理要努力寻找可以利用的开发资源（这些开发资源不一定是本部门的），要把实现产品当成目标，不要只会抱怨公司人力资源不足、开发能力不够强。

有了产品，还要考虑产品的运营。马斯克生产了电动汽车，就必须要想办法解决电动汽车的充电问题。所以，特斯拉汽车公司就开始在美国全国铺设超级充电站，就像汽油车需要加油站一样，如果不解决充电问题，汽车就只能停在路边了。于是，马斯克和他的表弟一起创办了太阳城公司，开发了完整的家庭储电系统。这样的产品布局已经超出了很多产品经理的想象，甚至有人开始说马斯克是骗子。从产品经理的角度看，这是非常伟大的长期思考。

在做了上面几件事情后，马斯克把钱几乎都用光了，只靠卖一款 Model S 汽车支撑伟大的愿景肯定不行，必须要找到其他的造血方式。这也是很多产品经理在运营产品时遇到的问题，可能没有资金，可能布局太广、根基不牢，也可能营销补贴太猛、“烧钱”太快，总之难以持续，马斯克也遇到了类似的问题，马斯克决定生产基本款的廉价电动汽车 Model 3，相当于降低商品价格获得更多购买人群。在此之前，Model S 汽车几年才卖出 10 万辆，而 Model 3 汽车在开放预订后，6 个月获得了 50 万辆订单。

2018 年是马斯克过得最惨的一年，虽然有 50 万辆汽车订单，但是汽车产能跟不上，很多汽车可能要几年后才能交付到用户手里。这种购买体验是绝对不可能在互联网公司存在的，这也提醒产品经理，即使有再伟大的产品计划，也要关注研发能力，要注意产品迭代速度、版本计划、产品发布的节奏。你千万不能认为自己有一个举世无双的产品创意，未来就能够在市场上取得成功，在你用了两三年研发产品并把产品推向市场时可能已经没有人再想用这个产品了。

10.3.2 又一个长期思考的典范

2002 年，马斯克创立太空探索技术公司，有人说他以前没有做过火箭，所以肯定见不到真正的火箭；

2006 年，猎鹰 1 号火箭发射三次，失败三次，当时有人说个人做火箭没戏；

2010 年，太空探索技术公司推出猎鹰 9 号，当时有人说听说过谷歌把几台服务器捆绑在一起当成大型基站用，没见过火箭也能够绑在一起发射，一定会失败；

2015 年，火箭回收失败两次，火箭发射爆炸一次，当时有人说火箭是不可能回收的；

2017 年，第十三次火箭发射后回收成功，火箭复用成功，48 小时连续两次发射成功，12 天内三发成功。

这一连串的成功让那些从一开始就质疑马斯克的人都不说话了。这种坚持到最后得到的胜利就是长期思考的胜利，这和亚马逊连续亏损 20 年的故事如出一辙。

还有一个例子能够体现出埃隆 • 马斯克的长期思考，这一点也与亚马逊的致股东信出奇地相似。

早在 2006 年 8 月 3 日，埃隆 • 马斯克就公布了他生产特斯拉电动汽车的总体规划，如图 10-6 所示。

2016 年 7 月 21 日，埃隆 • 马斯克又公布了特斯拉宏图之第二篇章，如图 10-7 所示。

成为"能源积极"的人
我想要说，除了汽车，特斯拉公司还将与其他公司共同推广其生产的可持续能源产品。例如，在其他选项之外，我们还将提供太阳城公司（SolarCity）生产的一种尺寸和价格适中的太阳能电池板。太阳城是一家太阳能光伏技术企业（我也是主要的投资人）。这种系统可以安装在自家屋顶上，位置不影响其他活动，因为其尺寸小，或设置成车库的一部分；它每天能发足够行驶约50英里（80公里）的电。

如果你每周行驶里程在350英里（560公里）以内，你就会在你的个人交通方面成为"对能源有积极贡献"的人。这比节能或甚至取消你的交通能源消耗更进一步，因为你实际上会向电网回送比你的交通用电更多的电力！**所以，简而言之，我们的总体规划是：**

1. 生产跑车
2. 用挣到的钱生产价格实惠的车
3. 再用挣到的钱生产价格更实惠的车
4. 在做到上述各项的同时，还提供零排放发电选项

别告诉任何人。

图 10-6　特斯拉电动汽车生产的总体规划

特斯拉宏图之第二篇章

埃隆 · 马斯克 • 2016年7月21日

10年前，我发布了特斯拉秘密宏图的第一篇章，如今已进入最后的完成阶段。这一规划并不复杂，基本内容如下：

第一步：打造一款产量很小的车型，该车型价格肯定是昂贵的；
第二步：用赚到的钱，开发一款产量适中的、价格相对低一些的车型
第三步：再用赚到的钱，创造一款量产的、价格亲民的车型
而且...
第四步：提供太阳能电力。不开玩笑，在过去的10年中，这项规划一直出现在我们的网站上。

我只能从第一步（译者注：打造产量小、价格昂贵的车型）开始，是因为我从PayPal赚到的钱，只够支持第一步！当时我认为，我们成功的机率很低，而我不想拿任何人的钱来冒险 --- 因此，只能用我自己的钱。历史上成功的汽车初创企业寥寥无几。截至2016年，没有倒闭的美国汽车企业只有两家：福特和特斯拉。创办一家汽车公司是白痴一样的愚蠢行为，而创办一家电动汽车公司则是蠢上加蠢！

图 10-7　特斯拉宏图之第二篇章

特斯拉宏图之第二篇章希望达到如下目标：

（1）创造惊人高效的、配备集成储电功能的、美观的太阳能板。

（2）扩充电动汽车产品线，满足各细分市场需求。

（3）通过大量的车队学习功能，开发出比人类手动驾驶安全10倍的自动驾驶技术。

（4）让车辆在闲置的时候，通过分享为你赚钱。

这些内容都可以在特斯拉官网上轻松获取，你可能会好奇地说，这不应该是一个企业的核心秘密吗？如果竞争对手得到这些内容，不就可以很轻松地超越特斯拉汽车公司或者通过控制原材料供应商来排挤掉特斯拉汽车公司吗？我想埃隆·马斯克不是这样认为的，他不但公布了总体规划，而且还公开了大部分电动汽车的生产专利。

埃隆·马斯克的做法显然不是为了独占某些资源以获取暴利，要知道 Model S 汽车的毛利在 20%以上，如果他想赚钱，分分钟就可以成为亿万富翁。我想他要做的是完成超级梦想，顺便推动行业的变革，引领行业的进步。他之所以要公布专利，是因为希望更多的人能够参与；他之所以敢把特斯拉汽车公司的总体规划公布出来，是因为生产汽车不是目的，成为"对能源有积极贡献的人"是他的信仰。创造惊人高效的太阳能使用系统是他的目的，打造一整套能在火星上使用的能源方案、出行方案、生活方案才是他的最终梦想。

如果你从痛点的角度思考产品，那么你可能关注的是电动车的驾乘体验、电动车效率与汽油车效率的对比，你可能考虑的是电动车本身的功能；但是如果你像埃隆·马斯克一样，想到的是给人类带来的价值、对能源的积极贡献、创造高效能的太阳能管理解决方案，那么你在具体的实施路径上可能也会走出完全不一样的路线。

早在十几年前，埃隆·马斯克就非常清楚地知道自己的终极使命是什么了，就在思考如何开始自己的宏图大业了。更神奇的是，他的每一步计划在 2006 年就已经以公开信的形式发布了。这封公开信就像贝索斯在 1997 年写的致股东信一样，20 年前贝索斯也完全知道自己在做什么，要怎么做。

这就是长期思考，这就是产品经理在战略层面上应该学习的思考力。

10.4 腾讯的三次组织变革

一个产品经理要想理解公司战略，最简单的方式就是看公司的组织架构，学习 CEO 的公开讲话。比如，如果阿里巴巴 CEO 张勇在公开讲话时经常把"构建商业操作系统"挂在嘴边，那么说明阿里巴巴的核心业务仍然是电子商务，游戏部门就不是其核心部门。

互联网的下半场属于产业互联网，上半场的人口红利、社交红利都已经到了天花板，而在下半场整个互联网和传统行业都纷纷参与进来，面向 AI 以及即将到来的 5G 时代，腾讯将以技术为驱动引擎，探索社交和内容融合的下一代形态。在这种情况下，产品经理一定要能够理解大的趋势，理解行业的变革，不能再简单地追求解决用户痛点，改善产品体验了。产品经理要时刻保持清醒，充满危机意识和前瞻性，这样才能做出引领用户的产品。

在互联网的上半场中，腾讯储备了非常丰富的用户运营经验，有非常多的优秀产品经理，有世界领先的海量数据、高并发处理的技术实力，这些经验和优势都将成为它迎战互联网下半场的利器。面对互联网下半场，作为产品经理，你准备了什么呢？是否有归零的心态？是否愿意放低姿态，谦卑又进取地面对新旧产业和互联网的融合趋势呢？

从 1998 年成立至今，腾讯已经进行过三次重大组织架构调整，每次间隔 6～8 年。第一次组织架构调整在 2005 年，这次调整是因为人员的扩展、管理范围的扩大，腾讯由一家初创公司转向规模化的生态协同，单一的社交产品变为一站式生活平台。第二次组织架构调整在 2012 年，是因为业务板块的调整，确保了腾讯从 PC 互联网向移动互联网升级，并通过科学技术“连接一切”，为亿万个用户提供优质服务的同时建立起了开放生态。腾讯由原有的业务系统（Bussiness Units，BUs）制升级为事业群（Bussiness Groups，BGs）制。到了 2018 年，腾讯进行了第三次组织架构调整，这次调整充分地体现出腾讯战略升级的态度，腾讯也要做长期思考了，腾讯拥抱了产业互联网，彻底把连接器的定位做扎实了。

伴随着战略升级，腾讯的组织架构在时隔 6 年后迎来新一轮的优化调整，在原有七大事业群（BGs）的基础上进行重组整合，如图 10-8 所示。

很多时候，不管是组织架构调整，还是战略方向调整，都可能有滞后效应，一个变量对另一个变量的影响不可能在短时间内完成，在这个过程中通常存在时间滞后，就好像我们小时候玩的老鹰捉小鸡游戏一样，在队伍的最后面往往很辛苦，要跑大圈。产品经理在做产品规划和产品布局时也会有这样的情况。

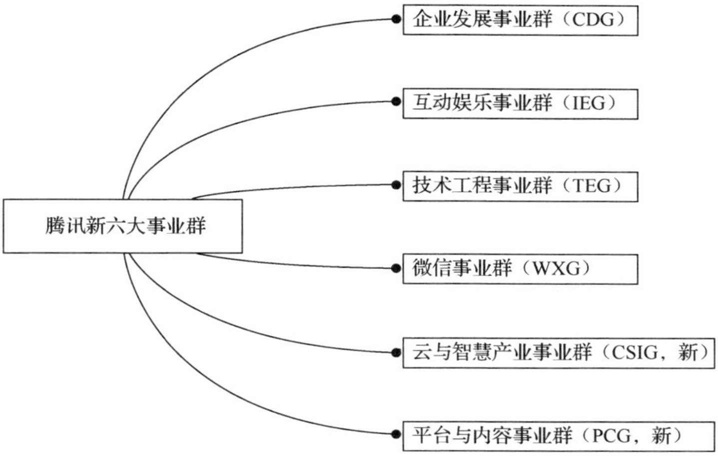

图 10-8　2018 年的腾讯组织架构

10.5 商业产品经理的决策与创新

10.5.1 决策的方法

1. 长期思考是决策的指导方针

产品经理要能够思考如何制定战略，理解公司已经制定的战略，按照战略分解执行战略，这是非常重要的。产品经理首先要有一个理念：“相信对的事情，坚持做下去”。

产品经理在平时工作中，最常说的词是“用户体验”。其实用户体验不仅仅是交互设计，还包括业务中所有涉及面对用户的细节，比如产品的价格、产品的分类、产品的付费流程，如果是电商业务还包括商品的包装和配送感受。我们创造的用户体验影响了用户对我们的认知，是我们在商业上最重要的驱动因素。

如果你也认同贝索斯在 1997 年第一封致股东信里提到的长期战略，你就应该贯彻到平时的工作中，用这个指导方针驱动很多具体实在的决策。我们尝试将所有大大小小的用户体验的决定都包括在这个思维框架下。

比如，淘宝上的用户评价功能可以是对商品评价，也可以是对卖家的态度、物流速度等评价，给了用户留言写评论的权利，同时也出现了很多意外的情况，比如刷好评、职业差评师、删差评等。得到差评的卖家有着满腹的抱怨，甚至骚扰买家，卖家开始质疑淘宝的产品经理是不是懂商业，认为淘宝已经靠卖家投放广告赚钱了，就不应该允许买家对商品的负面评价出现在网页上，这样会影响卖家的生意。有些用户在购物时看到了其他人留的负面或者冷淡的评价后真的会改变主意。

作为商业产品经理，你不能这样想，虽然从短期来看负面评价会让交易额下降，导致卖家不满意，但是从长期来看这种用户体验帮助了用户做出更好的购买决定，是会给整个生态带来好处的。

在一个公司里，如果根本性战略始终没变，这个公司就能跑得很快，因为所有人都可以埋头苦干，聚焦长期，一切为了用户价值。但是如果根本性战略摇摆不定，就会给决策带来困难，就没办法支撑创新发明所必需的失败和迭代，产品经理可能变得很短视，变得要寻找即时的满足，寻找速胜的捷径。

产品经理对产品做长期的战略思考有助于“回到用户需求”的源点。因为公司在某项服务或产品上积累了非常丰富的经验和资源，所以有些产品经理会很自然地想能否在当前公司擅长的业务基础上再做些新产品。但是具备长期战略思考能力的产品经理则不在乎原来的优势，会回到用户需求本身，由用户原始需求决策是不是需要新的能力、新的技术。

2. 你的目标设定会改变你的决策

携程网在中国的旅游行业中一直处于领先地位，后来去哪儿网异军突起抢占了一部分市场，2015 年 10 月 26 日携程网和去哪儿网宣布合并，为什么会有这样的局面呢？携程网在长期的发展战略中没有预料到去哪儿网可以通过比价的方式与携程网竞争吗？

其实原因在于你的目标设定。携程网当年把自己定位为在线旅游，所以携程网看的是整个旅游资源如何整合、如何合作，而去哪儿网把自己定位为比价工具，去哪儿网一开始就想清楚了，在整个在线旅游的市场中酒店的数量、机票的数量就这么多，前面还有携程网掌控着，根本不可能挖掘出更多的增量，纯粹竞争存量也没有意义，去哪儿网就从另外一个角度思考，用户永远想要便宜的酒店、便宜的机票，所以比价就改变了整个产品逻辑。

3. 智猪博弈带来的启示

什么是智猪博弈？在一个猪圈里，最左边有一个踏板，最右边有一个食槽，你在左边踩下踏板，在右边就会掉下食物。如果只有一头猪，那么当然没有任何问题了。如果有一头大猪和一头小猪呢？不管谁跑过去踩踏板，再跑回来吃，都不能占到便宜。如果你是小猪，你要不要踩踏板？答案是肯定的，不要。

在互联网的行业里，如果你是一个创业公司，你就不要去做需要培育市场或者先需要一定规模，然后才能够获得收益的事情。小猪的最佳策略就是静静守在食槽旁边，当大猪跑去踩踏板的时候，趁着大猪没回来多吃几口。

智猪博弈告诉我们，一定要想办法把利益最大化，至于是掌控市场的主动权，还是跟随策略只是一种选择，通常在竞争激烈的市场上有这样几种策略：

1）可能形成一家独大的市场格局，想取胜一定要抢占先发优势

比如，在共享单车的市场、网约车的市场、外卖市场中，为什么大家不停地打价格战、补贴战，目的就是抢占市场垄断地位，用户很可能在习惯了使用某个产品后，就懒得切换到其他产品了。

2）产品增长靠规模效应的市场格局，想取胜一定要抢占先发优势

市场规模越大，成本越低；成本越低，产品就越有竞争优势。比如，对于零售行业和B2C电商行业来说，用户越多，商品越全，上游的议价能力就越强。

3）产品发展所需要的资源是稀缺的市场格局，想取胜一定要抢占先发优势

比如，你要创办航空公司，但是机场的停机坪就那么多，后来的飞机就只能让旅客坐摆渡车了；你要开线下实体店铺，但是临街的商铺就那么多，如果别人开店了，你就没有机会了。所以，面对资源稀缺的市场，一定要抢占先发优势。

什么时候做头“小猪”，采取守候策略呢？

1）技术方向不明确

比如，区块链和人工智能等技术未来可以应用到哪些领域和哪些方向现在还不明朗，在区块链领域中还没有一个杀手级的应用出现，所以大公司可以保持跟进和关注，让小公司探路，一旦大方向清晰，那么大公司可以马上投入重金，用品牌和实力就可以赶超小公司，甚至碾压小公司。

2）市场需要慢慢培育的

比如，对于掌静脉生物识别技术来说，这项技术本身没有问题，但是市场应

用不够普及，相关硬件的研发成本高，而且指纹、脸部识别已经得到了市场认可，用户没有必要再扩展一个新的生物识别技术，这种就属于市场需要慢慢培育的，这时候就最好让大公司去培育市场，小公司在后面搭便车。

3）落后的时候要紧紧跟随

比如，当滴滴和快的拼命烧钱的时候，神州专车一直紧紧跟随，不一定要超越滴滴，但起码消费者会记得有神州专车这个产品。

4. 精心计算后再行动

美团之所以能够在“千团大战”中活下来，是因为不管美团准备执行什么样的战略选择，整个公司高管都是要仔细规划的，精心计算后再行动。想明白了就动，想不明白就试，不要盲目扩张、好大喜功。

这里再回顾一下当年的“千团大战”，大家的业务模式都差不多，拼的就是执行力。摆在这些团购网站面前的问题都一样：中国这么大，到底去哪些城市开展业务？总共发展多少个城市的市场合适？

2011 年 12 月，大众点评、百度糯米、嘀嗒团大约开发了 30 个城市的市场，拉手网、窝窝团、团 800 开发了大概 160 个城市的市场，而美团只开发了 90 个城市的市场，既不是最多的也不是最少的，美团明显选择了跟随策略。团购发展初期需要培育市场，而且线下市场的管理难度极高，想要做到赢者通吃需要花费非常大的代价。

美团的精心计算主要为以下三个方面：

1）团购这种商业模式是开发城市市场越多越好吗

这个问题首先要回答团购到底是什么商业模式、用户行为有什么特征；然后还要回答运营一个城市的市场需要多少成本，再结合公司融资能力和账面现金流，决定要开发多少个城市的市场。

在白板上画一个坐标图，横轴是每个具体的城市市场运营成本，纵轴是这个城市市场的交易规模，把中国 300 多个城市和地区统计一遍，就会发现开发大城市市场成本高，开发小城市市场成本低。从交易规模上看，当拓展到 100 个城市市场就能够发挥二八效应了，也就是 100 个城市市场的交易规模占了整体交易规模的 90%以上。所以，美团最后就开发了接近 100 个城市的市场。

2）应该优先在哪些城市市场中投入资源呢

假设 300 个城市的市场是这个战役的终局，很明显不是所有公司都能活到最后的。很多公司还没有开发到 200 个城市的市场资金链可能就断裂了。所以，有限的资金应该优先投入哪些城市的市场呢？

美团当时的思路是这样的，假设到了 2013 年某天，胜负已分，该倒闭的公司已经倒闭了，该裁员的、该收编的都要行动了，为了控制成本，肯定要关闭某些城市的市场，他们最先关闭的一定是小城市市场。因为像“北上广深”这样的大城市市场还能够维持一下，也许能挺过这一关将来还有机会东山再起。

大城市的市场竞争激烈，所以没有哪家公司可以占据绝对统治地位，不可能轻松地战胜对手，也不可能被对手赶出去。小城市的市场有一个特点就是商家数量少，垄断商家的难度比较小，而且小城市的市场一旦形成供给侧垄断，就意味着战斗结束了。所以，美团优先投入到这些小城市市场，并且先从小城市市场开始了赢利。

10.5.2 颠覆式创新

现在很多人都在谈科技创新，谈颠覆式创新，谈改造传统行业，谁才是时代的幸运儿呢？怎样做才能突破传统束缚呢？以方便面行业为例，方便面行业是一个市场规模达到 900 亿元的行业，康师傅、统一等方便面厂商一直都占据很大的市场份额，然而人们却想不到当外卖行业兴起的时候，人们变得不再吃方便面了。用户泡一袋方便面的方便和快捷变成了点一个外卖、多花点儿钱、多花点儿时间，同样足不出户就可以吃到更有营养的更多菜品，用户自然有了新的选择。

颠覆式创新往往都是你想不到的，打败你的很可能是其他行业的玩家。罗振宇曾提出“国民总时间”的概念，这个概念的意思就是现在 App 的竞争其实就是用户时间的争夺；随着时间的碎片化，产品可能比拼的是用户认知的争夺和用户注意力的争夺，而不再是功能的竞争。

简单地说，颠覆式创新就是“熟悉+意外”。从这个角度看，颠覆式创新还是有一些方法可以摸索的。比如，变买为租，原来你可能需要买一辆汽车，但是现在的出行简直太方便了，有快车、顺风车，以及短租的汽车可以供你选择；再比如，分时复用，原来酒店预订都是按天计算的，后来有了钟点房，马上就能找到很多中频的需求（比如按小时租房用来打麻将、在中考或高考时家长按小时租房陪子女考试、旅客为了赶早班机可以按小时租房等飞机等）。

颠覆式创新就是重新想象场景，重新定义场景，让原先已经固化的价值产生价值裂变。颠覆式创新不一定要创造一个完全新的东西，而要能够重新观察一个场景，找到不同的价值增加或者价值转化的路径。

颠覆式创新不是靠天马行空的创意，而是靠对商业的深度理解。从商业逻辑的角度看，如果一个商业模式是供给驱动的，那么要从产能上寻找突破点；如果一个商业模式是需求驱动的，那么要从如何突破天花板上寻找可行性。

其实，关于经济增长的动力一直是经济学里热门的话题，古典经济学派强调供给，认为是供给带来了经济增长，而凯恩斯经济学派则认为供给不一定有需求。我们不用纠结，我们只讨论在某个产品的价值链上谁才是链主，在这个商业模式下供给和需求哪个驱动力更大。

比如，在没有 iPhone 的时候，大家都用诺基亚等按键手机，基本上更换手机的频率是 3 年，但是后来 iPhone 每年都会发布新产品，国产智能手机也在不断地追求性价比、不断降价，使得用户更新手机的频率缩短到 14 个月，这就是典型的供给驱动的例子。

比如，对于打车出行市场，在没有滴滴打车的时候，人们只能坐出租车，虽然在上班高峰期时打不到车，但是人们已经习惯了。自从有了滴滴打车，非常多的私家车车主提供了快车、顺风车、专车等服务，甚至变成了职业的滴滴司机，这就是典型的需求驱动的例子。

很多时候并不是你有固有的优势，你就能够创新成功。在硬盘制造行业中，很多硬盘制造厂商早期主要生产 14 英寸的大硬盘，然后将大硬盘卖给大型计算机制造商，但是这些硬盘制造厂商想象不到当时没人要的 8 英寸硬盘会取代 14 英寸的大硬盘；同样，他们也没有想到 8 英寸的硬盘会被 5.25 英寸的硬盘取代，按理说这已经是硬盘制造行业的第二次颠覆了，这些厂商应该吸取经验教训了，可是最终 5.25 英寸的硬盘还是被 3.5 英寸的硬盘取代了，未来 3.5 英寸的硬盘很可能也会被固态硬盘取代。在这短短的 20 年里硬盘制造行业出现过 111 次持续性技术创新，颠覆式创新只出现过 5 次。在 111 次持续性技术创新中，大公司的成功率是 100%。而在只有 5 次的颠覆式创新中，大公司一次也没有成功过。

其实，大公司也并不是高枕无忧的，他们都很焦虑，都害怕有一天突然就被取代了。2018 年 10 月底，马化腾深夜在知乎上留下问题，他提出的问题是："未来十年哪些基础科学突破会影响互联网科技产业？产业互联网和消费互联网融合创新会带来哪些改变？”

马化腾的问题分为两个部分，第一个部分是“基础科学突破对互联网科技产业的影响”，第二个部分是“产业互联网带来的改变”，这正是马化腾真正关心的重点。人口红利正在进入尾声，谁也看不清楚未来社交产业会出现什么变化，腾讯的连接器战略如果不能紧密连接到产业互联网，那么腾讯很可能在互联网下半场掉队。未来的变化往往是技术引发的，所以马化腾熬夜发出的灵魂之问是值得深思的。

新技术的发展一般都会经历一个周期，在刚出现时进步不快，但是在到达一个拐点之后，就会出现指数级的飞跃，最终会超出市场的预期。一旦技术性能超出需求，用户选择产品的标准就会转移到需求还没有得到满足的其他性能上。比如，在城市里开车，人们最多开到80公里/小时的时速，虽然能开到150公里/小时，但是用户没有这方面的需求，所以能开到200公里/小时的车并不会增加吸引力。相反，影响购买行为的可能会是车的安全性、舒适度、美观。

所以，颠覆式创新在不同的阶段、不同的技术背景、不同的社会背景、不同的需求场景下可能会有不同的创新路径。大公司一般都做不好颠覆式创新是因为他们有很重的包袱。比如，生产电动汽车的技术并不是在有了特斯拉以后才出现的，电动汽车在几十年前就有完整的技术了。为什么在新造车运动中都是互联网人下海，并且想利用互联网思维颠覆传统造车企业，而传统造车企业却迟迟不出手呢？原因在于电动汽车的整体市场还不够大，整个产业链配套还不够完善，传统造车企业不能为了收入贡献不超过5%的电动汽车产品，去做自我革命，放弃现在主要收入支柱的汽油车生产。而小公司可以这么做，是因为他们没有包袱，也相信自己可以从小变大、从低端走向高端。

新兴技术和产品往往质量很差、利润很低、市场很小、风险很大、不确定性很高，所以大公司不会选择回到低端。大公司总是在追求收入的增长、利润的增长，在增长压力的驱动下，理性的管理者找不到充分的理由进入市场规模小、利润更低，而且前景不明朗的低端市场，因为低端市场解决不了大公司的增长需求。

第11章
产品研发的快与慢

11.1 慢策略：深刻理解用户需求

11.1.1 深度挖掘用户需求的方法

产品经理是对综合能力要求比较高的一个职位，不仅要懂技术，而且要懂商业，懂用户，还要做一个比用户更好的产品经理。

有人认为产品经理比较好做，只要换位思考，就能够模拟用户心态，就能够深度挖掘用户需求。这是对“一秒变傻瓜”的误读，这种换位思考只是一种体验，只是一个个案，不能够代表用户的需求。

1. 在做用户需求挖掘之前的指导原则

1）用户自己可能不知道有什么需求

产品经理在做用户需求挖掘的时候，比较忌讳的是直接问用户有什么需求或者问用户有什么痛点。因为用户的观察视角和产品经理的视角不一样，使用场景也不一样，用户有时候告诉你的答案是他自己设计后的“产品”。

比如，对于去饭店吃饭排队等待这件事情，你如果问“痛点”，那么可能大多数人会说有个提醒就好了，避免过号，或者可以提前取号，避免浪费时间；这些都是用户设计过的产品，因为在排队等待的过程中，焦虑才是最大的敌人。你虽然提供了叫号提醒，但是用户真实的行为是取了号，然后逛街去了，或者用户去其他场景使用其他产品了，目的是填补排队等待的时间段。同样，我们去银行办事也要排队取号。你能感受到，用户的真正需求并不是取号，也不是取号通知，用户需要的是你能够提供一个服务为等待的时间段创造价值。

再比如，一位女白领在午餐时间走到楼下的西餐店，你问她要吃什么菜，她说沙拉就行。其实沙拉不是她的需求，她希望吃得健康，吃一些不会让她长胖的食物。好的服务员会说，我们最近新推出一些健康沙拉套餐，有减脂的、有补充维生素的，等等。

这就是说你要做一个比用户更好的产品经理，能够理解用户设计过的产品，能够帮助用户识别出他们真正的需求，帮助用户找到满足他们需求的产品。

2）讲用户故事不要讲痛点

美国在小学阶段就开始培养孩子们学会分辨什么是“事实”、什么是“观点”，用户故事就是事实，而痛点就是观点。很多时候产品经理在做产品时分不清楚事实和观点，非常主观地代入了产品经理自己的意见、老板的意见，最终使得产品可能偏离了用户原本的需求。

事实是可以有真假的，但是没有对错之分，观点则是在一套认知体系中可以自洽的逻辑表达，也没有对错之分。在做用户需求挖掘的时候产品经理最好自己观察用户，记录事实，总结观点，而不要通过用户的行为去验证自己主观的判断。

比如，产品经理小李说：“我们应该学习苹果公司，苹果手机有一个封闭的生态系统，用户只能在这个封闭体系里购买服务，慢慢地就形成了付费习惯，所以iPhone是最好的手机了。”这就是带着预想的结论，找到苹果系统的例证，反推出用户的付费习惯是因为这个封闭的生态系统才慢慢形成的。

好的产品经理应该清楚地分辨事实和观点，如果站在用户使用App的角度来看，iPhone的封闭生态系统的确提供了很多优秀的App，所以用户才会为了使用这些优秀的App付费，用户在购买App时可能并不懂，也不在乎生态系统是不是封闭的，他们不是专业的产品经理，他们只是普通用户。

所以，在做用户需求挖掘时，你要找到可信任的、有代表性的用户故事，自己把用户故事提炼成用户需求，而不要抱着一定要找到用户痛点的心态，挖掘用户到底有什么地方未被满足或者挖掘用户一定还需要什么功能。这样做都会掺杂非常多的个人观点或者产生很多想象中的需求。

3）用户的诉求是感性的

成功的产品一般都可以打中用户的情感诉求。比如，知识付费产品打中了在城市里打拼的青年人职场焦虑的诉求。再比如，一些长期久坐的人的身体状态是亚健康的，他们都有肩周炎、高血脂等病状，有一些人可能还肥胖，健身类的App就是打中了用户需要健康的诉求。

很多真正的用户需求一般都隐藏在“麻烦”的背后，而用户不一定都会在意这种麻烦，所以不能只看痛点，要看用户在真实场景里情感诉求有没有变化。比如，去银行办事，一般人都觉得等待是正常的，但是有些人就会比较焦躁，这就是情感诉求上的区别。

你可以试着为用户故事画一个图，这样可以标记出每个没有必要存在的步骤、每个引起用户失望的结果，这些点可能代表一个创造新需求的机会。

2. 关于深度挖掘用户需求的方法

1）从现有的数据中深度挖掘需求

你的产品很可能已经有了现成的数据或者竞争对手的产品已经有了类似的数据可以参考。你可以查看过去的调查问卷、用户访谈和客服电话的记录。这些也许可以帮助你了解用户的需求、用户的行为和用户的动机，包括用户做了什么动作、用户是如何做的，以及用户为什么这么做。

2）绘制用户图挖掘需求

如果你了解用户的使用流程，最好把它画出来。比如，在滴滴打车出现之前，你为了打车，站在路边等待出租车经过，拼命地挥手以便让司机看到你，然后司机停车接上你，并送你到达目的地，最后你支付足够的现金。在有了滴滴打车以后，你打开智能手机，按一个按钮就可以召唤离你最近的车了。你会知道汽车还有多远，因为你可以在地图上实时看到它。司机也会看到你的位置，直接找到你。在到了目的地以后，你可以直接通过移动支付付费。图 11-1 为传统打车流程和用户使用滴滴打车流程对比。

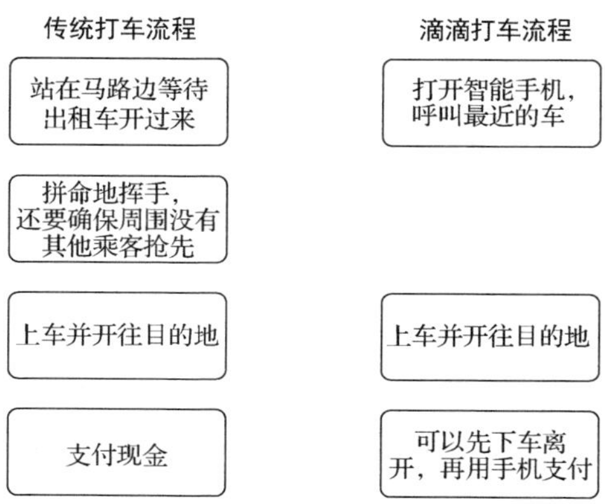

图 11-1　传统打车和用户使用滴滴打车流程对比

3）通过用户访谈和焦点小组挖掘需求

用户访谈可以是街访，也可以是用户深访。用户深访是指你跟随用户到她的工作场所或者家里，花一天时间看用户做她的工作和事情。你观察此过程中的问题，然后寻找改进的方法。

焦点小组的目标是促进与用户的公开和诚实的对话。通过焦点小组，你将深入了解用户如何认知你的产品、如何使用产品，以及有什么意见和不满。

4）通过定义用户角色挖掘用户需求

很多产品经理错误地使用年龄、学历和城市等通用的人口统计数据来定义他们的用户角色。这些数据根本无法提供足够有效的信息来创建用户画像。

你应该更关注用户为什么使用这个产品、用户使用这个产品的目的是什么、用户的动机是什么、用户在产品中寻找什么或者希望得到什么、用户想做什么等问题。

单独使用网络调查问卷或者数据分析都不可能得到准确的结果，要做用户角色的定义就要从数据分析、用户跟踪访谈、用户小组访谈、用户角色画像、用户故事中获得完整的分析数据，然后得出分析结果，如图 11-2 所示。

图 11-2　通过定义用户角色深度挖掘用户需求

3. 用户需求的整理归类

下面列举了 9 种常见的用户需求类型，可以帮你把用户需求做分类整理。

1）功能与特色

用户需要产品或者服务来实现某个目标。比如，用户需要一个能制作小冰块的冰箱。

2）价格

用户需要一个价格在他预算范围内的产品或服务。比如，一个学生需要购买一台价格低于 5000 元的笔记本电脑。

3）时间和便利性

用户对节省时间和易于使用的产品或服务有要求。比如，靠近火车站的酒店。

4）用户体验

用户可能不懂得什么是用户体验，但是用户知道自己心中的感觉。比如，用户可能要求酒店环境优雅和宁静。

5）外观设计

用户需要具有特定风格和颜色的产品或者具备某些特殊设计要求的产品。

6）可用性和易用性

产品在用户体验设计上要符合可用性和易用性要求。比如，用户需要易于折叠的婴儿车。

7）身份及社会认同

用户可以将某些类型的产品或服务视为其身份和社会地位的象征。比如，最早使用大哥大手机的用户或者早期使用 iPhone 手机的用户都有这种身份认同感的需求。

8）可靠性和耐用性

用户通常要求产品或服务可靠、可用且耐用。比如，银行的 App 或者某些移动支付产品。

9）性能需求

用户对产品性能有要求，如速度或准确性。比如，采用骁龙 845 的手机或者手机摄像头有 2000 万像素。

一直以来，产品要满足用户需求是做好产品的第一原则，所以才会有很多关于“痛点、痒点、爽点”这类的概念出现，这些概念都是在讨论用户需求的定义，讨论用户需求的程度。需求并不能神奇地悬浮在空中，需求也不能明摆在桌面上，甚至有些人认为需求是可以创造出来的。乔布斯从来不做用户研究，却可以发明 iPod 和 iPhone 并且引领整个行业。

其实，第一个发现创新概念不足为奇，发掘用户需求也不是致命武器，但是第一个创造出情感共鸣并能把握住市场需求的产品经理才是最终的赢家。就像索尼公司是第一个生产电子书产品 Librie 的公司，但最终还是被亚马逊的 Kindle 超越了；Netflix 不是第一个做电影租赁的，但它开创了在线电影租赁业的新纪元。

产品经理要想着引爆需求，开创一种新的生活方式，甚至重新定义一个新的行业。产品经理要在做用户需求深度挖掘的时候就思考如何引爆需求的问题。同时，产品经理要想做出一个成功的产品，在需求阶段时还要考虑下面这四个问题：

（1）这个产品能够激发感情共鸣吗？用户需要什么样的感情共鸣？

（2）这个产品能够解决用户的问题吗？能创造什么价值？

（3）这个产品最恰当的使用场景是什么？当时用户的需求是什么？

（4）这个产品能够比较简单地就激发用户购买行为吗？用户付费的动机是什么？

所谓的慢策略就是产品经理不要急着解决用户的痛点，不要急着解决当下的问题，而要多做一些深度挖掘，多思考这些现象背后的运行规律，多想一些商业的内在逻辑。

11.1.2 十种用户需求陷阱

在互联网中糟糕的产品体验无处不在，有的产品根本就是没有用的产品，有的产品可能不能正常工作，有的产品可能操作太难，有的产品其实就是一个“伪需求”的产品，根本没有人会下载使用。为了创造成功的产品，避免一些在需求研究阶段就出现的错误，产品经理需要一起看一下以下十种用户需求陷阱。

1. 为创造概念找需求

2017 年 8 月，北京街头出现了一种“共享马扎”的项目。某公司在公交车站投放了一批马扎，用户只需要扫码就可以免费使用。该项目一推出就引来热议，有人说这就是在炒作共享经济的概念，因为没有人工监管，所以不扫二维码也能坐。而且这个产品的使用场景也比较奇怪，到底是希望用户在等车时使用还是拿到公交车上使用呢？有好奇的网友验证了这项服务，在扫了马扎上的二维码之后添加的其实是一个公众号，并不需要付费。该公司称他们调查了北京的人均公共座位只有 0.05 个，所以他们推出了“共享马扎”的服务。这样的项目就是典型的为了追赶资本热潮而创造出来一个概念，并为这个概念找到了一个有数据支撑的需求。

2. 搞不清楚用户需求和产品需求

在产品使用方面，用户永远是对的。所以，用户定义了产品需要做什么功能，开发团队就应该根据用户需求开发产品。

产品经理编写的需求文档是一定要通过技术评审的，很多时候产品经理在分析完用户需求后，在转化为产品文档的过程中由于技术实现问题、交互体验问题等多方面因素，经常会做一些删减，这就容易出现问题了。当然，产品经理也不能完全不做任何修改和调整，直接把用户语言当成产品需求发给开发人员，这样非常容易做出一个失败的产品、一个没有扩展性的产品、一个很多功能都不能复用的产品，从而浪费非常多的开发资源。

用户需求其实描述了用户使用产品的一个场景，描述了用户使用产品的一个行为动作，描述了一个用户遇到问题并解决问题的过程，产品需求是解决这个问题的可行方案。用户不一定知道他们自己想要什么，不是因为他们不够聪明，而是因为这需要大量的时间和专业知识。用户忙于自己的生活和工作，没有时间学习如何使用一个产品，用户也没有办法看到更多其他用户的需求是什么样的，也不知道有没有其他产品可以提供类似的解决方案。

产品经理要负责定义正确的产品。产品经理要深刻地了解目标市场及目标用户的需求，然后再努力将可能的东西与理想的东西结合起来，创造出可以满足用户需求的产品。

3. 将创新与创造价值搞混了

没有明确目标的创新只能算寻找某个问题的技术方案。不知道用户需求的技术研发是没有价值的。创新要满足客户需求，无论实施它的技术如何。换句话讲，产品经理最重要的能力不是想象力，而是创造力。产品经理不是为了找到一个解决方案，而是为了提供价值。

今天在互联网上有很多这样的产品，它们不一定解决了一个真正的问题或提供的解决方案不一定比其他解决方案更好。可能只是产品经理觉得竞争对手做了一个产品，也要做一个而已，或者他们可以接受平庸吧。但是，产品经理要有明确的愿景和产品策略，要经常使用自己的产品，并可以提出创新的解决方案来解决非常现实的问题，这样才可能产生有突破性的产品。

4. 换位思考，把自己的需求当成用户需求

在腾讯做产品时有一个说法叫“1 秒变傻瓜”，这是一种体验产品的方式，目的是消除产品经理预设的一些结论或者想法。如果你做不到也没有关系，可以找其他同事或者保安员、保洁员都可以达到类似的用户调研目的。但是很多人理解

错了，以为自己可以换位思考，提出一些用户意见，把自己想象成目标客户。这是非常危险的，这种换位思考会产生许多负面后果，产品经理不可以代表用户，可以提出一个新的用户故事，看看按照用户角色划分方法能否找到类似的用户故事。

产品经理在设计产品的时候已经对产品非常熟悉了，所以在做很多体验的时候，观察的视角与普通用户已经有区别了，就像很多人看过一遍悬疑推理电影，然后再去看同一部电影的时候是已经知道答案的。

很多产品经理不但沟通、表达能力强，在说服人时还比较强势，经常容易把自己的需求当成用户的需求。很多时候产品经理可能找不到目标用户的特征，或者在做一些 to B 业务时没有充分做用户调研，或者正在做的产品没有竞争对手的产品可以参照，这些时候都容易把自己的需求当成用户的需求。

5. 非常想做竞争对手未满足的功能

产品需要差异化，但是不能为了差异化而差异化。用户可能会因为你的产品有一些差异化的功能而选择你的产品，但是这不一定是产品本身要提供的价值，或者不能代表完整的价值。差异化的功能，甚至技术的专利都不能构成长期的核心竞争力，竞争对手总是有办法绕过去的。

好的产品提供了价值，对用户是有好处的，而不是提供给用户一些功能。好的产品必须定位清晰，必须简单易用，并且能够提供引人注目的价值主张。产品经理必须深刻理解目标市场、目标用户，产品经理要帮助用户解决一个真正的问题。

没有明确价值主张的原因有几种，最常见的是这个产品没有解决一个足够重要的问题。有一些产品可能采用了领先的技术或者有着不错的用户体验，但是这些产品对用户都没有太大的用处。如果你不能在用户面前用一分钟的时间解释清楚你的产品是什么，就说明你的产品功能做得太多了。

6. 没有想清楚就推广，搞错因果关系

一个好的产品要让用户先用，如果用户还没有使用，就急着推广，最后很难成功。这里不是说推广不重要，而是说在需求阶段你可能就搞错了因果关系，就算做再多的推广也可能无济于事。比如，一家经营快递柜业务的公司计划补贴 1 亿元做个大型的营销活动，推广其快递柜业务，让更多的快递员使用他们的产品。

我相信很多一线大城市的人都体验过快递柜业务，很多小区或办公楼下都有快递柜。快递柜的存在提升了快递员派件的效率，快递员原来派件要先给客户打电话，然后要与客户约时间上门，有的小区保安还不让快递员进门，有时候快递员还要在楼下等很久客户才会来拿快递。在有了快递柜后，快递员可以直接把快递投放在快递柜中，系统会发送短信提醒收件人，这大大节约了派件时间。这家公司在经过初步的数据分析后认为目前柜子的空置率高、周转率比较低，而且在几千万个快递员群体中还有很多快递员没有使用过快递柜产品，做营销活动可以拉动更多快递员使用产品。这里就犯了因果关系混淆的错误。

首先，快递柜业务对于快递员来说不是新鲜事；其次，快递员使用快递柜是需要付费的，不是免费投放的。所以，对这个现象正确的描述是“快递员看到了某公司的快递柜，但是不知道什么原因，却没有使用”。正确的做法应该是寻找原因，到底是快递柜使用费用高，还是快递柜在产品功能上有问题。

相反，做营销的办法就是搞错了因果关系，认为“因为快递员没有使用产品，所以我们就做营销活动拉动快递员使用快递柜”，这就好比“我每天工作都很累，所以我需要多睡觉”，看上去睡觉真的可以缓解疲劳，可是真正的原因应该是思考每天都做了什么才会累。

如果在需求阶段就搞错了因果关系，那么后续再做很多产品功能也不能解决根本问题。

7. 追赶竞争对手，把增加需求当成优化产品

你现在去访问任何一个初创的互联网公司，他们的员工几乎都在疯狂加班，都是“996 的工作状态”，每个产品团队都在疯狂地竞赛，希望自己比竞争对手更好一点。这种创业精神当然无可厚非，但是如果一个产品团队希望通过一系列新功能就战胜竞争对手，最终让客户下载或购买，那就错了。

一个产品添加了新功能，这对于提升产品价值的贡献可能没有那么大。你可以试想一下：

销售顾问可能会告诉你：“用户喜欢 A 产品，用户真的需要做成像 A 产品那样的功能。”

运营经理可能会说：“我们需要立即添加 X 和 Y 功能，因为我们的竞争对手正在打压我们。”

你的老板可能会说："你看别的产品体验多好，你看我们的产品很简单，什么功能都没有。"

在公司里开会讨论产品需求时，我们经常听到类似的产品需求建议，更多的时候是跟着竞争对手跑，而不是基于自身的用户需求、产品定位、产品数据、产品研发能力等多个因素去考虑。

产品经理在工作时可能会有一个长长的需求列表，里面收集的都是这类问题，它们不是在解决潜在问题（如产品可用性或产品价值），可能只是增加了一些功能，只是完成了某个人的 KPI。添加功能通常会增加问题，因为功能增加往往会增加产品的复杂度，使得产品的可用性和易用性都会下降。优秀的产品团队不断改进产品，更关注用户体验、用户价值。

8. 完美产品与可发布产品的区别

产品经理不能过分追求产品完美，也不能策划一个超级大的功能，要注意产品版本的规划、产品发布节奏的把控。

Google 公司曾经提出一个概念"永远 beta 版"，意思就是建议大家不要追求一个完美的产品。因为互联网产品大多数是一个"运营型"的产品，而不是像传统软件一样是一个"交付型"的产品，即使你的公司开发出功能最齐全、体验最好的产品，如果时间窗错过了，用户使用习惯改变了，或者你的公司没有很好的产品分发和销售渠道，或者你的公司没有在后续的产品运营上合理地支持，那么这个产品都将无法获得你所希望的影响力。

9. 强调创新超越了用户价值

一个好的产品最好是给用户想要的东西，而不是试图改变用户的行为习惯。不要试图可以轻松地引领用户需求。技术的快速发展带来了很多创新的机会，但是如果创新缺乏重点，那么开发团队的共同努力可能是徒劳的，甚至可能是重新发明轮子。

对于产品经理来说，成功取决于你提供给用户所需要产品的能力，而不是看谁更有创新性。市场上有很多产品的用户体验很简单，营销活动也很传统，但是它们能成功，相反，很多创新性的产品大多数只是昙花一现。原因就在于产品是否提供了用户价值，而不在于产品是否有创新。

10. 以产品发布为终点

一些产品经理会抱着“这个我有”的心态去看待竞争对手，并且以产品发布为终点，认为自己如果推出一款功能最齐全的产品就可以赢得用户。其实产品的成功标准不是按时发布，不是功能齐全，不是从媒体中获得好评，也不是有非常多的新用户注册。虽然这些都是好事，但是这些成绩并没有满足最终目标——客户使用你的产品变得更好了。

什么叫“这个我有”的心态呢？比如，竞争对手可以让用户自主上传视频，你的产品也要有这个功能，但是你却忘记了服务器的成本、带宽的成本，忘记了你的产品的用户年龄层次、自主录制视频上传的能力，忘记了还需要组建内容审核团队、客服团队等。这种心态就是和竞争对手搞军备竞赛，其实只是在功能上与竞争对手比较是没有意义的，同样都是视频网站，如果你不买影视剧版权，你还是竞争不过别人的。

这种心态会让你很容易迷恋竞争对手正在做什么或担心一些新技术会影响产品。其实，真正影响你的产品的只有一个因素，就是你的忠诚用户的需求。

产品经理在规划的时候最好可以慢下来，走在正确的方向上比动作快更重要，不停变化产品方向会损害产品团队的声誉、浪费研发团队的资源，让用户更找不到产品价值。产品经理的慢策略是要在需求阶段就实施的，要深刻地理解用户行为，对用户做更仔细的研究，并且不忘初心，不忘记商业目的，不要为了创新而创新，不要为了添加功能而添加功能。

最好的控制其实是“失控”，最好的作为其实是“无为”，做产品也是一样的。如果过度地将主观判断加在产品上，就会做出很多用户不需要的功能，这只会让产品更复杂，而不会更有吸引力。

11.2 快策略：先开枪后瞄准

11.2.1 快速响应的产品机制

到底要想多久才算一个成熟的想法呢？到底是相信“先学会游泳，再下水游泳”，还是相信“如果不下水，在岸上永远学不会游泳”呢？到底是相信“知易行难”，还是相信“知难行易”呢？王阳明给出了答案：“知行合一”。对一个产品需求到底要调研多久才算深度挖掘呢？用知行合一的思维去看，其实答案很简单，就是“先开枪后瞄准”。你在行动之前不可能有一个完美无缺的行动路线图。行动就是帮助你探知未来，搞清楚不确定性，逐渐迭代成长的过程。

快速响应的产品机制就体现了知行合一的思想，当我们对一件事情有 70 分或者 80 分的准备时，我们就可以快速响应，看准时机快速行动。如果出现问题就马上想办法调整，总比一直思考如何达到 100 分要好，因为竞争对手也在奔跑。你前面都已经慢慢地思考了，后面就一定要快速响应，不能太纠结于形式、太计较得失。

在各个公司中，产品经理和研发人员比较熟悉的快速响应的产品机制是敏捷开发法，下面就结合产品工作的特点重点说说以下几个要求：

1. 产品经理要对产品熟悉

产品经理要对产品非常熟悉，当产品经理得到一个需求或者发现一个合理的改进点后，马上就应该知道这个功能属于哪个模块、有哪些关联的功能、这个功能的前置条件和后置条件是什么。要想保证对产品熟悉，产品经理必须要画一个业务模型图。这样可以看到用户与产品进行交互的全部过程。图 11-3 为一个饭店的业务流程模型，你可以试着将节点按照前台、后台分类，在点和点之间寻找重新组合与创新的机会。

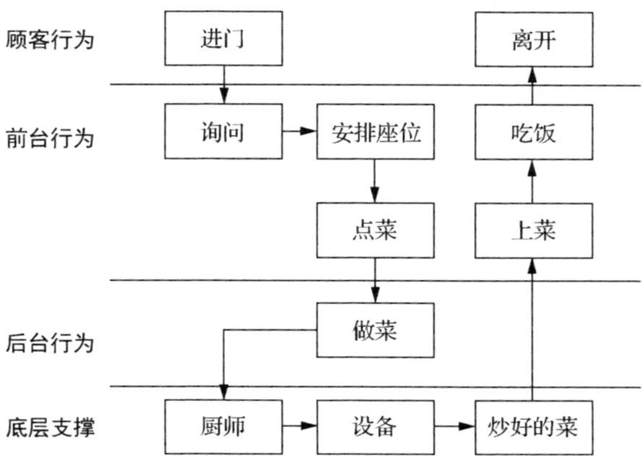

图 11-3　一个饭店的业务流程模型

2. 你要有一个完整的产品需求列表

作为产品的负责人，你首先需要确定一个产品需求列表，包括所有需求，并且按优先顺序排列。当你接到一个需求时，你首先要判断这个需求属于哪个模块。其次，你要看有没有类似的需求，再判断在这个需求做完后会产生什么效果。再次，你要判断这个需求的开发会影响到其他哪些需求，影响到哪些技术架构等。最后，你要看这个需求要不要插入开发队列，要不要调整优先级，预估大概的开发周期。

3. 找到合适的研发资源

传统瀑布模型是一个线性的流程，基本上在产品需求版本确定了，进入了开发流程后，就不再修改了；敏捷开发在这一点上恰恰体现了互联网思维，可以不断地快速迭代，整个研发团队预留了一部分资源，专门快速响应一些临时性需求。传统瀑布模型和敏捷开发模型对比如图 11-4 所示。

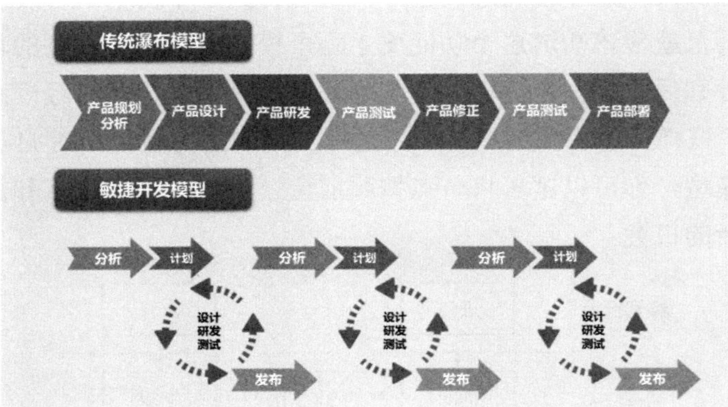

图 11-4　传统瀑布模型与敏捷开发模型对比

4. 整个团队要有快速响应机制

每日由产品经理召集项目组成员召开站立会议，每次会议要控制在 15 分钟左右，每个人都必须发言，要向所有成员当面汇报昨天完成了什么，向所有成员承诺今天要完成什么，也可以提出遇到的无法解决的问题。每个人在汇报完工作成果后，都要走到黑板前更新自己的工作内容。

11.2.2 快速响应的团队机制

快速响应一定不能靠行政命令，也不能设立一个专职人员解决这些问题。快速响应是一种团队机制，是一种产品文化。

著名财经作家吴晓波在《腾讯传》中是这样描述腾讯的快速响应的：

一位程序员对我讲述过这样的经历：有一次，他做了一个 PPT，后半夜两点钟发给了马化腾，本想洗洗睡了，没料到过了 20 多分钟，马化腾就发回了修改建议。

有一个在腾讯人中流传甚广的段子是：一天早上来到公司，发现 Pony（马化腾英文名）凌晨 4 点半发的邮件，总裁很快回了邮件，副总裁 10 点半回，几个总经理 12 点回复了讨论结论，到下午 3 点，技术方案已经有了，晚上 10 点，产品经理发出了该项目的详细排期，总共用时 18 个小时。张志东因此认为："腾讯的产品迭代就是一个被马化腾的邮件推着走的过程。"

我在腾讯工作的时候，身边还有很多这样的案例，从这些案例中可以看出，整个公司的文化就是快速响应文化，每个人都参与其中，不管是产品经理，还是技术研发同事，连最大的公司老板都能在 20 分钟内回复邮件，这就是快速响应的文化、产品导向的文化、用户价值导向的文化。每个人都要对用户需求有深入的洞悉，每次讨论都是为了快速地完善产品。

再伟大的公司也不是一个人的，诸如苹果的乔布斯、亚马逊的贝索斯、Facebook 的扎克伯格，他们的成功事迹迷倒了很多产品经理。他们是聪明绝顶、创造力丰富的人，的确在产品的开发过程中起到了关键作用。但是事实上，产品创造的过程不是由一人包揽的，而是整个团队利用集体资源和组织流程夜以继日、辛勤努力的产物。

有些公司处于"文山会海"的状态，在白天工作的时候总有很多会议，做事要遵守非常多的流程和文档要求，常常把产品需求评审会开成了产品需求讨论会，议而不决就只能下次再议，这种团队机制当然就不可能做到快速响应。

快速响应的团队在一个公司里就好像是急救人员，对问题的响应速度以及在第一时间处理问题的质量决定了这个团队是不是优秀的。创建高效的快速响应团队是构建以用户为中心的第一步。无论你的产品多好，都必然会有用户或潜在用户有意见的地方。快速响应的团队不仅有助于解决这些用户面临的问题，而且是建立忠诚用户群的第一步。你要如何建立一个高效的快速响应团队呢？下面介绍三个方法：

方法一：为你的团队创建沟通原则。

希望电子邮件在 24 小时内得到答复，希望即时通信软件留言尽快给出回复，打电话意味着现在需要你可以尽快答复或稍后回电话答复。

对于这些看似很苛刻的原则，实际上很多公司都在采用，也许你身边的大公司就是这样的工作节奏，或者你朋友的创业公司要求员工 24 小时手机开机，甚至随时能够到公司现场处理问题。

方法二：为你的团队提供快速响应的支持。

既然要求员工快速做出响应，那么公司就要有相关配套的支持。

比如，报销员工的电话费；为员工配发笔记本电脑，以便员工可以回家办公；公司内部管理系统支持移动设备登录，并能完成审批；公司支持弹性工作时间。

方法三：奖励最佳案例。

你要想团队形成快速响应的文化，必须要在你看到快速响应案例时给予奖励。我们在每周周会中都有一个亮点总结，强调我们的团队价值观。如果我们的团队中某个人在那一周做出了特别快速响应的案例，那么就会在全体员工面前得到认可。

如果你将快速响应能力作为团队的优先事项，那么我相信你会看到你的业务的每个部分都得到改善，从用户调研到客户服务，甚至员工的主动性、内驱力、敬业度都会发生变化。

11.3 成功的产品靠系统

11.3.1 案例：亚马逊的系统性成功

一个产品的成功一定不是靠某一个功能的，产品功能是最容易被模仿、被超越的。例如，某手机企业做出一款前后双摄像头手机，在半年后竞争对手可能就做出前后 4000 万像素的双摄像头手机，再过一年可能整个手机行业都跟进做出了前后四个摄像头的手机。

再比如，新浪微博的成功不是简单地拷贝了国外的模式，而是做了非常多的运营工作，这和当时传统媒体出身的总编辑陈彤有非常重要的关系。新浪微博提供的绝对不仅仅是发送 140 个字的功能，新浪微博借鉴了原来新闻门户的成熟打法，形成了新闻、大 V、粉丝互动的传播系统。这种结构不但使得 140 个字能够表达更多的含义，而且还让它有了新闻性、传播性，加上名人效应的带动，粉丝互动带来的用户活跃，迅速地在中国互联网行业中成为了国民级应用。

再比如，在市场上能做音乐播放器的厂商太多了，索尼就是其中一个，而且索尼很早就推出了随身听，并且索尼集团有自己的媒体公司——索尼音乐，但是为什么最终苹果推出的一个连删除音乐功能都没有的 iPod 成功了呢？我想这又是一个系统成功的案例。

iPod 不只是播放器，iPod、iTunes 和音乐内容构成了这个成功的系统，虽然索尼具备所有资源，但是这些资源属于不同的部门、不同的子公司，所以没有办法形成合力。苹果的这套系统不但让 iPod 成功了，而且还改变了唱片行业，让单曲付费变得可行。音乐人不用再等一年时间做一张专辑，随时有灵感随时都可以发售单曲。同时，iTunes 很好地保护了版权，这让整个系统形成了正向滚动的效应。后来，这一套商业模式也被应用到了 iPhone 手机的 App Store。截止到 2018 年 6 月，全球已经有超过 2000 万个苹果应用程序开发者，苹果已经为开发者支付了 100 亿美元的分成，苹果 App Store 是全球最大的应用市场。

我们再说一下亚马逊的制胜秘诀。20 多年前，或许没有人能想到一个销售书籍的电子商务网站有一天会成为一个强大的“帝国”，它成功背后的理念是飞轮效应。飞轮（flywheel）是一种用于节省旋转能量的旋转机械装置，即使在停止供电时也能帮助机器运转。一个好的公司可以通过不断地推动飞轮并让它加速旋转，最终成为一个伟大的公司。飞轮中的每个部件相互加速并有助于整体的规模增长。

飞轮效应是亚马逊公布在致股东信上的成功案例。换句话说，亚马逊不担心任何人抄袭打造飞轮效应的方法，因为它不是一个功能、一个商品，而是一个系统。亚马逊自己推动这个飞轮转起来整整花费了 20 年，而且现在还在持续不断地向前推动。

2014 年，在亚马逊致股东信中有这样一段话：

We'll Approach the job with our usual tools: customer obsession rather than competitor focus, heartfelt passion for invention, commitment to operational excellence, and a willingness to think long-term. With good execution and a bit of continuing good luck, Marketplace, Prime, and AWS can be serving customers and earning financial returns for many years to come.The success of this hybrid model accelerated the Amazon flywheel.

中文的意思大概是，“我们仍然保持一贯的做法，我们更加关注用户的需求，关注用户需求的时间要超过关注竞争对手的时间，我们全身心地投入创新发明，坚持卓越的运营，并持续地长期思考。我们用好的执行加上一点点运气，让Marketplace、Prime 会员服务以及 AWS 能够持续地为用户提供优质服务，为股东赢得财务汇报。这一成功加速了亚马逊飞轮的转动。”

亚马逊的长期战略是成为一个“影响用户每一天活动的平台”。亚马逊希望向用户提供全天候的内容、服务和产品。亚马逊的经营范围现在已经从零售到医疗保健、金融、娱乐……未来亚马逊公司还有志成为智能家居平台的领导者，就如同亚马逊公司的标志一样，产品和服务是从 A 到 Z。

飞轮效应还有另外一个重要的影响因素就是坚持。你可以想象一下，飞轮是一个直径大约为 50 米、高大约为 5 米、质量大约为 60 吨的钢铁轮子。质量越大地心引力越大，你的公司就是这个轮子，你使尽全身力气推轮子，推一下，它稍微动一下，再推一下它又动一下，有时候你推了轮子，它可能纹丝不动，对于公司来说这就是煎熬，如果没有强大的信念和坚持下去的毅力，你就很难度过这种让人绝望的阶段。刚刚起步的阶段是最考验人性的阶段，当你的努力和你的收益严重不对等的时候，你还要不要做下去、该不该坚持下去？好在轮子在旋转起来以后，会越转越快，也在不断成长变大。

成功的产品最终是依靠一个完整的产品系统，而不是依靠一个功能或者一两次营销活动，也不是依靠有多少流量、有多少用户。没有为用户创造价值的产品不能成功，没有形成一个完整的产品系统也不能成功。如果没有产品系统就很难战胜竞争对手，很难走向最终的胜利。

11.3.2 打造一个产品系统

人们乱砍伐树木、乱采石破坏了一个自然生态公园，假如现在让你重新改造这个自然生态公园，你会怎么做呢？某学者给出了这样的四个步骤：

（1）政府划定一个区域作为自然生态公园；

（2）到有关部门查文献资料，尽可能找到原来这个公园里所有的动物和植物品种，列一个清单；

（3）清理土地，重新栽树，放生动物；

（4）等待自然保护区慢慢恢复。

你觉得这个办法可行吗？既然我这样问了，说明肯定是有问题的。这种自上而下的指导员做法肯定是不行的。有很多自然因素是人类没办法控制的，比如蜜蜂传播花粉、鸟类传播种子、动物的交配和繁殖、草原或森林的野火等。对于这些，人工的干预是没有作用的。一个生态是自然而然地出现的，不是组装出来的。

现在有很多公司都希望做一个生态系统，做一个平台，这就和恢复一个自然生态公园一样，这是一个有机的过程，不是把所有生意都组合在一起就成了一个生态系统了。我见过很多公司打造的生态系统，其实这些就是多元化经营的一种，甚至多开辟了几条战线，还不一定具备管理能力，这些业务之间没有协同效应、没有合作关系，所以最终肯定会走向失败。

怎么打造一个成功的产品系统呢？下面举三个例子来说明。

例 1. 华为顺便做了一家太阳能公司。

当我听到这个案例的时候，我也大吃一惊，华为是一家卖网络设备、卖基站设备的企业，现在转型做了手机，怎么还会在太阳能领域有所建树呢？

在华为的基本法里原来写着："永远不涉及终端产品"，但是在华为把基础设施卖给运营商后，运营商就提出希望华为生产终端产品的要求，因为一定要有很多用户使用基础设施，运营商才能收回前期的投入。所以，华为就从代工开始，从在自己搭建的网络中分发这些终端设备开始，慢慢地开始生产华为品牌的手机。同样，华为进入太阳能领域也是类似的，华为把基础设施卖到了边远山区或者第三世界国家的不发达地区，当地没有发达的电网，所以华为要自己钻研太阳能技术，以保证自己的基站稳定运营。最终，华为越做越强，随时都可能成为太阳能领域的领先品牌。

上面的例子说明了华为从网络基础设施出发，一步一步慢慢地打造了一个完善的产品系统。

例 2. 8848 网站的倒闭与马云的成功。

20 多年前，马云开始做电商产品。马云不是第一个做电商产品的人，在马云之前还有一个更著名的8848.com公司，该公司虽然很早就看到了电子商务的发展趋势，但是当时没有第三方担保支付，没有完整的物流配送服务，没有信用体系，也没有方便的购物咨询体验，所以失败了。

不过，马云不是这么想的。没有支付手段他就建立支付宝，并且在没有网上银行的年代，支付宝开通了用银行卡充值到支付宝的产品功能。没有聊天工具他就做阿里旺旺，没有信用体系他就做一个评价系统，没有好的物流系统他就先从江浙沪地区做起，推动包邮，推动快递行业发展。

我们看到的马云，是一个想办法的马云，是一个解决问题的马云，是一个努力搭建产品系统的马云。从支付宝、阿里旺旺、评价系统到物流系统，这些产品都做好了，就自然而然地构成了完整的电商系统，就能够像一个飞轮一样越转越快。

例3. 亚马逊的云服务全球排名第一。

你能想象一个卖书的电子商务网站，在云服务这个技术市场中全球排名第一吗？为什么亚马逊要做云服务？其实答案是无心插柳柳成荫。

亚马逊当时希望做一个完美的推荐算法，以帮助买书的人找到更合适的书籍，这就需要积累很多关于书的数据、用户挑选书籍留下的点击数据、用户买书的数据、用户看完后的评价数据等，这就要求有很强大的服务器支持、大数据处理能力，就这样做着做着，亚马逊发现可以把这些能力开放给第三方卖家，甚至可以开放给其他公司，所以才有了云服务。

亚马逊很早就埋下了云服务的种子，当外界环境发生变化的时候，种子就被激活，被强化。亚马逊最终为了给用户提供极致体验，一步一步地打造了产品系统，甚至打造出一个旋转的飞轮。

水变成了水蒸气，水蒸气变成了云，云最后变成了雨，雨又变成了水。这个过程可能不是在一天内就发生的，但是没有云就没有雨，你一开始不想办法生成云，不去做云的产品，就不可能有雨的收获。大自然讲究的是适者生存，而不是最强壮的物种留下来，当环境变化的时候一定是能够适应多种可能性的物种才有较大概率生存下来，所以我们先不要预测未来会怎么样，先要多做一些帮助自己搭建完整产品系统的事情，哪怕是现在一时半会儿还看不到收益的事情。

第 12 章 商业产品经理让产品会讲话

12.1 永远把简单留给用户，创造极致体验

12.1.1 不炫耀技术，只说用户理解的语言

一个好的产品不是技术或能力的输出，产品是属于用户的，而技术和能力才是属于产品经理的。为什么很多 NBA 的优秀球员当不了好教练，而很多好教练原来都不太会打篮球呢？为什么很多科学家当不了大学的老师呢？因为大多数人都缺乏产品化的思维，不能把过往经验系统化、产品化的输出，有时候就想炫耀技术，以此凸显过去的成功。

1. 什么才是好产品呢

首先，好产品的目标必须明确，比如某空对地导弹就是为了拦截某洲际导弹用的，所有的指标和性能都是针对这个洲际导弹设计的，只要能拦截成功就行，其他功能都变得次要了。

其次，做产品和科学研究不一样，尤其是做互联网产品，没有绝对正确的标准答案，只要在当时的场景中是最好的方法就行。

再次，在做产品时，我们常常在解决一个问题后又会遇到其他问题，然后需要再想办法解决新问题，这是一个不断迭代的过程。甚至有一些问题是当前技术没办法解决的，我们就只能放弃了，放弃的原则是不影响最初的目标。

最后，好的产品并不是所有功能都齐全、所有技术指标都第一，而是在现有技术条件和有限成本条件下得出的最优解，千万不要忽略投入产出比。

比如，这两年比较火的无人超市看上去是高科技产品，你可以通过刷脸或者

刷指纹进入超市，然后选择商品，再自助结账。仿佛人工智能时代一下就来了，节约了大量收银员的人工成本。其实，这种无人超市更像一个放大版的自动贩卖机。

某电视台财经节目曾经做过一个街访，一位大妈问出了消费者真正关心的问题：“请问这个超市没有售货员、收银员，商品价格是否更便宜一些？”其实，消费者真正关心的不是技术，而是价格和在无人超市购物是否安心。

技术永远都是实现产品的一个工具、一个手段，技术不是目的，我们不能为了追求高科技的概念就向用户炫耀技术，甚至有一些产品设计得非常难用，产品经理还要说一句：“这不是我的用户群”“这上面都写了，是他们没有看到”“是他们不懂怎么用”。如果产品经理有这样的想法，产品就很难被用户接受，最终也很难获得成功。

我不知道乔布斯在做 iPad 的时候有没有想过怎么教会三岁小孩使用 iPad，有没有思考过 60 岁的老人怎么使用 iPad；我更不知道作为产品经理的你有没有想过为什么 iPad 可以老少皆宜，不分用户群体。

再比如，谷歌的搜索技术非常好，但是当你打开谷歌主页时，你会发现只有一个公司的标识和一个搜索框，简单到极致。你用鼠标点击谷歌的搜索结果后默认当前窗口跳转，已经离开了谷歌的网站，这就是产品的自信，谷歌希望你快点儿找到你想要的结果，哪怕“关闭”谷歌的窗口都可以。

2. 如何设计好产品的极致体验

好的产品永远是把简单留给用户、创造极致的体验，下面就说说六种体验设计的方法：

1）明确指示

如果门是需要拉开的，你就设计一个拉手；如果门是需要推开的，你就设计一个横把手，并做到明确的功能指示。

2）不要一味地整合

你在进入酒店房间后，可能会看到一排开关，但是不知道哪个开关是控制哪个灯的。这时最好的设计是台灯的开关就在台灯上，床头阅读灯的开关就在床头。有些功能不一定非要整合到一起。

3）必须要有反馈

当你按下电视机遥控器的一个键时，遥控器有个红色的灯会亮，电视机也有一个灯会亮，这就是反馈。你不要让用户感觉不知所措。

对于很多互联网产品来说，在用户点击鼠标后页面马上就要跳转，如果页面加载很慢就要给出加载进度条，这就是反馈。

4）最好有新手教程

现在很多 App 在用户刚登录时都会提供新手教程，有的是介绍一下基本操作，有的是介绍一下关键功能。当然，还有一些产品设计了新手任务，像游戏 App 一样，你进入 App 必须要完成某些基本动作，用这样的方式让用户熟悉产品，非常有效地解决了用户不知所措的尴尬问题。

5）隐藏功能

把用户不常用的功能隐藏起来。比如，很多 App 都设计了全屏体验，需要用户把手滑动过去才会出现一些菜单。再比如，如果你想在微信朋友圈发一条纯文字的内容，你就需要长按右上角的相机图标，一方面是因为产品经理希望你发更多的图片，另一方面也是为了把“没有必要”的功能隐藏起来。

6）转移

对于实在没有办法在一些移动设备上完成的功能，可以在 PC 端网站上设计一个二维码，用户使用手机扫描二维码，完成功能转移。或者在 PC 端网站上点击登录，通过手机收取一个验证码，授权在其他设备上登录。

好的产品就像傻瓜式相机，你不需要懂白平衡、光圈、曝光度这些参数，只要你行动起来，举起相机拍照就可以了。越简单的产品，体验就会越顺畅。如果你想把简单留给用户，那么在产品背后你要做很多努力。就像抖音这类产品，看上去很简单，用户只要把手指往上滑动就能找到惊喜，其实在这背后产品经理和技术人员做了很多工作。从内容录入、内容审查、内容打标签到内容关联度计算等，用户看到的每一个短视频都是系统经过一系列的大数据计算推荐出来的。

12.1.2 创造简单传播的社交货币

为什么有些用户会选择你的产品？为什么有些产品会在社交网络上疯传，而你的产品却没有这种现象？为什么有些用户会向朋友推荐产品，而你的用户却没有推荐？这里的诀窍就是让你的产品产生社交货币。社交货币是一种为企业增加客户的方式。理解如何开发一种社交货币，对提升用户的品牌忠诚度有很大帮助，同时也是提升用户之间推荐效果和整体销量的手段。有了好的产品还要有好的故事去包装，有了好的包装还要想办法能够快速地传播。一个产品的成功不仅取决于提出好的想法并实现它们，还取决于产品的目标受众采用什么样的想法看待这个产品，社交货币就是一种可以通过病毒性传播改变用户认知的方式。

1. 什么是社交货币

首先，我们来看传统产品的销售过程：

（1）产品发布上线，做广告宣传。

（2）鼓励潜在用户考虑你的产品或服务。

（3）引导他们做出购买决定，可能采取各种营销活动、促销手段。

（4）通过设计积分或会员的产品形态，促进用户将产品推荐给家人和朋友。

从过往的成功经验来看，这是比较有效的销售过程，让潜在用户成为付费用户虽然有难度，但是大多数产品还是做到了。如果让付费用户成为产品的拥护者，就需要创造额外的东西、付出更多的努力。

这个“额外的东西”就是社交货币，社交货币解释了你的产品与用户的社交关系。社交货币是指在社交网络、社区中存在的实际和潜在资源，人们把这些资源交换传播或者作为谈资，最后实现产品的价值，给产品带来“口口相传”的好口碑。这个概念源于皮埃尔·布尔迪厄的社会资本理论，后来在乔纳·伯杰写的《疯传：让你的产品、思想、行为像病毒一样入侵》中得到了人们的广泛认同。社交货币有助于提升品牌忠诚度。获得了更多社交货币的品牌可以获得更高估值。就像口碑营销一样，社交货币是达到目的的手段。你不仅希望你的用户谈论你的品牌或产品，而且还想让他们买你的产品，让他们的朋友也来买你的产品。

所以，社交货币需要具备以下属性特征：

（1）社交属性。社交货币包含了你的用户的社交关系，包括社群的归属感。

（2）话题讨论。围绕你的品牌和产品能够形成用户之间的话题讨论。

（3）实用价值。你的产品能够为用户创造真正的价值，不但可以解决用户的需求问题，而且可以帮助他们获得社交价值。

（4）忠实拥趸。培养用户对品牌忠诚度的强烈感受，要达到用户推荐产品甚至捍卫产品的程度。

（5）信息公开。为用户提供价值和可共享的信息，让用户更有参与感。

（6）身份认同。让用户在一个群体中得到身份认同。

我们以苹果为例来说一下社交货币。苹果生产的手机、电脑等设备提供了与其他竞争对手产品类似的功能。可是为什么苹果的产品可以那么贵呢？我们从社交货币的属性去看。

（1）实用价值。苹果的大多数产品不仅提供了消费者想要的功能，而且在广告语中还经常提醒用户“just works（只是工作）”。这句看似简单的广告语，背后的含义是告诉用户你还有大量时间可以用苹果产品做别的事情，做别的事情也很酷。

（2）话题讨论。每年苹果的新产品发布会都是最热门的话题，每次在新品发售时，在线下门店前用户都会排成长长的队伍。苹果每年采用的新技术、发布的新产品、探索出的新场景、新玩法都是用户之间谈论的话题。

（3）身份认同。苹果不断地提炼出品牌口号，比如“Think Different”“Bigger than bigger”，现在的口号是“Everything you love just got bigger”。这种口号就是要引起苹果产品用户的共鸣，而且苹果产品的用户会对品牌口号产生身份认同、理念认同，所以才会一直购买苹果产品。

为什么苹果的耳机要用白色的，而传统耳机都是黑色的？这就是一种身份认同，你走在大街上看见某个人戴着白色耳机，你就知道他使用的是苹果手机。苹果的产品还代表着地位，因为苹果的产品被认为是最好的产品。

这些都有助于苹果用户决定坚持使用该品牌。

你的公司可能无法获得像苹果公司这样的大规模广告预算。但是，你仍然可以应用相同的原则。这会增加你的口碑营销并产生更多推荐。

2. 如何让社交货币提升你的产品价值

如何运营社交货币，让它为你的产品带来价值呢？下面介绍四种常见的做法。

1）寻找意见领袖

尽量集中精力寻找能够引起粉丝共鸣的意见领袖。当一个有影响力的人宣传你的产品时，你就是在借用他的社交资源。找到意见领袖是产生更多社交货币的有效方式。这也是社交媒体成为企业重要营销渠道的原因。

这样的方式会增加产品的影响力，帮助用户在意见领袖的带领下从产品或服务中找到更多价值。同时，这样的方式也增加了他们成为品牌拥护者的可能性，这就是客户忠诚度。

2）创建社区

另外一个成功的做法是创建社区。对于理想的用户来说寻找归属感、寻找身份认同是非常重要的。比如，假设你公司的主营业务是跨境电商，你可以创建一个社区，供人们分享使用商品的经验、开箱经验等。通过这个社区，你可以培养出很多意见领袖，同时很多用户也非常尊重他们，被他们的分享所吸引，也会吸引更多对海外优质商品感兴趣的人。

3）创建宣传短片

每个品牌的梦想都是产生下一个会病毒式传播的视频，产生能够在朋友圈中刷屏，能够在微博、抖音等社交媒体上疯狂转发的视频，虽然很难预测下一个社会热点或者下一个用户会感兴趣的热点是什么，但是创建一个对用户有用的视频内容是一个很好的起点。

这个视频不一定很复杂，可以先从简单的宣传视频开始。一般有价值的见解或视频提示可以为用户提供实用价值和信息，会让用户自主传播。

4）为你的用户提供一个身份和聚集理由

你要想办法突出你的社区中的优质用户，帮助他们脱颖而出并获得社区认同，找到一个用户可以聚会、聚集的理由，并且给这样的用户一个身份。所以，你要定期调优你的推荐扶持计划，避免你的社区信息变得单调并且集中到某几个用户身上。

通过打造社交货币的传播系统，你的产品会从以下几个方面受益：

1）更深入地了解你的用户

社交货币加深了你的业务与用户之间的关系。你可以更清楚地了解用户想要什么、不想要什么，还可以了解用户如何看待你的品牌和你的品牌影响力。

2）有机增长

当你的社交货币达到一定水平时，你的产品就会产生“滚雪球”效应，随着社交货币的流行，用户规模会不断增长，甚至可能获得指数级增长，产生爆发式传播的效果。

3）获得更高质量的潜在用户

如果你的用户把你的产品在他的工作群组、家庭群组、朋友群组、同学群组中都转发了，那么你将源源不断地获得高素质的潜在用户，从而使得你的业务增长。

社交货币是一种不会让用户觉得反感的传播介质，用户会向朋友分享他们自己用起来还不错的产品，用户也会分享有趣、创新或扣人心弦的故事；用户还喜欢竞争，所以用户也特别喜欢分享获得的奖励和奖品，然后看谁才是最受欢迎的人。社交货币的传播会使用户看起来“更专业”，更像“内部人士”“更权威”。社交货币越独特，人们就越想要它。这种身份认同并不一定是使用高价格或稀缺策略就会带来的价值。

12.2 讲好一个故事获得用户的认同

12.2.1 有效沟通，不埋没好的产品

产品经理在很多时候需要推销自己的观点，需要与不同角色的人进行有效沟通。产品经理最好是一个会讲故事的人，能够把看似杂乱无章的观点组合到一起，并且能够讲出更有吸引力的卖点。不管是内部的设计同事、开发同事，还是外部的合作伙伴，产品经理都要让他们能够认同这个产品，相信这个产品是一个好产品，产品经理只有做好沟通工作，才能不埋没任何一个好产品。讲故事的能力是需要练习的，产品经理需要平时重点关注自己的有效沟通能力。产品经理要想在公司内进行高效的工作，离不开有效的沟通。对产品经理来说，有效沟通能力是每天必须练习的能力，也是非常重要的能力。有效沟通有两个方面，一方面是学会一些有效沟通的原则，另外一方面是学会在沟通中提问。

1. 有效沟通的几个原则

1）一定要当面说好消息

对于好消息，一定要当面说，这样才能体现出仪式感，双方才能被好消息鼓舞，才能产生激励作用。如果实在不行，就要电话通知，再差一点才是邮件告知。

比如，你要给员工发奖金，就当面给他颁发一张“放大版的支票”或者一个“红包”，以感谢员工为公司做出了突出贡献。如果奖金通过银行卡转账或者随工资一起发放，那么作用就大打折扣了。

2）建议分开说很多好消息

查理•芒格提出了 Lollapalooza 效应，Lollapalooza 效应就是在多种因素的共同作用下形成的叠加放大效应。比如，很多力量汇聚到一起就形成了合力，形成了叠加放大效应，甚至达到了乘法效果。就像物理学中的临界质量，临界质量是指当技术积累到一定的临界点时，新技术就会像裂变反应一样爆发，并剧烈扩展。比如，如果你在工作中有三个坏消息，那么我建议你一次性地汇报给领导，就算聚集产生叠加效应，再坏能坏到哪儿呢？总比你每天都讲一个坏消息，每天都让领导不高兴要好。相反，如果你有三个好消息，你和领导最佳的沟通方式反而是一天说一个好消息，让力量慢慢积累。

3）最好也当面说坏消息

对于坏消息，如果需要你负责，那么你要当面说，不要逃避，只有当面说才能表达歉意。另外，当面说坏消息能够避免产生误会，如果双方对坏消息存在任何分歧和疑问，那么可以当面解决。你如果使用邮件或电话通知，那么会让人感觉没有对话的机会。大多数人在遇到坏消息时都会本能地问为什么，失去对话机会会让人抓狂。

4）最好用邮件记录客观内容

如果你要发表主观意见，那么建议面对面沟通。人们在表达主观意见时都容易带有情绪，容易受当下场景的气氛影响，如果把这样的邮件发出去，那么从语气和用词上都容易造成误会、造成伤害。

5）约人沟通的时间点有讲究

作为下属，你要观察老板下班休息的时间，这样你就能够找到一个比较适合沟通汇报的时间。比如，你在中午吃饭时与老板沟通不容易被其他人或其他电话打断。因为老板一般都要晚半个小时吃饭，不是因为他不饿，而是因为员工都去吃饭了，这个时间老板正好可以安心工作。另外，员工都去吃饭了，这时正是吃饭的高峰期，晚半个小时吃饭可以节省排队等待的时间。

6）要说服别人，事实比口才重要

口才好不代表就能够说服别人，靠口才狡辩让人无话可说其实并没有说服别人，别人只是不知道怎么回应而已，辩论不是目的，传递信息才是目的。我们在工作中经常要说服老板，虽然你没有好口才，但是如果你提供的材料逻辑严密、数据精准，老板可能就被你说服了。

7）说服别人达成共识是目的

有些人经常在说服人的时候说着说着自己就很着急，就不注重语气了，还有可能指出对方的问题所在，在争辩之后往往都想证明自己比别人高明，而忘记了最初沟通的目的。

8）不做没有准备的沟通

在工作中，不管你是向老板汇报，还是有一个新的产品创意，你都需要做好充足的准备。要想说服老板，不能靠口才，更不能靠声音大，而要拿出切实可行的方案。有的产品经理在有了一个好的想法后，立刻向老板汇报，希望得到老板的表扬，但是老板一下就提出四五个问题，把他问得哑口无言。这都是因为产品经理考虑得不够周全，不够有深度，没有做好相关数据的准备、竞争对手分析的准备，造成了尴尬的局面。

9）在沟通时最好找到同盟军

在工作中，除了要找到支持我们观点的事实论据以外，产品经理还要尝试寻找同盟军，找到支持者。在多数时候一个人的观点总会让领导觉得有些担忧，但是如果几个人都这么说，那么领导一般会重新考虑这个问题。世界上没有人明知错误，还硬要坚持错误。

2. 学会在沟通中提问

提出问题对沟通至关重要，但是很多人不能够提出正确的问题，因此他们错过了很多重要的细节。幸运的是，提问就像其他任何事情一样，是一种可以培养的技能。学会提问在沟通中是非常重要的，通过提问我们不但可以找到对方真正关心的问题，而且还可以引导对方的思路，让对方在回答问题的时候自己说服自己。

对于提问，你首先要更清楚地看到你周围的世界，要了解你真正寻找的东西。在提出问题之前，你要考虑一下你希望获得什么、如何呈现你的目的以获得你所缺乏的信息。

提问需要具备发现事物本质的洞察力，也需要旁观者视角的批判性思维，提问是从找到一些值得讨论的点开始的，然后在适当的时机提出问题。下面就说一下如何能够提出好问题的方法：

1）首先你要愿意问问题

许多人对于提问的态度是犹豫不决的，因为他们总害怕提问会让他们看起来非常无知、非常笨。其实，当他们要求解释或澄清一个问题时，提问只会进一步促进他们对问题的理解，并不会让他们被别人嘲笑。优秀的人将好问题视为理解周围世界的工具。

如果你不好意思在别人面前提问，那么你可以考虑通过电子邮件之类的非正式方式提问，或者你可以等待合适的时机进行私下的非正式提问。

在正确的时间提出正确的问题是强有力的领导者的特征。

2）有一个明确的目的

在提出问题之前，你要考虑你最希望获得的答案是什么。你是在向更多人收集信息以便做出关键决定，还是在寻找其他人对你所做过的事情的反馈？

仔细考虑你想要得到什么答案将有助于你完善你的问题，从而得到更令人满意的答案。

3）提出相关、恰当的问题

在工作中如果你要向领导提问题，最好先问问自己，有时候这些问题是你可以通过正确的背景研究自己解决的问题。冗余或明显的问题可能会打断别人的工作，分散其注意力，并可能使你看起来没有工作能力。另外，在提问的时候你一定要注意场合，你的提问有可能会导致别人工作的混乱。

4）问合适的人

不是每个人都有相同的感受、经验或专业知识。如果你提问的对象是行业专家或者公司的权威人士，那么你得到的答案会更有质量。你不会问你的配偶如何治疗急性支气管炎，正如你不会问医生你如何在争论中成为更好的倾听者。

找到合适的人，问对合适的问题，答案就得出来了。

5）仔细说出你的问题

在理想情况下，双方应该在同一个频道上沟通，双方的知识背景、行业经验是匹配的，但是往往也会存在产品经理因为不懂技术在与技术同事讨论问题时说不清楚自己的问题的情况。产品经理不用刻意追求复杂的术语或过于技术性的术语，要找一个双方都能理解的事情，或者打一个比方，这样能够帮助对方理解你的问题。

6）保持问题简短

为了清楚起见，每个问题都应该归结为一个中心主题或想法。如果你说了很长时间或增加了许多其他无关的细节，但是没有说到问题的关键点，那么在这种情况下你的听众很容易陷入困惑。即使对于一个难以展开的大问题，我们也要尽量先有细化、表达清楚问题的逻辑，然后用简单、直接的方式表达。

7）仔细倾听答案

当你得到答案时，你要尊重并专注于别人所说的答案，不要打断对方。你要与对方保持目光接触，定时点头或发出声音表示反馈，让对方知道你在听。

当别人在回答问题的时候，你最好不要打断他，不要再插入新的疑惑或意见。有时候你可能会打乱对方的思路，毕竟问的全部意义在于找出一些你还不知道的东西。

8）学会追问

你得到的答案可能会引出更多问题或者一些新信息。这时你可以追问，以便更清楚地了解对方正在表达的想法。你要让对方有机会更彻底地解释他们的观点或者将讨论从陈述事实转移到提出切实可行的解决方案。

比如，你的第一个问题是“这个项目面临的最大障碍是什么？”下一个问题可能是“我们要如何快速有效地解决问题？”这些问题会帮助你减少后续问题，然后逐步深入了解细节，找到最终的答案。

9）多提开放式问题

你要提出开放式问题，尽量不要将你的问题限制在一套规定的选项上。开放式问题可以给对方带来启发性的思考，可以突破原来的框架，对深入讨论非常有用。

比如，“你喜欢这个产品吗？”能够回答的选项只有“喜欢”或“不喜欢”，但是如果你问“你对这个产品有什么想法？”对方可能自由地详细描述他们的印象。

提问要找到对方的结论，而不要把对方引导到某个你预先设定的答案上。

12.2.2 讲好故事等于做好目标管理

讲故事从古代开始就是被用来传授知识和道理的一种方式，特别是用比喻的方式或用寓言的方式讲故事更受到人们的喜爱。讲故事是一个古老的传统，可以帮助其他人了解历史，了解宗教信仰，了解人们过去工作、生活的各种经验。一个好故事会吸引人，激发听众的情绪，唤起听众对故事中角色的同情，并且能让听众在脑海里想象出故事。

你在职场中工作越久，就越会觉得谁最会讲好故事谁就能赢。事情都是一样的，每天的工作也都是差不多的，谁能够用故事的形式调动同事们的积极性，驱动整个团队高效合作，就相当于帮助同事们找到了共同的愿景、共同的目标，讲好故事就等于做好了目标管理。只会做事的人永远打不过既会做事又会讲故事的人。

同样，会讲故事对一家公司来说很重要。现在互联网中的任何一个赛道都有几个竞争对手，只做好产品是不够的，还要学会传播，让更多人下载并使用你的产品。所以，最近关于增长黑客、裂变营销的专业人士特别受关注。一个好的产品需要有好的宣传策划，有好的品牌定位，更需要讲好故事。我们听过褚时健 85 岁高龄的创业故事，我们听过顺丰老板为快递小哥打抱不平的故事，一个好故事容易被人记住。

下面介绍讲好故事的四大关键要素：

1. 了解你的听众群体

了解你的听众是讲好故事的第一原则。你的听众是谁？他们的需求是什么？他们关注什么？他们判断问题的原则和标准是什么？他们不重视的内容是什么？这一连串的问题将有助于你讲述正确的故事。

首先，了解听众可以确保你要呈现的故事能和听众产生共鸣，能够创造出同理心；其次，了解听众可以帮你找出目标听众感兴趣的主题。讲故事的人要多思考，多挖掘，看看在故事里能够添加什么案例或者可以打一个什么比方，通过讲案例、打比方的方式，让听众更容易理解故事里的经验和道理。

2. 有非常明确的目标

你必须要有非常明确的目标，你要知道向听众传达什么内容，以及你的故事与你希望他们采取的行动有什么关系。比如，在产品运营的初期，你的团队、老板可能更想听到发展得怎么样、未来的空间有多大、我们应该怎么行动；而在年度总结会议的时候，你的同事们更需要听取事实和数据，以及对未来的展望。这些信息应该以有趣的方式传递，这样才能让人印象深刻，令人难忘。

3. 利用故事加深团队愿景

在故事中增加一些公司发展历程中的案例可以让听故事的人更加认同团队，更加认同团队的愿景。在你的公司发展历史中，你应该多积累一些经典的案例。比如，你是否靠一些运气或者灵感让你的公司茁壮成长？公司如果走向另一条道路，会发生什么？会有什么后果？

这类故事可以是公司的创始故事，公司的创始故事可以让员工充满动力，充满激情。这类故事也可以是关键战役的故事，关键战役的故事一般都是关于如何克服困难、如何应对一次大挑战、如何应对市场快速变化的局面、如何改变企业经营思维方式的故事。

这类故事也可以是团队合作的故事，团队合作的故事一般有生动的细节、对比鲜明的任务，以及团队成员挑战现状的突破性时刻等。

4. 给听众一些思考的东西

当人们挣扎或失败时，他们往往怀疑自己并开始质疑他们的决定。如果你的产品发展遇到了困难或者被竞争对手打压得太严重，那么你适合找一些故事，让听众在听了之后能够有所思考，有所行动。你不要直接告诉团队成员应该怎么做、应该朝着哪个方向走，以免团队成员产生依赖的情绪，推卸责任，丧失积极主动性。

有目的地讲故事是成为优秀领导者的关键。当我们听到别人如何克服困难时，积极主动的思想已经开始充满我们的头脑，灵感自然就涌现出来，我们已经开始计划明天要有什么行动了。故事是一种有说服力的沟通工具，但前提是你在每种情况下都选择了合适的故事。如果你想用你的故事激励团队成员，那么你需要花更多的时间了解你的团队成员，找到一个与他们相关的故事，并把这个故事讲给他们，这样你才能得到想要的结果。

12.3 产品数据代表了用户的心里话

12.3.1 找到能回答问题的数据指标

对于大多数公司来说，问题不在于缺乏数据。事实上，情况正好相反，产品经理通常会得到太多的信息，但是却不容易找到最核心的数据指标，也不能做出更好的决定。

产品经理需要分析很多数据，要如何更好地进行数据分析呢？如何保证有一个正确的数据分析流程和工具呢？要提高数据分析技能并简化决策，在数据分析过程中可以按照以下五个步骤执行。

1. 定义你的问题

产品经理在做数据分析前，必须从正确的问题开始。在许多时候，只要问对问题答案就比较明显了。一个好的问题应该是可以衡量的、清晰的和简洁的。

比如，从一个明确定义的问题开始：某公司正在经历成本上升的困扰，不再能够提交有竞争力的合同提案。那么你就可以分析成本上升的原因，列出成本结构，找到相关数据。最终可能得到一个结论：公司能否在不影响产品质量的情况下减少员工数量？

2. 设置数据分析范围

此步骤分为两个子步骤：决定分析什么数据和决定如何分析它。

1）决定分析什么数据

继续上面提到的公司成本上升的案例，你需要考虑什么样的数据能够回答你的关键问题。在这种情况下，你需要了解当前员工的数量和成本以及他们在必要业务职能上花费的时间百分比。在回答这个问题时，你可能需要回答许多子问题（比如，员工目前是否未被充分利用？如果答案为是，那么改进哪些流程会有帮助？）。无论你决定采取何种措施，这种措施都必须包括任何利益相关方可能存在的任何合理异议（比如，如果减少员工，那么公司将如何应对需求激增？）。

2）决定如何分析它

如何分析数据同样重要，尤其在数据收集阶段之前，你要确定都需要哪些字段的数据。

你在时间维度上要如何分析？比如，分析年度与季度成本，分析某项指标按月同比、按季度环比等。

你在获取用户成本上如何分析？各渠道的获客成本如何？

你的营销费用都有哪些？比如，营销费用包括营销短信费用、活动奖品采购费用等。

3. 收集数据

在明确了定义问题并设置数据分析范围的情况下，你就可以开始收集数据了。在收集和整理数据时，你要牢记以下几点：

在收集新数据之前，你要确定可以从现有数据库或已有的数据源中收集到哪些信息。你需要提前确定文件存储的位置和命名规则，统一的数据字段描述规则会帮助所有团队成员高效协作。此过程可节省时间并防止团队成员重复收集信息。如果你需要通过观察或访谈收集数据，那么你要提前制定访谈模板，以确保一致性并节省时间。

你要将收集的数据保存在带有收集日期的日志中，并随时添加来源备注。

4. 分析数据

在收集了正确的数据以回答步骤 1 中的问题后，你就可以进行更深入的数据分析了。你可以用多种不同方式分析数据，比如在 Excel 中创建数据透视表。通过数据透视表，你可以按不同的变量对数据进行排序和过滤，并可以计算数据的平均值、最大值、最小值和标准差。

在分析数据时，你可能会发现自己拥有所需的确切数据，但更有可能的是，你可能需要修改原始问题或收集更多数据。

在此步骤中，数据分析工具和软件非常有用。在大多数情况下，在决策制定工具方面，对于产品经理来说没有比 Excel 更好的了。

5. 解释结果

在分析数据后，现在终于可以解释你的结果了。在解释结果时，你要先问自己以下几个关键问题：

（1）数据分析结果是否回答了你的原始问题？你对回答是否满意？

（2）数据分析结果是否存在歧义或者解读的分歧？是否能支撑你的观点？

（3）你的结论是否有限定条件？你的结论是否受到季节、开学季等特殊因素影响？还有没有你未考虑过的任何角度？

你在数据分析过程中如果遵循了这五个步骤，那么你可以为你的公司做出更好的决策。通过练习，你的数据分析会变得更快、更准确。这意味着你可以做出更好、更明智的决策，从而更有效地运营你的组织。

12.3.2 找到数据中的"乘法公式"

毫不夸张地说，"商业模式"这个词已经被用滥了，不同行业、不同公司的商业模式千差万别，不能做简单的分类。我们可以从核心产品出发问问自己，"这是一个什么样的产品？这个产品解决了什么问题？"然后，从体现公司经营模型的核心数据公式中寻找答案，尝试把公司的收入公式写出来，这样就更能看清楚它的商业模式里核心驱动指标是什么了。

彼得·德鲁克曾经说过："不可度量的东西就没有办法管理"。如果不能把业务发展的状况可视化，就很难管理。管理就是将纷繁复杂的现象变成数据，变成图形，同时分析这些数据，找到数据与数据之间的公式，找到它们之间的关联。

下面介绍互联网公司常用的几个数据分析的公式。

1. 用户获取成本（CAC）

用户获取成本（customer acquisition cost，CAC）的公式如下：

CAC=总花费成本/获得的用户数量

CAC 指标经常被公司和投资人用来衡量一家公司的获客能力，然后对比收入情况确定公司的赢利能力。用 CAC 指标也能推算出公司在广告投入和营销成本投入中的合理性。CAC 指标还体现了一个公司的用户运营水平，用户运营是指把感兴趣的潜在用户一步步发展成长期忠诚的用户。在用户运营过程中，各个阶段都要花费一定的成本，各个阶段也都有不同的转化率，这些细项指标也能体现出产品的用户体验设计水平和产品价值。

运营经理和营销经理对该指标感兴趣。他们用它优化广告投入产出比。换句话说，如果用户获取成本可以降低，公司的利润率就会提高，并且会带来更多的利润。

2. 用户终身价值（CLV）

用户终身价值是指每个用户在其生命周期中带来的价值（也称为 LTV）。基本公式如下：

CLV=（每位付费用户的每月贡献×毛利率）/用户流失率

如果 CAC＞CLV，即用户获取成本 ＞ 用户终身价值，就是俗称的烧钱补贴，那么这样的商业模式是不会长久的，没有办法形成正向循环，获取的用户数越多，企业损失越大。

如果 CLV > CAC，即用户终身价值 > 用户获取成本，那么说明现在用户规模开始了自然增长或者用户已经开始付费，公司赢利指日可待了。

3. 注册用户到付费用户转化率

在注册的用户中有多少人成了付费用户？对于提供免费试用或使用增值服务收费模式的公司而言，这一指标尤为重要，因为这些公司只会将某些用户转换为高级付费用户。

注册用户到付费用户转化率=已注册的用户数/开始付费的用户数

你也要考察普通用户成为注册用户的转化率，即

一个 App 产品的注册用户转化率=注册用户数量/App 的下载数量

或者

一个网站产品的注册用户转化率=注册用户数量/页面访问者数量

4. 销量渠道分析

销量=客单价×访问流量×购买转化率，根据这个公式你还可以细化分析如下

访问流量=A 渠道人数+B 渠道人数+C 渠道人数……

客单价还可以分为新用户客单价和老用户客单价。你还需要考虑新用户的购买转化率、老用户的连续购买转化率、三个月内的老用户留存率等。

这几个公式只作为举例，相信你还能在工作中找到很多类似的数学公式。

产品经理每天都要和数据打交道，每天都要看数据报表，思考数据报表背后得出的结论，锻炼自己的数据力。获客成本分析和商业模式数据分析能够帮助产品经理提高对商业的敏感度，对分析行业和竞争对手都有非常大的帮助。

比如，对于共享充电宝业务，你就可以做这样的数据分析练习。假定一个充电宝的成本为 40 元，可以使用 3 年，每天被租借 3 次，每次的使用成本就是（40÷3÷365÷3）≈0.01 元，就是 1 分钱，而用户每次租借 1 小时付费 1 元，除去运营成本、支付费率成本，很明显共享充电宝是一个赚钱的好生意。不过，这个行业整体的规模不大，根据艾瑞咨询 2018 年公布的研究报告显示，2017 年，中国共享充电宝交易规模为 0.9 亿元，随着城市拓展后的用户量增加和用户接受度不断提升，整体市场规模将进一步上涨，预计 2020 年市场规模将达到 3.3 亿元。

很明显，通过找到数据中的这些公式，你可以进行业务预测，也可以对某些业务的异常情况进行分析，有时候不一定非要严格地进行定量分析，做一些简单的定性分析也能够帮助公司找到问题，然后通过产品迭代提升公司业绩。

12.3.3 用数据驱动产品迭代

产品经理在处理数据时要清楚什么是数据报告、什么是数据分析。你可以回想一下你写在邮件里或者写在汇报中的到底是数据报告，还是数据分析。

数据报告反映数据结果，比如上周公司新增 1000 个注册用户，这是结果和客观事实，可以告诉你业务发生了什么，但是没有背景分析，也没有说清楚为什么会有这样的结果。数据报告是使用数据跟踪业务绩效的，而数据分析则是使用数据回答有关业务的战略问题的。两者的侧重点截然不同，数据报告和数据分析相互依赖。数据报告揭示了要问的问题，数据分析试图回答这些问题。数据分析是驱动产品迭代的开始，图 12-1 为数据分析工作流程。

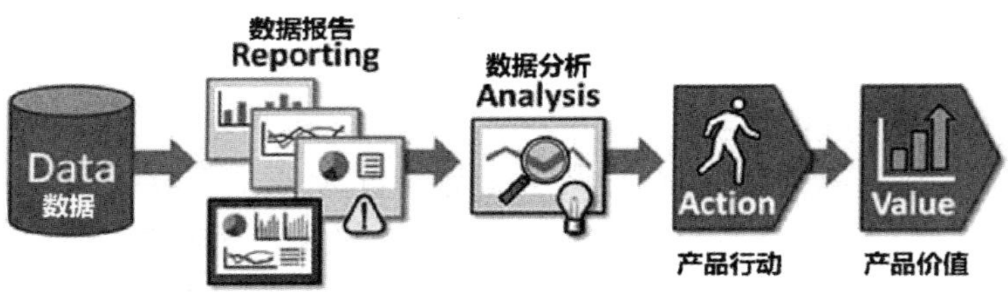

图 12-1 数据分析工作流程

产品经理要怎么说才能让别人听懂你的数据呢？最好的办法是把结论写清楚，并且形象化地展示出来。

直接把很多数据罗列出来往往没有太多效果，即便你已经做了走势图，已经标红、加粗了简单的“上涨、下降”这样的结论，也不会对看到一大堆数据的人产生效果。

形象化不是让你做漂亮的图片，而是要找到让大多数人能快速理解的“对比”。比如，全球顶级的葡萄酒品鉴师只有 247 个人。其实大多数人在听到这个数字时并没有感觉，一方面对于中国的人口数量级来说几百个人的数量非常小，另一方面对葡萄酒品鉴师的职业比较陌生，很少在新闻中看到这个职业，不知道他的工作有多复杂，不能够理解为什么只有这么少的人，所以这时候你可以尝试找到一个恰当的对比对象——宇航员。大多数人对宇航员多少都会有一些印象，像杨利伟、向海龙这些人都是中国航天工程的英雄，也都知道培养一个优秀的宇航员要花很长时间，要花很多钱，所以你可以这样说："全球顶级的葡萄酒品鉴师只有247个人，比全球各个国家的宇航员人数总和还少"。这样就能够突出这个职业的稀缺性，突出数字247的重要性了。

再比如，在互联网广告行业中，点击率一直都是非常重要的指标。但是整个行业的平均水平大约只有0.4%，一般人对这个数字都没有感觉，如果你是刚刚进入这个行业的产品经理，那么你可能还会把点击率和原来熟悉的新用户注册转化率、购买转化率、留存率等数据进行对比，可能还会认为点击率会有很大的提升空间。

其实，在广告行业中点击率也能找到好的对比对象。比如，支付系统的错误率大约为0.1%；语音识别的准确率为98%。这些都是会随着场景变化而发生变化的数据。比较绝对值的大小，有时候不如比较变化的趋势，从趋势中找到问题。

总结一下，产品经理在表述数据时需要注意以下三个要点：

（1）不要一看到数字就慌张，不管是大数字还是小数字，产品经理都要找到一个对比对象，找到和场景变化的关系。

（2）平时要多练习找到数据中的数学公式，对很多事情要有大致的判断，可以不用很深地了解细节数据，但是起码在数量级上要有概念。

（3）在下结论之前先想想这个结论是否合理，想想自己对结论考虑的角度是否全面、作为结论支撑的数学公式是否准确、有没有遗漏的参数。每个数据的来源是否准确、每个数据是否还能深挖几层，这些检查都将帮助你做出一个完整、清晰、具有逻辑性的结论。

下面再来说说产品经理应该如何在公司中建立数据分析机制。

1. 建立数据看板

就像汽车一样，你可以在驾驶员的位置找到汽车仪表板，这里会有完整的数据监控，包括汽油的消耗情况、行驶里程和当前速度等重要指标。你的公司也需要一个数据报告仪表板，以确保一切运行顺畅。

数据看板将数据组织到图表和表格中以跟踪业务绩效的变化过程。这些原始数据可以让你了解业务发生的情况。当你的业务未达到目标时，数据看板应该要有相应问题的预警，并提示你做出问题的回应。

虽然数据看板是你的业务健康的第一道防线，但是通常无法提供解决问题或抓住机会的洞察力。毕竟数据看板只是一个历史数据的展示而已，产品经理还需要逐步培养对数字的敏感度。

2. 建立日常分析周报

这里我再次强调要建立日常分析周报，需要有一个专门的分析小组结合每周做的工作、市场的变化、竞争对手的动作等因素做一个分析周报，而不是让技术同事开发一个数据报表的汇总功能，每天将数据报表发送到所有人的邮箱。数据报表给出的只是业务发生的结果，而分析周报给出的是业务变化的结论，产品经理基于结论可以提出优化产品的决策。

3. 搭建完整的数据小组

产品经理在日常工作中使用 Excel 就应该够用了，但是我建议要有专职的数据小组。未来的数据分析在数据的存储、数据的清洗、数据的建模分析中都需要更多的专业技术人员参与。所以，尽早进行专业的技术团队搭建有助于公司打下坚实的基础。

结语

把未来活得更精彩

写作真的是一个学习的过程。

在动笔前，虽然我认为我对产品经理的方法论已经很熟悉了，但是当我真正开始写作的时候，却发现自己知之甚少。在诸多老师、同事和支持者的帮助下，我开启了这次学习之旅。现在是一个移动互联网的时代，时间碎片化了，知识也碎片化了，有非常多的知识付费内容，也有非常多的公众号。但是书籍的作用还是非常重要的，书籍会更系统、更有逻辑地传递知识，所以我倍感压力。如果在书中有任何不恰当的方法论，那么我希望能够得到读者的反馈，为此要感谢各位读者的信赖。

互联网下半场已经悄悄地来了，可能代表着人口红利消失，代表着从免费时代到收费时代的开始，也代表着大数据、人工智能等技术的快速普及。这种大的趋势对产品经理来说可能也是大机会。不管你是自己当 CEO 创业，还是晋升到更高的职位，你都赶上了最好的时代。只要你能提升自己的能力，改变自己的思维模式，改善自己的做事方法，任何时候都不晚，机会一直都在等待你。

未来的互联网一定是从产业中来到行业中去。互联网的集聚效应正从个人用户走向企业用户，整个互联网更加凸显了工具化、数字化的特性。在未来的互联网浪潮下，产品经理的岗位一定属于对产业更熟悉、对行业更有经验的人，互联网正在帮助各个产业做业务的重构，这也是更多商业产品经理的大机会。

“互联网+”的概念吹响了产业互联网的号角，发展中期的互联网、行业的因素将决定产业互联网的格局，行业的格局决定了公司发展的空间及个人发展的空间。这时选择将大于努力的作用，而产品经理要想保持竞争力，必须要提高综合素质，要对自己的未来做精细化的运营。

现阶段在中国互联网创业项目非常多，获得投资的也不在少数，但是这不代表所有的公司都能经营超过 10 年，不代表它们所做的业务在未来 10 年后还有需求。相反，在这样的背景下，你更要思考未来 10 年或 20 年不变的事情。

数字化的未来给了很多垂直化和细分化的公司一次机会，一个产品在不同场景和不同行业中的应用都将更专业、更垂直细分、更精准，只有数字化才能帮助产品为用户提供更精准、更完整的综合服务。大型公司依靠现在积累的用户规模优势、数据规模优势会朝着平台化和生态化发展。

产品经理要如何把握未来呢？如果你是一个公司的产品经理，那么你要记住你的工作是做出更好的产品，为用户创造价值。你要为用户着想，哪怕是给公司内部行政同事做一个访客管理系统，也要像面对普通用户一样，不能因为是内部的就随意应付，也不能因为是内部需求就随意拖延。

产品经理要更加职业化，这意味着每天都要保持稳定的状态，不仅能够做好一个产品，而且能够持续输出好产品，不能再凭运气，靠灵光乍现的创意；职业化还体现在愿意花费更多的时间和精力去寻找更好的答案，不满足于交差了事的状态；职业化也代表了有完整的知识体系和能力模型，有成熟的思维方式，并愿意学习更多的行业相关知识，了解更多前沿的科技等。职业化意味着具备解决未知问题的能力，意味着每天都在不断地学习和进步。

产品经理还要有多线程的处理能力。每个职场人都有工作、家庭、生活，我们要多运用商业产品经理的思维，让自己的生活能够容纳三条主线，对自己的工作、生活、家庭都有清晰的规划和目标，即便交织在一起，也是精彩的生活。我们要慢一些，少做一点儿事情，让每件事情都有效果、有价值。我们不能为了快速完成任务而不讲究效果，做一些没用的事情。我们要培养自己拥有“上帝视角”，能够经常跳脱出工作看工作，能够站在更高的层面去理解不同的人、不同的事情之间的关系。

优秀的产品经理非常多，他们的眼界和经历时刻提醒着我，学无止境，人外有人。本书不可能把产品经理所有的能力模型和方法论都讲清楚，唯有我们共同学习，共同进步，把未来活得更精彩！

最后，我要感谢我的妻子和女儿对我的理解与支持，她们一直默默地支持我，并以饱满的热情鼓励我，我对她们的感激之情无以言表。同时，我也要感谢为本书提供案例的腾讯前同事。